# Jesus e os Essênios

por
Dolores Cannon

Tradução: Marcello Borges

© 1992, 2009 Dolores Cannon
Publicado originalmente pela Gateway Books, Reino Unido. 1992
1ª impressão por Ozark Mountain Publishing, Inc. - 2000
Primeira tradução em português – 2022

Todos os direitos reservados. Nenhuma parte deste livro, em parte ou no todo, pode ser reproduzida, transmitida ou utilizada por qualquer forma ou por qualquer meio, eletrônico, fotográfico ou mecânico, incluindo fotocópia, gravação ou por qualquer sistema de armazenamento e recuperação de informações, sem autorização prévia por escrito da editora Ozark Mountain Publishing, Inc. exceto no caso de breves citações incluídas em resenhas e artigos literários.

Para permissão ou serialização, condensação, adaptações, ou para nosso catálogo com outras publicações, escreva para Ozark Mountain Publishing, Inc. P.O. Box 754, Huntsville, AR 72740-0754, USA, Att.: Permissions Department

Dados de Catalogação na Fonte da Biblioteca do Congresso
Cannon, Dolores, 1931 - 2014
Jesus e os Essênios por Dolores Cannon
    Testemunhas oculares dos anos perdidos de Jesus, as partes que foram removidas da Bíblia e a comunidade dos essênios em Qumran. As informações foram obtidas por meio de hipnose regressiva, conduzida por Dolores Cannon. Inclui Bibliografia e Índice remissivo.

1. Jesus 2. Essênios 3. Manuscritos do Mar Morto 4. Hipnose 5. Reencarnação
I. Cannon, Dolores, 1931 - 2014 II. Essênios III. Título

Número do Cartão no Catálogo
da Biblioteca do Congresso: 2022947358
ISBN# 9781956945423

Tradução: Marcello Borges
Arte da Capa por Drawing Board Studio & Travis Garrison
Ilustrações: Joe Alexander
Livro composto em Times New Roman
Design do Livro: Nancy Vernon
Publicado por:

P.O. Box 754 Huntsville, AR 72740
WWW.OZARKMT.COM
Publicado nos Estados Unidos da América

# Sumário

Prefácio i
**Seção Um: Os Misteriosos Essênios**
1. Como tudo começou 3
2. A Paciente 12
3. Conhecendo Suddi 18
4. Quem eram os Essênios? 29
5. Descrição de Qumran 34
6. O governo da comunidade de Qumran 57
7. A misteriosa biblioteca 76
8. Os doze mandamentos 89
9. Meditação e chakras 95
10. A primeira viagem de Suddi ao mundo exterior 104
11. Sara, irmã de Suddi 115
12. A caminho de Betesda 120
13. Questionamentos 129
14. Manuscritos e histórias bíblicas 148
15. Moisés e Ezequiel 166
16. Criação, catástrofe e os Kaloo 180
**Seção Dois. A Vida de Jesus**
17. As Profecias 199
18. A Estrela de Belém 203
19. Os Magos e o Bebê 210
20. Jesus e João: dois estudantes em Qumran 221
21. Jesus e João: concluindo seus estudos 226
22. As viagens de Jesus, e Maria 231
23. Começa o ministério de Jesus 237
24. Preparação para a crucificação 247
25. Crucificação e Ressurreição 263
26. O Propósito da Crucificação e da Ressurreição 280
Adendo 286
Bibliografia 294
Índice remissivo 296
Sobre a Autora 301

# Prefácio

Quem sou eu para pensar que iria ousar escrever um livro que perturbaria ou, no mínimo, abalaria as bases das crenças de muitos, tanto judeus quanto cristãos? Respeito as crenças. O ser humano precisa acreditar em alguma coisa, mesmo que acredite que não existe nada. Esta é a história de um povo que dedicou a vida à proteção e preservação do conhecimento. Entendo isso. Para mim, a destruição do conhecimento é algo terrível. Essas pessoas parecem ter me passado a tocha proverbial através de éons de espaço e tempo. Esta informação não me foi passada para ficar deitada numa prateleira, tomando pó. Estava destinada a ser revelada novamente para outras pessoas famintas por conhecimento. Foi como se os essênios quase sussurrassem em meus ouvidos. "Escreva", dizem-me, "pois o conhecimento ficou oculto por tempo demais. Escreva, não deixe que o conhecimento torne a se perder". Assim, sinto que devo transmitir aquilo que descobri. Se isso perturba alguém, espero que entendam que não me propus a fazê-lo. Se isso faz alguém pensar, esta é a minha intenção.

Não posso afirmar que aquilo que apresentei neste livro é a verdade absoluta ou fatos inquestionáveis. Não sei, e duvido seriamente que alguma pessoa viva tenha as respostas. Porém, quem sabe pela primeira vez, ele possa tirá-lo do molde que o tem mantido prisioneiro desde a infância. Abra as janelas de sua mente e permita que a curiosidade e a busca pelo conhecimento entrem como uma fresca brisa de primavera, levando as teias da complacência. Ouse pensar o impensável. Ouse questionar o inquestionável. Ouse levar em conta conceitos diferentes sobre a vida e a morte. E sua Alma, seu "Eu" eterno, vai se beneficiar muito por isso.

# SEÇÃO UM

# Os Misteriosos Essênios

# CAPÍTULO 1
## Como Tudo Começou

É possível viajar através do espaço e do tempo para visitar civilizações há muito desaparecidas. É possível conversar com pessoas falecidas há muito tempo e tornar a viver com elas suas vidas e suas mortes. É possível recuar centenas, até milhares de anos, para explorar o passado. Eu sei porque tenho feito isso. Não uma vez, mas centenas de vezes.

Fiz isso por meio da hipnose regressiva. Esta é uma técnica ou método que permite que as pessoas se lembrem e geralmente revivam suas vidas passadas. A ideia de que vivemos não apenas uma, mas muitas vezes, chama-se reencarnação. Ela não deve ser confundida com a "transmigração", que é a crença errônea de que um humano pode renascer como animal. Segundo minhas pesquisas, isto não acontece. Quando a alma do homem encarna, sempre vai habitar um corpo humano. Ele pode, infelizmente, descer tanto que sua natureza torna-se animalesca, mas ele nunca irá assumir a forma de um animal. Este é um tipo de espírito totalmente diferente.

Não sei porque algumas pessoas consideram a reencarnação tão difícil de ser compreendida, se podem encontrar exemplos em suas próprias vidas. Todos nós estamos mudando constantemente. Não mudar significa parar de crescer. Nesse ponto, você fica estagnado e começa a morrer. Mudamos tanto e tantas vezes que podemos sentir que vivemos muitas vidas diferentes nesta daqui. Vamos à escola, casamo-nos, temos filhos, às vezes tornamos a nos casar. Podemos mudar de ocupação e às vezes seguir uma direção completamente diferente. Podemos viajar ou morar noutro país durante algum tempo. Podemos sofrer um trauma e ficarmos pesarosos com a morte ou com a infelicidade de entes queridos. Esperamos aprender a amar e a atingir nossas metas de vida. Cada uma dessas coisas são estágios da vida, totalmente diferentes um do outro. Cometemos erros e esperamos aprender com eles. Ouvimos as pessoas dizerem, "Não sei como eu pude fazer coisas tão tolas quando era mais jovem. É quase como se tivesse acontecido com outra pessoa".

Sei que eu nunca conseguiria voltar a ser a jovem adolescente do ginasial que um dia fui. Não conseguiria sequer me relacionar com ela, tão ingênua e tímida. Hoje, não teríamos nada em comum. E ela nunca teria sido capaz de compreender a pessoa complexa que me tornei. Entretanto, somos a mesma e única pessoa.

É desse modo que vejo as vidas passadas. Sabemos que as vivemos, assim como sabemos que vivemos nossa infância. Elas poderiam ser chamadas de infância da alma. Felizmente, aprendemos a aplicar os conhecimentos obtidos ao longo de centenas de anos em que cometemos erros sendo humanos. Mas assim como há pessoas que demoram mais para crescer, também há pessoas que precisam viver muitas vidas antes de aprender uma lição sequer.

Podemos olhar para nossos próprios corpos como uma forma de reencarnação. Sabemos que nossos corpos estão mudando constantemente. As células morrem sempre e são renovadas num ciclo incessante. Com certeza, não temos o mesmo corpo que tínhamos há dez, vinte ou trinta anos atrás. Ele mudou, para melhor ou para pior.

Podemos ver na reencarnação uma escola para a alma, uma série de lições e temas que precisam ser aprendidos para nossa educação e crescimento. Portanto, devemos parar de maldizer os momentos difíceis que vez por outra recaem sobre nós e aprender a pensar neles como provas e exames em que devemos obter boas notas ou falhar. Não podemos mudar aquilo que aconteceu conosco nesta vida ou em outras. Só podemos aprender com isso e seguir em frente, deixando que o passado nos guie e ensine.

A doutrina da reencarnação é uma filosofia, e, como tal, não deprecia nenhuma forma estabelecida de religião. Com efeito, ela as reforça, tornando-se mais robusta. Quem quer que estude de fato essa ideia com a mente aberta, verá que pode acreditar em ambas. Na verdade, as duas não conflitam em nada. A reencarnação não faz parte das artes das trevas. Ela não deve ser incluída indiscriminadamente no ocultismo. Ela é um fundamento do amor, e assim pode ser combinada com qualquer religião cuja base principal seja o amor. Muita gente que fica tateando às cegas à procura de respostas pode encontrar aí aquilo que busca. É como uma luz brilhante no fim do túnel.

Na verdade, você vive para sempre, pois a alma é eterna, não pode morrer. A vida é uma existência contínua, e apenas vamos de um corpo para outro. Mudamos de corpos com a mesma facilidade com que mudamos de roupas. Jogamos fora a roupa quando ela fica muito velha e gasta, ou rasgada e danificada demais para ser consertada. Para algumas pessoas, isso é difícil, pois relutam em jogá-las fora por mais que estejam rotas. Afinal, apegamo-nos à coisa. Mas você tem um corpo, você não é um corpo. Haverá aqueles que pensam que a ideia do renascimento é complicada demais, radical demais, difícil demais para se entender. São pessoas que talvez ainda não estejam prontas para o conceito da reencarnação. Elas devem se esforçar para viver da melhor forma que podem segundo suas crenças, aquelas que conseguem compreender e com as quais se sentem à vontade. Ninguém deveria tentar forçar ninguém a aceitar essas crenças.

O conceito de viagem para o passado fascina muita gente. Por quê? A busca pela verdade, os atrativos do desconhecido ou o desejo de ver como viviam mesmo os antigos? Talvez a suspeita que, de algum modo, o passado foi melhor do que o presente? Seria essa a razão pela qual histórias sobre máquinas do tempo sejam tão populares? Talvez, em segredo, o ser humano deseje livrar-se dos grilhões que o prendem ao presente, vagando livremente através do tempo, sem limitações ou restrições.

Sou uma regressionista. Esta é a expressão moderna para o hipnotizador que se especializa em regressões a vidas passadas. Não uso a hipnose da maneira convencional, como aqueles que ajudam os outros a perder peso, parar de fumar ou mitigar a dor. Tenho me interessado profundamente pela reencarnação há mais de vinte anos. Tudo começou quando observei meu marido, que era hipnotizador, realizando experimentos de regressão. Ele usava métodos convencionais de hipnose e topou com a reencarnação meio que "por acaso", enquanto trabalhava com uma mulher que queria perder peso.

A história de nossa primeira aventura no desconhecido e suas consequências trágicas foi contada em meu livro Five Lives Remembered ("Cinco vidas lembradas"). Meu marido quase morreu num terrível acidente de carro e passou um ano no hospital. Após uma recuperação longa e difícil, ele não se interessou mais pela hipnose. Sua vida tomou uma direção completamente diferente.

Mas meu apetite fora aguçado pelo sabor das experiências de vidas passadas às quais eu tinha sido exposta. Abriu-se uma porta para um mundo de possibilidades totalmente novo. Sempre gostei de história e essa era uma maneira fascinante de explorá-la. Ela se tornava mais viva do que nos livros de história, com datas e fatos embolorados e áridos. Este método era semelhante a percorrer um túnel do tempo e conhecer, de fato, pessoas que viveram no passado. Era possível conversar com aqueles que vivenciavam a história enquanto ela acontecia. Sim, a porta fora aberta e eu tive um vislumbre do desconhecido. Eu não permitiria que ela ficasse eternamente fechada para mim. Se meu marido não se interessava mais, então eu teria de aprender a realizar minhas próprias pesquisas.

Os métodos convencionais de indução não me atraíam. Para mim, consumiam muito tempo e eram cansativos, tanto para o paciente quanto para o operador. Continham muitos testes para se determinar quão profundo era o transe. Sempre suspeitei que, subconscientemente, a maioria das pessoas não gosta de ser testada. Condicionadas por muitos anos nos bancos escolares, não gostam de ser postas numa posição na qual passam ou fracassam. Para elas, é difícil relaxar se estão na defensiva. Esses testes são usados para medir a profundidade do estado de transe, sob a crença errônea de que isso tem alguma relação com a capacidade de chegar até o subconsciente. Já se provou que isso está incorreto. As pessoas entram num estado hipnótico muitas vezes por dia e nem percebem. Imaginam que ele seja diferente daquilo que realmente é: uma condição puramente natural.

Pelo menos duas vezes por dia, todos nós passamos pelo mais profundo dos possíveis estados de transe. Isso ocorre quando adormecemos à noite e logo antes de despertarmos plenamente de manhã. Ficou provado que sempre que assistimos à televisão e ficamos absortos pela história, entramos num estado alterado de consciência. Isso também acontece muitas vezes enquanto estamos dirigindo por um trecho monótono de estrada ou quando ouvimos um sermão ou uma palestra entediante. Entramos em estados alterados com muita facilidade, e a maioria das pessoas ficaria chocada se lhes disséssemos que, sem saber, estiveram hipnotizadas.

Achei que deveria haver um modo mais rápido e fácil de induzir o transe para fins de regressão utilizando esse estado natural. Estudei as técnicas modernas e percebi que havia, de fato, muitos métodos mais rápidos e simples. Atualmente, esses métodos estão sendo usados por alguns médicos para controlar doenças e dores. Utilizam principalmente as áreas de visualização do cérebro, permitindo que o paciente participe de um jogo usando imagens orientadas. Improvisei um método satisfatório e comecei a fazer experimentos em 1979. Foi fácil encontrar interessados, pois parece haver interesse por essa ideia filosófica, mesmo que seja apenas pela óptica da curiosidade.

Os críticos afirmam que o hipnotizador diz que o paciente deve ir a uma vida passada e que as recordações resultam do fato da pessoa querer agradar o hipnotizador. Na minha técnica, desdobro-me para não fazer sugestões. Em circunstâncias normais, nunca lhes digo para irem a algum lugar. Tudo acontece espontaneamente.

Planejei tratar meu método como um experimento científico e verificar se ele podia ser replicado. Quis usá-lo no maior número possível de pessoas diferentes. Se obtivesse os mesmos resultados, achei que isso reforçaria a validade da teoria da reencarnação. Tentei manter-me objetiva, mas quando noventa e cinco por cento daqueles que hipnotizei seguiram o mesmo padrão, narrando uma vida passada e corroborando mutuamente as histórias, foi difícil manter-me totalmente neutra. As pessoas dizem que poderia haver outras explicações além da reencarnação. Claro, isto é possível. Mas minha pesquisa leva-me a crer que os pacientes estão se recordando de memórias reais de seu passado. À medida que regredi mais e mais pessoas, descobri que o método podia ser empregado em todos os tipos, até em pessoas de baixa escolaridade ou céticas. Geralmente, as pessoas não acreditavam em vidas passadas ou sequer compreendiam o que eu estava fazendo. Mesmo assim, os resultados foram os mesmos.

Como outros que trabalham nessa área de pesquisa da reencarnação, tinha a esperança de adicionar meus dados à crescente massa de material sendo reunida pelos demais. Alguns pesquisadores estão interessados apenas nas estatísticas, quantas pessoas se recordam de vidas em certos períodos de tempo. Mas eu adoro as pessoas e por isso estou interessada em suas histórias. Prefiro trabalhar individualmente com cada um em vez de fazer regressões em grupos. Dessa forma, posso obter a história completa. Além disso, o operador (ou guia) tem mais controle sobre algum trauma que possa decorrer das memórias.

Com esta técnica, praticamente qualquer pessoa pode recordar suas vidas passadas, mesmo no mais leve estado hipnótico. Há muitos níveis diferentes de transe hipnótico. Eles foram medidos em laboratório, com instrumentos científicos. Nas regressões, quanto mais profundo o estado, maior o número de detalhes que se pode obter. Percebi que o grau do transe pode ser avaliado pelas reações físicas dos pacientes e pela maneira como respondem às perguntas. Nos estados mais leves, eles sequer pensam que está acontecendo alguma coisa fora do normal. Juram que estão plenamente conscientes e não conseguem entender de onde veio a informação. Como a mente consciente ainda está muito ativa, eles pensam que é apenas sua imaginação. Nos estados mais leves, o paciente costuma observar os eventos da vida passada como se estivesse assistindo a um filme. Quando o estado hipnótico se aprofunda, o paciente vai alternar entre a observação daquela vida e a participação nela. Quando estão observando tudo através dos olhos da outra pessoa e tendo reações emocionais, estão entrando num estado mais baixo. A mente consciente fica menos ativa e o paciente se torna envolvido naquilo que está vendo e vivenciando.

Os melhores pacientes são aqueles que conseguem atingir o estado sonambúlico. Neste estado, vão se tornar aquela personalidade em sua plenitude, revivendo a vida totalmente, a ponto de não terem mais lembranças de outros períodos de tempo. Tornam-se, em todos os sentidos, a pessoa que viveu há centenas ou milhares de anos. Estão em posição de narrar suas versões da história. Mas só podem falar daquilo que sabem. Se foram camponeses, não saberiam nada do que estava ocorrendo no palácio do rei e vice-versa. Geralmente, ignoram eventos que podem ser lidos em qualquer livro de história, mas que não tinham importância pessoal em suas vidas naquela época.

Quando acordam, não se lembram de quase nada, a menos que sejam orientados a fazê-lo. Os pacientes pensam apenas que adormeceram, e quaisquer cenas que possam permanecer na consciência lembram fragmentos enevoados de sonhos. No estado sonambúlico, podem fornecer muitas informações porque são, para todos os fins, aquela personalidade que está efetivamente vivendo naquele remoto período de tempo. Para alguém que nunca viu esse fenômeno, os efeitos podem ser bem espantosos. É uma experiência fascinante, e às vezes irritante, ver um paciente mudar completamente, assumindo os maneirismos e inflexões de voz de alguém totalmente diferente.

É difícil encontrar o sonâmbulo. Dick Sutphen, famoso especialista em reencarnação, diz que eles aparecem uma vez a cada dez pacientes. Diz que se houver trinta pessoas numa sala, provavelmente três delas serão capazes de entrar no estado sonambúlico. Minha avaliação não é tão elevada. Para mim, é um em vinte. A maioria das pessoas tem muita curiosidade sobre aquilo que está acontecendo e mantém seus muros e defesas erguidas, mesmo em transe. Isso as impede de cair no estado mais profundo. Descobri que é preciso construir um elemento de confiança antes que essas paredes desmoronem. O paciente deve saber que está em perfeita segurança. Creio que os dispositivos de proteção da mente ainda estão funcionando, pois algumas pessoas foram acordadas logo após um estado profundo para averiguar se conseguiam ver ou sentir alguma coisa desagradável ou assustadora. É muito parecido com a forma como despertamos de pesadelos. Minha técnica de hipnose não controla a mente da outra pessoa, mas sim a capacidade de formar confiança e de cooperar com essa mente. Quanto maior a confiança, maior o fluxo de informações.

Não, nunca cheguei a encontrar uma Cleópatra ou um Napoleão. Para mim, é um sinal que comprova que a maioria das vidas de que as pessoas se lembram é comum e rotineira. Na minha opinião, se alguém fosse se dar ao trabalho de criar uma história de fantasia para agradar o hipnotizador (como "especialistas" sugerem), teria criado uma aventura empolgante. Para mim, isso seria uma fantasia. A pessoa se veria como um herói, realizando feitos maravilhosos, extraordinários. Mas não é esse o caso. A ocasional vida excitante, diferente, é única. As vidas banais, monótonas e mundanas excedem em muito o número dessas outras. É algo equivalente à vida real. Há muito mais pessoas comuns lidando com suas vidas monótonas do que aquelas poucas que conseguem criar manchetes nos jornais.

As regressões que fiz estão repletas desses casos. Soldados que nunca foram para a guerra, nativos americanos que viveram vidas pacatas em vez de enfrentarem o homem branco. Fazendeiros e pioneiros que não conheciam nada além do trabalho duro, da tristeza e da insatisfação. Alguns nunca fizeram nada além de cuidar de seus animais, cultivar suas plantações e morrer, mais cedo ou mais tarde, desgastados e antes da hora. O evento mais empolgante de suas vidas foi um casamento, o nascimento de um filho, a viagem até a cidade ou um enterro. A maioria das pessoas que estão vivas hoje se encaixaria numa categoria similar. Não, o que impressiona na maioria das regressões não são os feitos e aventuras das pessoas, mas as emoções muito reais e humanas que elas sentiram. Quando uma pessoa acorda do transe ainda com lágrimas no rosto, depois de se lembrar de um evento ocorrido há mais de duzentos anos, ninguém pode dizer que foi uma fantasia.

É parecido com um evento no qual revivemos algo traumático ocorrido na infância, trazido novamente à tona com todos os sentimentos reprimidos aflorando após tantos anos. Ninguém pode lhe dizer que esse evento de infância não aconteceu, pois volta e meia você vai se lembrar conscientemente dele ou outras pessoas podem confirmá-lo. Assim, a regressão é similar à exploração de recordações da infância. Podemos colocá-las em seu devido lugar, ver como influenciaram a vida atual e tentar aprender com essa memória desenterrada.

Uma explicação para esse fenômeno é a criptomnésia ou "memória oculta". É a teoria pela qual você leu, viu ou ouviu alguma coisa em algum lugar, em algum momento, e escondeu-a em sua mente. Então, sob hipnose, você a traz convenientemente à tona e tece toda uma história em torno dela. Para mim, esta explicação não é suficiente. Se você retém memórias ocultas, você também retém as memórias de tudo aquilo que aconteceu com você nesta vida. Isto é um fato. Mas o paciente sonâmbulo vai se esquecer de tudo aquilo que não pertence ao período de tempo sendo revivido. Há numerosos exemplos disso neste livro. Muitas vezes, os pacientes não sabem de que objetos estou falando porque eles não existem em sua janela temporal. Ou então, uso uma palavra ou uma frase que não compreendem. Normalmente, é difícil tentar explicar, em termos simples, coisas com as quais estamos bastante familiarizados. Tente fazer isso. Se o paciente estava usando uma memória oculta, por que essas coisas modernas foram esquecidas? Elas também fazem parte da memória da personalidade presente.

Outra teoria é que o paciente vai se manter "em segurança" e só falará de um país ou período de tempo que conhece. Por diversas vezes, mostrei que isso não se aplica. É muito comum um paciente comentar sobre uma vida numa cultura totalmente desconhecida para ele. Normalmente, eles não sabem sequer onde estão, nada é familiar. Sua excelente rememoração do país e de seus costumes ou crenças podem ser conferidos posteriormente com uma pesquisa. Isto aconteceu muitas vezes com a paciente apresentada neste livro. Eu não diria que ela estava se mantendo "em segurança" ao comentar uma existência havida há dois mil anos, num país que fica quase na metade do caminho para o outro lado do planeta. Mas a extrema precisão com que o fez é motivo de admiração. As pesquisas revelaram que sua rememoração foi espantosa. E esta foi apenas uma das vidas que ela trouxe à tona em nosso trabalho.

Como sou uma escritora dotada de insaciável curiosidade, envolvi-me neste projeto de pesquisa por um motivo. Minha intenção foi regredir o maior número possível de voluntários, compilando suas informações em livros que descreveriam diversos períodos da história. Levei muita gente aos mesmos períodos históricos e confirmei as histórias de uns e de outros, que forneceram as mesmas informações sobre as condições existentes naquele período. Este projeto ainda pode se tornar realidade.

Mas quando conheci Katherine Harris (um pseudônimo), percebi que meu trabalho com ela superaria os planos anteriores, tornando-se livros independentes. As informações saídas de sua mente subconsciente foram únicas e instrutivas, e considerei-as altamente importantes.

# CAPÍTULO 2
# A Paciente

Quem era Katherine Harris e como nossas vidas acabaram se cruzando? Na época em que nos conhecemos, eu não tinha ideia daquilo que as deusas do destino nos reservavam. Nunca teria imaginado que estávamos prestes a embarcar numa jornada que duraria um ano e que nos levaria de volta até a época de Cristo. Creio que encontros desse tipo nunca são coincidências.

Estava numa festa organizada por um grupo de pessoas interessadas em metafísica e em fenômenos psíquicos. Conhecia muitas pessoas com quem já havia feito regressões hipnóticas, mas também havia muitas desconhecidas. Katherine, que tinha interesse e curiosidade pelo incomum, estava lá com uma amiga. Durante a noite, a conversa se voltou para o meu trabalho e, como era habitual, muitas pessoas se ofereceram e solicitaram sessões de regressão. O interesse por esta área é maior do que a maioria das pessoas imagina. Geralmente, há uma razão real para solicitarem uma regressão, como a procura por relacionamentos kármicos ou para se livrarem de uma fobia; a maioria, porém, é apenas curiosa. Katherine se ofereceu e assim marcamos uma sessão.

Katherine, ou Katie, como seus amigos a chamam, tinha apenas vinte e dois anos quando a conheci naquele dia importante. Não era alta, mas um pouco cheinha para sua idade, com cabelos loiros curtos e olhos brilhantes que pareciam enxergar através da superfície. Sua personalidade parecia irradiar-se por todos os poros de sua pele. Parecia feliz e animada, interessada pelas pessoas. Mais tarde, descobri através de nosso trabalho em conjunto que essa era uma fachada que ocultava sua timidez e insegurança básicas. Seu signo era Câncer, e as pessoas nascidas sob esse signo astrológico não costumam ser muito gregárias. Mas ela era autêntica e sincera. Importava-se mesmo com as pessoas e se esforçava por ajudá-las. Tinha um senso inato de sabedoria que disfarçava sua verdadeira idade. Quando sinais de imaturidade surgiam, pareciam fora do lugar. Eu precisava ficar me lembrando de que ela tinha apenas vinte e dois anos, a idade de meu próprio filho. Mas ambos pareciam não ter nada em comum. Ela dava a impressão de ser uma alma muito velha num corpo enganosamente jovem. Às vezes, perguntava-me se os demais tinham a mesma impressão.

Katherine nasceu em Los Angeles em 1960 e o trabalho de seus pais exigia que viajassem e se mudassem com frequência. Eram membros da Igreja Assembleia de Deus, deixando claro que a formação religiosa de Katie não estimulava ideias como reencarnação e hipnose. Ela disse que sempre se sentiu deslocada durante os cultos religiosos. A barulheira e os rodopios que costumavam acontecer a assustavam. Quando jovem, na igreja, era normal sentir vontade de fazer o sinal da cruz à maneira dos católicos. Para ela, parecia perfeitamente natural fazer isso. Mas depois de ter sido advertida severamente por sua mãe, achou melhor não fazer isso em público. Seus pais a consideravam a estranha da família. Não conseguiam compreender sua relutância em ser como eles. Foi principalmente por preocupar-se com os sentimentos de seus pais que ela me solicitou anonimato neste livro. Ela achou que eles nunca entenderiam, embora, para ela, a ideia de múltiplas existências fosse um conceito fácil. Ela não quis correr o risco de perturbar sua vida pessoal. Concordei com seu desejo e o respeitei, mantendo em segredo sua identidade.

As diversas mudanças de sua família através de vários estados norte-americanos acabaram levando-a ao Texas quando Katie estava com dezesseis anos. Ela se mudou duas vezes no segundo ano do ensino médio e novamente no começo do terceiro. Estava cansada de ter de se ajustar constantemente a novas escolas, métodos de ensino diferentes e amigos temporários. Sob os protestos de seus pais, ela abandonou a escola no começo do terceiro ano. Essa foi toda a sua educação formal, dois anos no ensino médio. Isto seria benéfico para nosso trabalho. Podíamos ter certeza de que as coisas que dizia sob hipnose não estavam saindo de sua educação escolar. Aliás, não conheço escola que ensine essas coisas. Elas não enfatizam mais a geografia quanto antes. Ela é uma moça extremamente inteligente, mas seus conhecimentos não saíram de livros.

Depois de sair da escola e de gozar de aparente liberdade, ela descobriu que não conseguiria encontrar trabalho com facilidade, tendo em vista sua educação incompleta e falta de treinamento. Após um ano trabalhando em empregos desanimadores e banais, aos dezessete anos, ela resolveu fazer o teste GED (equivalente a um exame do ensino médio) e alistou-se na Força Aérea para obter uma qualificação profissional. Passou dois anos lá, especializando-se em computadores. Outro ponto importante para nosso trabalho é que ela nunca saiu dos Estados Unidos enquanto estava na Força Aérea, mas em estado de transe profundo ela descreveu muitos lugares do exterior com riqueza de detalhes.

Depois que saiu da Força Aérea, ela e sua família mudaram-se novamente para a cidade do Meio-Oeste americano onde a conheci. Agora, ela usa seus conhecimentos sobre computadores trabalhando num escritório. Parece muito bem ajustada e tem uma vida social normal. Quando tem tempo, gosta de ler esses romances e histórias de fantasia que são tão populares hoje em dia. A ideia de pesquisar em bibliotecas informações tão vitais para essas regressões não seria nem um pouco atraente para ela.

Desde a primeira sessão, percebi que ela não seria uma paciente comum. Entrou em transe profundo rapidamente, mostrando sensações como paladar e olfato, sentiu emoções e não se lembrou de nada ao despertar. Ela sempre achou que não teria dificuldades para entrar em transe, mas também se surpreendeu com a facilidade com que o conseguiu. Eu sabia que tinha encontrado a paciente sonâmbula perfeita. Como este é o tipo mais fácil de se trabalhar, quis realizar mais sessões, caso estivesse disposta. Ela também estava curiosa e concordou em fazê-lo, desde que seus pais não descobrissem. Eu esperava que não tivéssemos problemas quanto a isto, mas em termos legais ela era adulta e podia tomar decisões por conta própria. Confessou que durante toda a vida fora assombrada por lembranças que pareciam fora do lugar. Ela achava que as respostas poderiam estar na reencarnação e quis descobri-las.

Quando ficou aparente que eu poderia conseguir obter muitas informações valiosas com essa moça, começamos a nos encontrar regularmente, uma vez por semana. Como moro numa zona rural isolada, concordamos em nos encontrar na casa de minha amiga Harriet. Sua casa ficava na cidade e era de fácil acesso para ela e para mim. Harriet é uma colega, treinada em hipnose. Nunca tinha trabalhado com uma sonâmbula e ficou interessada em meu trabalho com Katie. Estava ansiosa para ver o que iria acontecer. Depois que a informação começou a surgir, fiquei feliz por ter Harriet como testemunha. Posteriormente, outras pessoas também presenciaram as sessões. Para nós, foi muito difícil acreditar no que estava acontecendo. Aproveitamos todas as testemunhas que conseguimos a fim de descartar a possibilidade de sermos acusadas de fraude.

Após as duas sessões iniciais, condicionei-a a entrar em transe profundo com a menção a uma senha. É um processo muito mais rápido e poupa-nos de demorados trabalhos preliminares. Não tínhamos ideia do rumo que esse experimento iria levar, e assim começou nossa aventura. Uma jornada que iria nos levar a pessoas que não teríamos imaginado nem em nossos sonhos mais loucos. Ela se tornou uma verdadeira jornada através do tempo e do espaço.

No começo, nunca lhe dizia para ir a determinado lugar ou período. Deixava a informação aflorar espontaneamente. Passou-se um mês e resolvi ser mais sistemática, tentando dirigir as regressões para uma espécie de ordem cronológica. Comecei a recuar em saltos de cem em cem anos, tentando descobrir quantas vidas ela teria vivido, mas é bem possível que eu tenha perdido algumas no caminho. Em várias ocasiões, surgiram fatos obscuros que só puderam ser comprovados mediante uma pesquisa minuciosa. Chegamos até a conhecer o fascinante reino espiritual, onde obtivemos informações sobre aquilo que acontece depois que a alma deixa o corpo e entra no suposto estado de "morte". Trato disso com mais detalhes noutro livro, Entre a morte e a vida.

A cada semana, eu tentava voltar pelo menos a mais uma vida. Achava que se alguma delas fosse realmente interessante, poderíamos voltar a ela depois e fazer mais perguntas. Foi esse o método usado no livro Five Lives Remembered, mas a paciente deste livro relembrou apenas cinco vidas. Isso foi muito mais fácil.

Ao levar Katie lentamente para trás, descobrimos vinte e seis vidas diferentes até a época do início da era cristã. Essas vidas parecem ter sido vividas quase igualmente em corpos masculinos e femininos, ricos e pobres, inteligentes e incultos. Cada vida estava repleta de detalhes sobre os dogmas religiosos e costumes culturais do período vivido. Tenho certeza de que nem um acadêmico com formação em história e antropologia teria sido capaz de apresentar os incríveis detalhes que ela nos apresentou. Não, este conhecimento estava saindo de outro lugar. Prefiro acreditar que ela vivenciou de fato todas essas vidas e que o conhecimento ficou oculto nos vastos bancos de memória de computador chamados de "mente subconsciente". Bastava apertar os botões certos e fornecer à mente os sinais certos para que o conhecimento fosse trazido à tona e revivido.

Não temos ideia de quantas outras vidas aguardavam para tornar a ver a luz do dia. As histórias dessas outras vidas serão escritas noutro livro. Seria injusto tentar aglomerá-las num só. É um número grande demais de informações.

Quando descobri que havia a possibilidade de a entidade com que topamos fornecer informações sobre a vida de Cristo, achei importante ficarmos naquele período de tempo para ver o que iria emergir. Eu não tinha ideia da direção que o experimento tomaria ou se alguma coisa útil iria surgir. Mas diante da menor possibilidade de poder encontrar algo, parei de levá-la mais para trás e fiquei voltando à vida de Suddi, um dos mestres essênios de Jesus, para obter mais informações. Detivemo-nos nessa vida durante treze sessões, ao longo de três meses.

Se esta tivesse sido a primeira vida encontrada ao trabalhar com Katie, na mesma hora eu teria descartado tudo como uma fantasia, interrompendo as sessões. Qualquer um pensa automaticamente que se uma pessoa diz ter conhecido Jesus, ela deve "viajando". Mas esta informação só surgiu quando eu já estava trabalhando com ela por nove meses. Nessa época, eu já sabia de onde ela vinha. Conhecia sua tremenda capacidade de recordar vidas passadas com riqueza de detalhes. Nessa época, tínhamos formado um vínculo de confiança muito forte. Creio que esta seja a única maneira pela qual a história pôde ter surgido. Foi preciso muita paciência para continuar trabalhando com uma pessoa, levando-a sistematicamente para trás. Mas se eu tivesse parado mais cedo, esta história nunca teria sido escrita. Mesmo conhecendo-a tão bem quanto eu a conhecia, ainda estava relutante em dizer a quem quer que fosse que eu tinha descoberto alguém que fora um dos mestres essênios de Jesus. Tinha certeza de que veria um sorriso irônico de descrença e algum comentário como "Sério? Vamos, conte outra", como se eu achasse todos crédulos o suficiente para aceitar qualquer coisa. Entendo isso. Tenho certeza de que eu também teria me mostrado cética caso outra pessoa me contasse isso. Mas tive de acreditar nela.

Não havia outra maneira de explicar o que estava acontecendo. Não havia possibilidade de mentir; ela estava falando sob um transe hipnótico tão profundo que isso era impossível. E a informação que veio à tona exigiu pesquisa rigorosa e conversas com diversos especialistas naqueles assuntos. No entanto, ela nunca sabia, a cada momento, para onde iríamos depois e o que eu iria lhe perguntar. Suas respostas foram dadas de forma espontânea e natural.

Nos primeiros dias de nosso trabalho, ela quis ouvir as gravações logo após o final da sessão. Depois, mostrou menos interesse, perguntando apenas ao acordar, "Bem, para onde fomos hoje?" Ela não ligava para a gravação da sessão. Volta e meia, mostrava-se espantada, dizendo que conhecia muito pouco sobre aquele período ou sobre o país em questão.

Depois que o material sobre Jesus começou a aparecer, ela foi ficando um pouco incomodada. Talvez fosse sua antiga formação religiosa no fundo de sua mente. Ela começou a ficar realmente aflita quando começou a dizer coisas que eram controvertidas e que contrariavam a Bíblia. Ela disse que não era possível tudo aquilo estar saindo dela. Era incompreensível. Essa vida específica incomodou-a mais do que qualquer outra que vimos em regressão. Por algum motivo, nessa época ela resolveu que não queria mais fazer as sessões. Já estava mesmo planejando se mudar. Sua empresa queria transferi-la para outra filial, promovendo-a e aumentando seu salário. Além disso, ela achou que um ano foi tempo suficiente para trabalhar em experimentos com regressão; já era hora de parar. Concordei que ela devia tocar a vida, fosse qual fosse a direção que ela a levasse.

Gostaria de ter feito mais algumas sessões. Naquela época, estava fazendo pesquisas e queria respostas para coisas que estavam me intrigando. Mas eu pensei, "Será que algum dia todas as minhas perguntas serão respondidas?" E, mesmo que fossem, sempre teria perguntas que os outros iriam me fazer. Provavelmente, nunca seríamos capazes de responder todas as perguntas possíveis e, assim, fechei o livro com aquela vida, considerando-a totalmente explorada. Afinal, creio que cobrimos uma gama bem ampla, perguntando sobre as condições de vida e sobre os costumes e conhecimentos ensinados pelos essênios.

# CAPÍTULO 3
## Conhecendo Suddi

Estava acompanhando razoavelmente os períodos de tempo enquanto recuávamos. Fiquei anotando cada uma das vidas num caderno. Foi a única maneira que encontrei para poder deixar tudo em ordem. Ela nunca ficou confusa sobre quem era e onde estava, mas houve várias ocasiões em que me perdi, e por isso o caderno foi essencial para mim. Precisei consultá-lo diversas vezes.

É difícil transmitir como esse fenômeno se processa valendo-me apenas de palavras escritas. As pessoas que ela foi e em quem se tornou eram bem reais, com emoções e maneirismos faciais e corporais típicos de cada um. Fiquei tão familiarizada com esses indivíduos que em pouco tempo conseguia identificar cada um antes que me dissessem seus nomes.

Nas últimas semanas, vimo-la como um médico em Alexandria, discutindo remédios e técnicas de cirurgia usadas no período de 400 d.C. Depois, ela foi um monge de manto amarelo nas montanhas do Tibete, falando da filosofia budista em 300 d.C. Em seguida, tive a surpresa de encontrá-la como uma menina por volta de 200 d.C., que não conseguia falar e nem ouvir. Normalmente, eu teria direcionado Katie para recuar mais cem anos. Desta vez, minha instrução teve de ser dada de outro modo. Como ela não conseguia se comunicar muito bem, não tínhamos certeza da época em que estávamos.

Volta e meia, as personalidades exibiam sotaques fortes, o que dificultava a transcrição. Percebi um estranho padrão na maneira como cada entidade fala inglês. É como se estivessem traduzindo mentalmente uma língua para outra. Quando isto acontece, as palavras são transpostas fora de sua ordem natural. Geralmente, aquilo que dá a impressão de ser péssima gramática é outro exemplo desse estranho fenômeno. Dá a impressão de que a entidade (o ser com quem entramos em contato) não consegue falar inglês e está tentando encontrar as palavras corretas em algum lugar do cérebro de Katie ou de seus bancos de memória. Isso costuma produzir erros gramaticais na estrutura das frases ou na ordem das palavras, algo que ela nunca faria no estado natural de vigília. Creio que este é mais um pequeno detalhe sugerindo a reencarnação. Sua mente consciente nunca faria essas coisas.

Conheci razoavelmente bem a entidade chamada "Suddi" e com o tempo consegui entender seu sotaque marcante. Sua voz também mudou com a idade. Quando criança, era jovem e vibrante, e foi ficando lentamente mais madura até ele falar com a voz muito cansada na velhice.

A questão do gênero sexual será um problema quando for contar esta história. Ela é uma mulher contando a história de um homem. Seria confuso mudar constantemente de "ele" para "ela" ou vice versa. Creio que a solução seria chamar a entidade de "ele" e só me referir a "ela" quando estiver falando do corpo físico de Katie e seus movimentos. De modo similar, na maioria dos casos, os diálogos travados com Suddi são precedidos pela letra S; em trechos posteriores, quando conversarmos com a "alma" de Katie após a morte de Suddi, a letra K precede o diálogo. Eu, Dolores, sou D.

Quero que o leitor o conheça da mesma maneira como nós o conhecemos.

*Dolores: Vamos recuar mais ainda no tempo, até uma época antes desta menina que não conseguia ouvir e nem falar. Vou contar até três e estaremos lá. 1, 2, 3, recuamos ainda mais no tempo.*

Assim, eu não tinha ideia do período da história em que estávamos, exceto por saber que tinha de ser anterior a 200 d.C. A personalidade que emergiu era um homem. Ele estava caminhando, indo a Nazaré para visitar seus primos. Sua voz emergiu com um sotaque tão forte que foi difícil entendê-lo. Ele pronunciou a palavra "Nazaré" de forma tão diferente que não a reconheci antes de ouvir a gravação com muita atenção. Pareceu com "Nafaré", dito muito depressa. Ele disse que a cidade ficava na Galileia. Aqui, novamente, a pronúncia da palavra foi diferente daquela com que eu estava acostumada a ouvi-la. Ele disse, "Galilei". Esses nomes só ficaram compreensíveis quando tornei a ouvir as gravações. Por isso, na época, eu não tive certeza da localização de Katie. Fui em frente, torcendo para que o gravador tivesse registrado tudo direito.

Não é nem um pouco incomum encontrar uma paciente que descreve uma vida passada em Israel. Isto já aconteceu muitas vezes.

Fiz a regressão de muitas pessoas que viveram lá durante as ocupações romanas, mas nenhuma delas chegou a mencionar Jesus ou a fazer alguma referência a ele. A menção de um local não fornece pista alguma sobre as circunstâncias da vida do indivíduo. Quando mantenho o primeiro contato com uma nova personalidade, sempre faço certas perguntas de rotina até determinar o local e a cultura. Quando já sei onde estamos, posso fazer perguntas mais específicas. Perguntei seu nome.

Suddi: Sou Benzahmare. (Fonético)

Soou-me como "Benjamin", e lhe perguntei se era esse o seu nome. Mas ele respondeu novamente "Benzahmare" com acento na última sílaba. Ele disse que o outro nome (o primeiro nome) não era usado, a menos que a pessoa fosse importante. Perguntei-lhe como deveria chamá-lo e ele me deu permissão para chamá-lo por "Suddi", que era um "nome lúdico" (apelido?) A pronúncia era semelhante a Saudi ou Saddi, com acento na última sílaba. Ao longo deste livro, vou usar Suddi, pois é mais fácil do que Benzahmare.

Habitualmente, nessas culturas antigas, a pessoa não sabe muito bem que idade tem ou então emprega uma terminologia diferente. Mas ele disse, "Tenho trinta anos". Não era casado.

S: Não. Isso não faz parte de minha vida. Há pessoas que não desejam nada além de uma família. E há aqueles que têm muitas coisas a fazer em suas vidas, e para estas uma esposa e possivelmente filhos lhes traria tristeza. Portanto, é desnecessariamente cruel quando os outros lhes pedem para compartilhar a vida.
D: *É por isso que você não deseja se casar?*
S: Eu não disse que não tenho esse desejo. Só disse que provavelmente não o faria.

Ele disse que costumava morar nas colinas. Lá, havia uma comunidade que ficava a cerca de dois dias de viagem. Quando lhe perguntei o nome da comunidade, que seria uma pergunta normal, sua personalidade mudou. Geralmente, Katie responderia à pergunta sem hesitar. Mas de repente, Suddi mostrou-se desconfiado e perguntou secamente, "Por que você quer saber?" Isso foi incomum e eu não consegui entender a reação. Expliquei-lhe que só estava curiosa. Após muita hesitação, ele acabou dizendo que ela se chamava Qumran, que ele pronunciou como Kum-a-rã. Na época, esse nome não significava nada para mim, e continuei a fazer perguntas. Quis saber qual a sua ocupação.

S: Estudo os livros da Torá e estudo a lei, a lei hebraica.

Isso também não significou nada para mim. Como protestante, não sabia o que era a Torá e pensei que ele estivesse se referindo à lei como parte do Direito usado nos tribunais. Nos poucos meses seguintes, eu iria me instruir muito, e descobri que a Torá era o livro religioso dos judeus e que a lei se referia às leis de Moisés, segundo as quais o povo judeu rege suas vidas. Perguntei-lhe se ele era aquilo que algumas pessoas chamam de "rabino". Presumi que tínhamos encontrado um judeu instruído, e eu sabia que os rabinos tinham alguma coisa a ver com sua religião e talvez com a educação. Nós (as pessoas envolvidas neste experimento) tínhamos tido pouco contato com judeus, não conhecíamos quase nada sobre a religião judaica e nunca tínhamos entrado numa sinagoga. Ele respondeu que não era um professor, apenas um estudante. Com isso, pelo menos descobri o significado de rabino: professor.

Quando estou trabalhando com Katie, geralmente me sinto muito estúpida, pois não conheço as coisas mais básicas sobre a época em que ela está. Por outro lado, nunca sei para onde ela irá e por isso não posso me preparar para todas as possibilidades. Portanto, preciso me valer dos poucos conhecimentos que eu possa ter ou seguir um caminho através de perguntas. Creio que as pessoas que dizem que eu devo estar fazendo perguntas indutivas para que essas vidas aflorem poderão ver que isso não é verdade. Não tenho como saber o que vai acontecer em seguida e geralmente sinto que só estou acompanhando a viagem.

*D: O que você vai fazer quando terminar seu treinamento?*
S: Procurar as pessoas e compartilhar com elas aquilo que aprendi.
*D: Leva muito tempo para alguém se tornar um professor?*
S: Para alguns, uma vida inteira. Para outros, o caminho começa cedo. Não consigo me lembrar de uma época em que eu não estudava.
*D: São os rabinos que lhe dão aulas?*

S: Você está falando de rabinos. Creio que esteja se referindo aos rabinos das aldeias. Eu tenho meus mestres, eles me ensinam. Mas não tenho aulas com os rabinos da aldeia.

D: *Quem são os seus mestres?*

Com essa pergunta, quis saber qual a relação com alguma religião ou que tipo de escola era essa. Mas ele achou que eu estivesse me referindo a seus nomes.

S: Há Bendavi, que é o professor de matemática. Há Mechalava, que ensina os mistérios. Há meu professor da Torá, que é Zahmare, meu pai.

Ele (através do rosto de Katie) sorriu diante da menção a seu pai, e concluí que deveria haver afeto nisso.

S: E minha professora de retidão é (um nome longo que não consegui transcrever). Ela ensina as coisas que foram transmitidas, todas as leis da verdade, de coisas que são protegidas. Há ainda Judith Beseziher. (Fonético, difícil de entender.) Aquilo que ela me ensinou são as profecias das estrelas, o conhecimento de seus caminhos. Dizem que quando ela fala, todos prestam atenção. Ela tem idade muito avançada. Deve ter uns setenta, talvez até mais. Não sei ao certo. Ela tem muitos conhecimentos em outras áreas, essa é apenas uma.

D: *A maioria dos garotos precisa estudar essas coisas em algum momento da vida?*

S: Chega um momento na vida de todo jovem hebreu no qual ele precisa estudar a lei e a Torá, mas geralmente é quando ele tem seu Bar Mitzvá. Mas se você deseja tornar-se um mestre ou um professor e prosseguir nesse caminho, será sempre necessário manter-se aberto para aprender mais.

D: *Você recebe ensinamentos de outros lugares?*

S: Se você quer saber se o conhecimento vem de longe, sim. Mas meus professores moram conosco. Quando meu pai era jovem, ele viajou para muitos lugares que conhecemos e estudou muitas coisas, algo que ele tenta me transmitir.

D: *É esse o costume? Alguns viajam para terras distantes para aprender com outras pessoas?*

S: É o que fazemos, sim. É nosso dever transmitir o conhecimento. Pois é um grande pecado não compartilhá-lo com aqueles que têm sede.

Suddi ainda não tinha viajado para outros países à procura de conhecimentos, mas acreditava que era bem possível vir a ter a felicidade de poder fazê-lo.

D: *Como tomam essa decisão?*
S: Haverá um sinal para nós, indicando que será chegada a hora e que ele veio, e que nós devemos nos mover. Meu pai diz que isso será contado pelos céus e que nós vamos saber.

Não entendi o que ele quis dizer, e por isso perguntei-lhe quem estava vindo. Ele respondeu secamente, "O Messias. A hora é conhecida por uns poucos". Não soube como interpretar essa declaração.

D: *Não disseram que o Messias já veio?*

Não sabia ao certo em que período estávamos e eu sabia que os judeus nunca admitiram que o Messias chegou a vir. Até hoje, estão procurando por ele. Achei que talvez Suddi fosse um judeu vivendo algum tempo após o nascimento de Cristo. Haveria sempre a possibilidade de obter algumas informações sobre o homem Jesus. Com certeza, um homem instruído dessa época conheceria as histórias.

S: Não, ele não veio, pois os céus ainda não tornaram isso conhecido. Dizem que dos quatro cantos, estrelas nascerão juntas e, quando se encontrarem, será o momento de Seu nascimento.
D: *Mas ouvi dizer que ele já veio. Você ouviu falar nessas histórias?*
S: Não, ele não veio. Desde que existem os judeus, tem havido rumores de falsos profetas e falsos Messias. Mas ele não está aqui.
D: *Seu povo já ouviu falar no homem chamado Jesus? Algumas pessoas disseram que ele era o Messias que viria. Disseram que ele morou em Nazaré e em Belém.*
S: Não ouvi esse nome, ele me é desconhecido. Não há ninguém com esse nome em Nazaré, pois se houvesse eu o conheceria.

23

Desta vez, quando ele mencionou Nazaré, eu percebi que ele poderia estar na Terra Santa ou perto dela. Perguntei-lhe se Belém ficava perto dali e ele reconheceu que sim.

*D: Também já ouvi falar de um país chamado Judeia. Fica perto daí?*
S: (Um pouco impaciente) É aqui!

Ela sempre sabia onde estava, embora eu ficasse quase sempre confusa. Agora que tinha determinado o país, o local, comecei a tentar estabelecer a época.

*D: Quem é o governante de sua terra nesta época?*
S: Rei Herodes.

Eu sabia que, segundo a Bíblia, teria havido mais de um rei Herodes. Um que reinou na época do nascimento de Jesus e outro na época de sua morte. Pelo que eu sabia, talvez tivesse havido outros.

*D: Ouvi dizer que houve muitos reis Herodes. É verdade?*
S: (Ele pareceu confuso.) Este é... Herodes, o primeiro. Não houve outros. Ele é o pai de Antipas e de Filipe, mas é Herodes.

Senti um arrepio de empolgação. Talvez Jesus ainda não tivesse nascido.

*D: O que você acha do rei Herodes?*
S: Ele está muito submisso aos romanos. Isto não é bom. (Suspiro) Ele é um libertino sanguinário.

Sua emoção me surpreendeu.

*D: É mesmo? Ouvi muitas histórias, algumas boas, outras ruins.*
S: Ah, não! Se você está perguntando isso, é porque não sabe nada sobre Herodes. Nunca ouvi alguém falar bem de Herodes.
*D: Herodes mora em Jerusalém?*
S: Às vezes. Ele tem muitas residências espalhadas por aí. Às vezes, viaja para outras áreas.
*D: Você já o viu?*

S: Não! Não tenho desejo algum de ver aquilo.

Estava muito evidente que ele não gostava de Herodes; não gostava de falar dele. Ainda estava intrigada com o período da história em que estávamos. Seria difícil obter uma data, pois nossos anos são contados a partir da época de Cristo. Essas pessoas deviam ter um método diferente de contagem dos anos, se ele ainda não tinha nascido.

S: Há doze meses, um para cada uma das doze tribos. O ano é... (ele pareceu ter dificuldade para encontrar uma resposta). Os anos são numerados pelos anos do rei. Não tenho certeza. Creio que estamos no vigésimo ano de seu reinado.

Por algum motivo que a própria Harriet não conseguiu explicar, ela era obcecada por informações sobre um grupo conhecido como os essênios. Ela disse várias vezes, "Com certeza, espero que você se apresse para irmos até aquela época". Mais tarde, disse que, de algum modo, sabia que havia alguma coisa importante esperando lá. Quando ela dizia isso, eu respondia, "Mas nem sei quando eles viveram". Ela disse que achava que era na época de Cristo.

Então, eu respondia, "Bem, estamos indo nessa direção" e prosseguia em minha sondagem metódica e regressiva, em saltos de cinquenta e cem anos, para grande frustração dela. Cada vida teve sua própria dose de surpresas e de conhecimento histórico, e por isso eu não estava com pressa para acelerar um procedimento que se mostrara tão eficiente. Agora que ficara óbvio que estávamos no período de tempo correto, Harriet aproveitou a oportunidade e perguntou, "Você já ouviu falar de um grupo conhecido como os essênios?"

Suddi surpreendeu-nos respondendo, "Sim. Por que você pergunta sobre eles?" Excitada, Harriet respondeu, "Só estava me perguntando se você sabia alguma coisa sobre eles. Se eles seguem seus ensinamentos". Suddi disse: "Eles são meus professores".

Isso nos surpreendeu, sugerindo uma monumental abertura para conseguirmos descobrir alguma coisa sobre esse grupo tão reservado e desconhecido. "Ora!" comentou Harriet, "estávamos à procura deles".

S: Eles não querem ser encontrados. A menos que assim desejarem, você não irá nos encontrar.

Com isso, ele sinalizou que também era membro do grupo. Perguntei-me se esse sigilo traria problemas para obtermos respostas sobre eles.

D: *Ouvi dizer que os essênios são como uma organização secreta. É isso mesmo?*

S: Eles são muito temidos por aqueles que estão no poder, porque estudam os mistérios que outros apenas sugerem. E receiam que se nós obtivermos muito poder e conhecimento, eles vão perder seu lugar.

H: *No que eles diferem da comunidade judaica normal?*

S: Eles respeitam mais as leis. Para o judeu médio, respeitar mais significa: no final do sabá, ele sai da sinagoga e não se lembra novamente dela antes do início do próximo sabá. Para nós, a lei e a Torá são tudo. Não podemos nos esquecer que é por isso que vivemos. Passamos muito tempo definindo as profecias apresentadas. E sabendo que é nesta época em que elas vão culminar. E é nosso dever preparar os outros para esta época, e preparar o caminho.

Surpreendemo-nos uma vez mais quando ele nos disse que tanto mulheres quanto homens eram membros de sua seita, quer professores, quer estudantes. Isso era surpreendente, pois não se permitia que as mulheres de uma comunidade judaica mediana daquela época tivessem a distinção de igualdade com os homens. Suddi confirmou isto: "Na maioria das sinagogas, as mulheres não podem entrar. Elas dispõem do terraço das mulheres". Fiquei curiosa para saber porque os essênios lhes davam essa honra.

S: Dizem que um longe do outro não se completam. Por isso, todo conhecimento deve ser compartilhado, para que nunca seja perdido. Conheci mulheres que têm mais cérebro do que a maioria dos rabinos.

Esta declaração nos divertiu e encantou. Mas ele tornou a ficar desconfiado quando lhe pedi para nos dar uma ideia do tamanho da comunidade. Ele perguntou cautelosamente, "Por que você quer saber?" Tive de pensar numa resposta que ele não considerasse ameaçadora. "Só estou interessada no tamanho da comunidade por causa das condições de vida. Imaginei que se ela fosse muito grande, talvez fosse difícil acomodar e alimentar as pessoas". Suddi relaxou e disse que o número não era conhecido ao certo.

D: *Há divergências entre os professores essênios e os professores judeus dessa região?*
S: Sim, eles nos chamam de loucos, pois acreditamos que a hora é chegada. Eles nos deram esperanças para a chegada do Messias. (Ele estava franzindo muito o cenho e parecia pouco à vontade.) Estou curioso para saber, por quê você busca esse conhecimento? Prefiro não responder mais nada. Há muitos que querem descobrir nossa comunidade para destruí-la.

Eu não sabia que os essênios tinham inimigos naquela época.

D: *Você disse que ia visitar seus primos. Se o seu povo tem inimigos, você não receia que alguém o descubra enquanto você viaja?*
S: Não sabem quem eu sou. Para eles, sou apenas um viajante. Não tenho pele azul. (Rimos.) Podemos nos identificar de algumas maneiras, mas os outros não conseguem nos identificar.

Como eu tinha ouvido dizer que os essênios eram uma ordem religiosa secreta, vivendo em reclusão como monges em um mosteiro, perguntei se sua religião tinha um nome.

S: Ela não tem nome, somos conhecidos como os essênios. Mas ela é uma escola de pensamento e não uma religião, como diz meu pai. (Ele teve dificuldade com a palavra religião.) Acreditamos em Deus, o Pai.
D: *Vocês têm um nome para Deus em sua língua?*
S: Javé. Isso significa, "sem nome", pois Deus é aquele sem nome. Ele não tem nenhum nome conhecido pelo homem. Eles também são conhecidos como Elohim e Elori. Basicamente, são a mesma coisa. Falam de Deus. Há muitos nomes pelos quais você pode chamá-Lo e Ele vai saber que você fala Dele. Esses são apenas

alguns. Quando falo com Ele, não O chamo de Javé. Chamo-O Abba, que quer dizer Pai.

Tínhamos chegado à época de Cristo e conhecido um dos essênios, o grupo mais misterioso e reservado da história. Quando percebi o potencial daquilo que poderíamos ter, resolvi manter-me nessa vida para explorá-la mais a fundo. Quem sabe, ela poderia até revelar alguma coisa sobre a vida de Cristo. E poderíamos descobrir informações sobre esse grupo pouco conhecido. É claro que Suddi já estava dando sinais de desconfiança, hesitando para responder a algumas perguntas, mas achei que seria algo com que poderíamos lidar. Há muitas maneiras de contornar um assunto para obter as respostas desejadas. Mesmo assim, nunca imaginei o que poderia acontecer nos três meses seguintes. A quantidade inacreditável de conhecimentos e de informações que aflorou foi como cavalgar um turbilhão. Veio tão depressa e tão furiosamente que, às vezes, ficamos sem fôlego. Não esperávamos o que viria e recebemos mais do que imaginávamos.

Nos próximos capítulos, procurei compilar as informações segundo o seu conteúdo. Elas não vieram dessa maneira. Foi como montar um quebra-cabeças incrivelmente complicado, tirando uma peça de uma sessão e uma peça de outra. Mas creio que este modo de apresentar o conteúdo facilita a leitura.

Este livro tem um propósito duplo. O primeiro é apresentar o conhecimento acumulado sobre os costumes e as condições de vida desse grupo vago e nebuloso conhecido como os essênios. O outro é estudar a vida de Cristo com relação a esse pano de fundo, tal como esteve associado a esse grupo e tal como foi visto através dos olhos de um professor amável.

# CAPÍTULO 4
# Quem Eram os Essênios?

Antes de começar essas sessões, se alguém tivesse me pedido informações sobre os essênios e Qumran, eu teria respondido que não sabia quase nada deles. Não tinha sequer certeza da maneira como pronunciar seu nome. Para mim, os essênios eram um grupo misterioso, envolvido pelo sigilo. Imaginava, como muitos o faziam, que eram um grupo religioso semelhante aos monges, vivendo isolados num ambiente parecido com o de um mosteiro. Isso era o que eu havia ouvido.

Além disso, havia o rumor ou lenda segundo a qual Jesus poderia ter estudado com eles ou, no mínimo, poderia tê-los visitado. Mas esta ideia se parecia com todas as outras lendas sobre ele. Lendas segundo as quais ele havia visitado outras partes do mundo durante os "anos perdidos". Quando conversei com grupos interessados em metafísica, recebi a mesma reação. Os nomes são vagamente familiares, mas poucos têm alguma informação sobre eles. Eu nem conseguiria lhe dizer onde ficava Qumran. Harriet admitiu que não sabia mais do que eu sobre esse grupo.

Lembro-me da empolgação, no começo da década de 1950, quando a descoberta dos Manuscritos do Mar Morto entrou em cena. De algum modo, estavam relacionados com os essênios e com Qumran. Às vezes, me perguntava o que teria acontecido com os manuscritos encontrados. Após a primeira onda de excitação, eles parecem ter desaparecido, como se tivessem sido empurrados novamente para as cavernas onde foram encontrados. Era uma pena, pois dizia-se que compunham uma versão inicial da Bíblia.

Brad Steiger, famoso escritor e especialista em estudos de reencarnação, sugeriu que os regressionistas que estavam trabalhando com comprovações retardassem as pesquisas até terem terminado seus trabalhos com os pacientes ou a época da história. Ele disse que uma teoria sugere que a percepção do paciente aumenta muito com a hipnose. Há sempre a possibilidade, por menor que seja, de conseguirem captar a informação na mente de alguém que esteja participando, seja por telepatia, seja por PES (percepção extrassensorial). Achei que era um bom conselho e que isso garantiria a validade do material. Assim, exceto por localizar Qumran em mapas, dei um tempo. Depois de três meses de trabalho nesse caso, achei que tínhamos informações suficientes e que seria seguro, no mínimo, começar a minha pesquisa histórica.

Eu viria a descobrir que até hoje, passados mais de trinta anos após as escavações das ruínas de Qumran, os essênios continuavam a ser um grupo misterioso e reservado. Fiquei desapontada ao ver que os livros a seu respeito repetiam-se uns aos outros, em sua maior parte. Todos, com a exceção de um, foram escritos no início da década de 1950. Todos descreveram a descoberta dos pergaminhos e a escavação subsequente de Qumran. Todos falaram da tradução de alguns pergaminhos encontrados intactos. Todos chegaram às mesmas conclusões sobre quem ou o que era a comunidade. Os autores referiam-se uns aos outros como especialistas no assunto. Parecia que estava lendo um livro apenas. Fiquei imaginando porque, após todos os exaltados relatos sobre "a maior descoberta na história da humanidade", não houve livros posteriores escritos sobre novas traduções dos pergaminhos. Foi como se tivessem aberto uma porta e depois a tivessem fechado com força.

A única exceção foi The Essene Heritage (A herança essênia), de Martin A. Larson, publicado em 1967. Finalmente, uma nova abordagem. Ele ousou sugerir a possibilidade de um acobertamento. Talvez aquilo que começou a aflorar tenha sido mais do que a igreja convencional gostaria de aceitar. Possivelmente, houve discrepâncias entre essas versões muito mais antigas e a Bíblia dos tempos atuais. Também havia indicações de que o cristianismo não se originara plenamente com Jesus e que teria se iniciado nos costumes e crenças dos essênios. Larson sugere que isto não teria sido tolerado pela igreja. O clero moderno teria pensado que a ideia de um cristianismo antes de existir um Cristo seria demais para os leigos.

John Marco Allegro pensa de modo similar. Ele foi um dos membros originais da equipe internacional formada por oito estudiosos que começaram a editar os Manuscritos do Mar Morto. Desses homens, quatro eram católicos romanos e ele era o único membro sem vínculo religioso. Ironicamente, hoje o professor Allegro não pode sequer ver os pergaminhos! Pelo menos quatrocentos documentos teriam sido recuperados e estariam prontos para publicação no final da década de 1960, mas só quatro ou cinco foram liberados para o público. Ele também faz perguntas sobre a razão pela qual essa informação foi retida.

Os pergaminhos foram guardados discretamente na prateleira e alguns deles tornaram a desaparecer. Sabe-se que um teólogo teria comentado, "Eu gostaria que eles tivessem desaparecido e só tornassem a surgir após duas gerações". Desse modo, ele não teria de explicá-los a seu rebanho. Para mim, é muito provável que tenha acontecido isso mesmo. Além disso, acho que eles podem ter descoberto algumas das coisas que encontrei durante nosso experimento – e não conseguiram lidar com elas.

Supõe-se que os documentos estejam abrigados atualmente no Santuário do Livro, em Israel. Esse edifício foi construído especialmente para o estudo e tradução dos pergaminhos e para atuar como depósito para facilitar a montagem dos incontáveis fragmentos.

Sei que as informações deste livro não poderiam ter saído das mentes de qualquer uma das pessoas envolvidas no experimento, pois eram informações obscuras demais. Agora, porém, estou convencida de que não poderiam ter saído da mente de nenhuma pessoa viva atualmente. Creio que descobrimos o retrato mais completo desse maravilhoso grupo de pessoas que já foi apresentado.

Se alguma vez houve a tentativa de eliminar todo um grupo de pessoas do mapa, foi o que aconteceu com os essênios. Não há menção a eles na Bíblia. Infere-se que todas as referências a eles foram eliminadas propositalmente em virtude da semelhança entre sua doutrina e o cristianismo.

Se não fosse por uns poucos autores e historiadores diligentes que viveram no começo da era cristã, não saberíamos nada sobre os essênios. Esses autores antigos foram Fílon de Alexandria, filósofo judeu; Plínio, escritor romano; e Josefo, soldado e historiador judeu. Fui até a fonte e li as traduções de suas obras. Vou me referir ocasionalmente a eles ao longo deste livro.

Dizem que Fílon teria vivido entre 20 a.C. e 60 d.C., de modo que teria estado vivo durante todo o período de tempo abrangido por nossa história. Mas dizem também que seus relatos teriam se baseado em rumores. Ele não esteve pessoalmente familiarizado com os essênios ou com sua comunidade. Isso poderia explicar quaisquer discrepâncias entre seu relato e o de Josefo. Plínio viveu aproximadamente entre 23 e 79 d.C., tendo escrito pouco sobre os essênios. Josefo é considerado a fonte mais confiável e é o mais citado. Nasceu em Jerusalém por volta de 37 d.c., morando realmente na comunidade e conhecendo-os em primeira mão durante seus últimos dias. Mas dizem que tinha tendência a embelezar seus relatos para que harmonizassem com os sistemas da filosofia grega, popular em sua época. Ele viveu e escreveu num período posterior ao da vida de Suddi. Entretanto, essas histórias comprovam a incrível precisão encontrada em nosso experimento. As descrições de estilos de vida e de crenças se encaixam muito bem.

Esses são os únicos registros escritos conhecidos sobre os misteriosos essênios. Esses autores só mencionaram que a estranha comunidade ficava na área do Mar Morto. Os arqueólogos nunca souberam exatamente onde ficava Qumran, e nunca tentaram encontrá-la. O terrível clima da área é um pesadelo para os cientistas e eles não quiseram buscá-la sem um motivo específico.

Após a destruição de Qumran pelos exércitos romanos na campanha de 68 d.C., as ruínas ficaram no alto dos penhascos próximos ao Mar Morto por quase dois mil anos. Desmoronando sob a desolação do silêncio, passaram quase despercebidas. Os homens que haviam dedicado suas vidas a acumular e a preservar conhecimentos parecem ter desaparecido completamente sob o sol implacável e as areias mutáveis do deserto. Foi como se nunca tivessem existido. Embora as ruínas se mantivessem como um lembrete silencioso das grandes mentes que um dia floresceram ali, elas nunca foram reconhecidas por seu valor. Durante eras, as pessoas acharam que eram simplesmente os resquícios de uma das muitas guarnições romanas que surgiram após a invasão. Com certeza, nada de importante poderia ter vicejado naquele lugar esquecido de Deus.

As ruínas foram ignoradas completamente até a descoberta dos primeiros Manuscritos do Mar Morto em 1947. As cavernas nos penhascos salinos mantiveram seus segredos bem preservados por dois mil anos. Então, o destino fez seu papel, levando um garoto, um pastor beduíno à procura de uma cabra perdida, a descobrir os pergaminhos escondidos em jarros numa caverna. A história desta empolgante descoberta foi contada e recontada. Com certeza, muita coisa deve ter sido perdida ou destruída inadvertidamente antes que a imensidão dessa descoberta se tornasse conhecida para o mundo exterior e os cientistas fossem ao deserto. Com a ajuda dos árabes locais, mais e mais pergaminhos e dezenas de milhares de fragmentos foram descobertos nas cavernas vizinhas. Em pouco tempo, aquilo que no início parecia ter sido uma descoberta isolada e fortuita acabou sendo anunciado como "a maior descoberta da história da humanidade".

À medida que outras cavernas foram revelando seus tesouros de conhecimento ocultos, os arqueólogos começaram a se perguntar como esse acúmulo foi parar escondido no deserto. Só então é que começaram a se questionar sobre as ruínas próximas. Talvez fosse mais do que uma mera guarnição do exército; talvez houvesse alguma conexão. As primeiras escavações, no inverno de 1951, não revelaram nada que apoiasse a teoria. Porém, em 1952, foi provado conclusivamente que os pergaminhos teriam sido produzidos por quem quer que tivesse habitado aquelas ruínas.

Então, os textos de Fílon, Plínio e Josefo começaram a lançar luzes sobre quem poderiam ter sido seus ocupantes. Finalmente, tudo se encaixou e Qumran foi declarado o lar dos essênios, sigilosos e comunistas. A palavra "comunista" assumiu um significado muito diferente no mundo atual, e alguns questionaram o uso desta palavra para descrever esse grupo antigo. Os essênios foram considerados comunistas no sentido mais puro da palavra. Eles viviam juntos numa comunidade, compartilhando tudo, sem precisarem de dinheiro.

Tudo que sabemos hoje sobre essas pessoas provém dos textos antigos e daquilo que os arqueólogos encontraram após três anos de escavações. Há muitas lacunas e perguntas. Talvez nosso experimento ajude a fornecer respostas.

# CAPÍTULO 5
## Descrição de Qumran

Os arqueólogos acreditavam que o grupo que viveu em Qumran era uma ordem religiosa masculina, semelhante a monges, isolados de um mundo com o qual não podiam se identificar. Achavam que os essênios viviam segundo um código estrito de disciplina e de regras rígidas. Vou tentar mostrar que muitas das ideias dos cientistas sobre essas pessoas maravilhosas estão incorretas, segundo as informações recebidas através de Katie enquanto estava em transe profundo.

Compilei todas as informações reunidas sobre a comunidade de Qumran e vou apresentá-las num único capítulo, embora tenham surgido ao longo de muitas sessões. Não raro, Katie repetia as mesmas descrições, mas nunca se contradizia. Creio que a imagem que emergiu através dos olhos de Suddi é muito mais humana do que aquela revelada pelas pás dos cientistas.

Achei que para compreender essa pessoa que eu havia descoberto, precisava conhecer melhor o lugar no qual ele viveu e seu modo de vida, especialmente pelo fato disso também refletir as condições nas quais Jesus viveu na época mais vulnerável de sua vida. Quando falei com Suddi quando criança, ele chamou o lugar de comunidade. Ele nunca usou outra expressão. Ele não compreendia a palavra "cidade" ou "aldeia" e não conhecia nenhum lugar exceto Qumran. Também foi assim que os arqueólogos a chamaram, dizendo que não era uma cidade.

Em sua descrição, Suddi disse, "Ela não é muito grande, mas é um lugar onde há muitas pessoas. Tem bibliotecas, casas e o templo. Estamos nas colinas que dão para o mar. Os prédios são feitos de argila. São feitos de tijolos e têm tetos planos, e todos estão unidos uns aos outros". Ele disse que a maioria das paredes eram ligadas umas às outras.

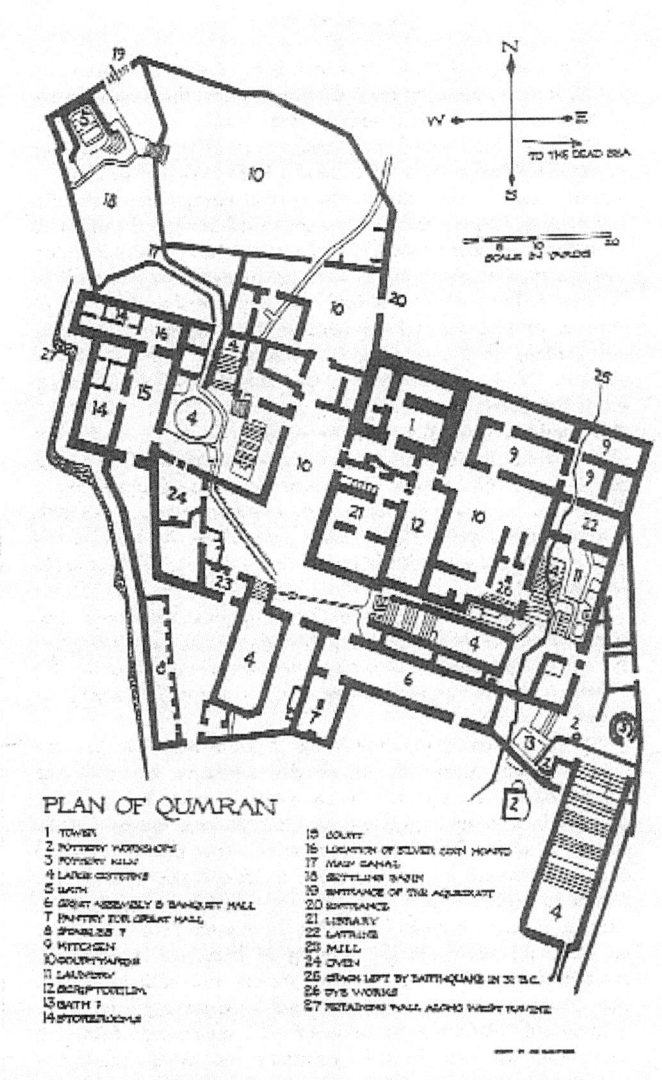

Descrição de Qumran
Para o Mar Morto
Escala em jardas (1 jd = 0,91 m)

Plano de Qumran

1. Torre
2. Olaria
3. Forno da olaria
4. Cisternas grandes
5. Banheiro
6. Salão de reunião e refeições
7. Dispensa do salão
8. Estábulos?
9. Cozinha
10. Pátio
11. Lavanderia
12. Scriptorium
13. Banheiro
14. Depósito
15. Depósito
16. Localização do cofre de prata
17. Canal principal
18. Bacia de decantação
19. Entrada do aqueduto
20. Entrada
21. Biblioteca
22. Latrinas
23. Moinho
24. Forno
25. Rachadura criada pelo terremoto de 31 a.C.
26. Oficina de tintura
27. Muro do lado oeste

Fiquei confusa quando ele disse que a comunidade era cercada por um muro com seis lados. Pareceu estranho, mas é interessante ver o desenho das escavações dos arqueólogos, pois percebe-se que certamente não era um muro quadrado. Pode-se até discutir se tem uma forma hexagonal ou não, pois não é uma figura geométrica de seis lados. Pelo desenho, também fica aparente que os cômodos, em sua maioria, estão conectados. Muitos foram construídos com paredes comuns.

Às vezes, quando conversava com Suddi em sua infância, ele estava brincando num pátio. Já mais velho, gostava de se sentar e meditar num deles. Ele disse que havia diversos pátios na comunidade. Estou acostumada com pátios situados no centro de alguma coisa, mas aqueles estavam espalhados. Ele disse que as salas de estudos e a biblioteca ficavam bem no centro, onde todos se reuniam para as aulas. Os papiros também ficavam armazenados lá. Havia fontes num dos pátios. Noutros, havia jardins, não os jardins que eu teria imaginado, mas belos jardins de flores. "Elas têm as cores do arco-íris. São como muitas joias reluzentes".

Fiquei intrigada com a forma como conseguiam cultivar flores num lugar tão quente. Achava que poucas coisas poderiam crescer no deserto. Ele objetou: "Ah, crescem sim! As flores crescem no deserto, desde que haja chuva. Se houver água, o calor não interfere. Quando vêm as chuvas da primavera, o deserto todo floresce. As sementes que caíram brotam de repente e viram flores. O deserto pode ser muito bonito".

No pátio próximo da área do refeitório, havia árvores frutíferas. "Há essas árvores que crescem ali, figueiras, tamareiras, romãzeiras, laranjeiras e limoeiros. É como se quase tocassem o céu. E há trilhas que podemos percorrer, ou podemos nos sentar entre as flores".

Observando novamente o desenho, é possível ver que há, de fato, vários pátios. Em todos os diagramas, porém, os arqueólogos retrataram os pátios como sendo lugares áridos, estéreis. Achavam que pouca coisa poderia crescer na região de Qumran por causa da escassez de água. Sabiam que havia o cultivo de grãos, pois fizeram escavações ao redor de uma fonte conhecida como 'Ain Feshka, situada a uns três quilômetros ao sul. Acharam que essa seria a área agrícola dos essênios e concluíram que essas pessoas isoladas subsistiam de seu cultivo e da criação de abelhas, etc., comendo apenas alimentos pouco nutritivos e monótonos. Mas os autores antigos discordam disso. Plínio mencionou que os essênios viviam entre palmeiras. Solino disse, "Os frutos das palmeiras são seu alimento", referindo-se aparentemente a tâmaras. Imaginou-se que isso teria sido um engano até os arqueólogos encontrarem restos de palmas de tamareira e sementes de tâmaras. Ao que parece, Suddi estava correto com relação às árvores que cresciam em Qumran.

Suddi disse que a maioria dos essênios não morava dentro dos muros da comunidade. Havia casas para as famílias colina acima, na direção norte, fora do complexo principal. Aparentemente, essas casas tinham a mesma disposição dos prédios da comunidade, ou seja, tinham paredes em comum. Os arqueólogos achavam que as pessoas moravam em cavernas e tendas, o que me pareceu estranho. Por que iriam viver em condições primitivas se souberam construir uma comunidade tão eficiente?

Pelo que pude descobrir, não acredito que tenham sido feitas muitas escavações na área distante dos muros. Seus relatos mencionam apenas escavações no complexo principal e exumações de alguns túmulos no cemitério ao lado. Os cientistas ainda achavam que havia apenas uma fraternidade de monges morando em Qumran até encontrarem os esqueletos de mulheres e crianças no cemitério. Eles precisaram revisar rapidamente seu modo de pensar, pois ficou evidente que moraram famílias ali.

A família de Suddi morava num dos pontos mais altos da colina. Ele podia olhar pela janela e ver o Mar Morto a uma longa distância. As únicas pessoas que moravam dentro da própria comunidade eram os sacerdotes de Javé que cuidavam do templo e dos pergaminhos e mantinham os fogos acesos.

Suddi morava com sua mãe, seu pai e sua irmã, Sara. Pedi-lhe que descrevesse sua moradia. Quando fazia calor, eles dormiam do lado de fora, sobre o telhado plano. Nos dias mais frios, ele repartia o quarto com sua irmã. Havia um cômodo que era considerado familiar, onde as refeições eram preparadas. Seus pais tinham seu próprio quarto e havia outro quarto no qual seu pai estudava e estava repleto de papiros. A casa compartilhava algumas paredes com outras famílias.

Os arqueólogos tinham presumido, a julgar pelas ruínas, que todos sempre comiam juntos no grande salão do complexo da comunidade. Mas Suddi disse que na maioria das vezes as famílias comiam em suas próprias casas. Se houvesse uma ocasião especial e alguém fosse fazer uma palestra, então todos iam para o salão principal. Os essênios achavam que haveria menos conflitos se todos tivessem uma área própria, pessoal.

A biblioteca e o salão de refeições eram grandes salas retangulares. Aberturas nos telhados, protegidas por coberturas, permitiam a entrada da luz. Havia ainda aberturas nas paredes que eram cobertas para impedir que a areia entrasse. Ele não sabia muito bem qual era o maior prédio, pois ainda não havia "dado um giro" por lá.

A forma mais comum de se entrar na comunidade era por um portão próximo do penhasco. Era grande o suficiente para permitir a entrada de uma caravana, caso fosse necessário. Quando lhe perguntei se havia outras formas de entrar, ele admitiu cautelosamente que havia, mas não disse mais nada. Aparentemente, esse era um dos muitos assuntos que, como viria a descobrir, ele não podia falar. Os essênios eram extremamente sigilosos, em muitos aspectos, e eu teria dificuldade para superar essa barreira defensiva.

Ele disse que vários prédios tinham mais de um andar. A biblioteca tinha um segundo andar. O salão de reunião tinha a altura de dois andares, mas tinha apenas um teto alto. Ele disse que a torre próxima ao portão tinha três andares. Os arqueólogos mencionaram que havia indícios de que alguns cômodos tinham dois andares. Disseram que a torre tinha dois andares, mas também mencionaram um porão usado como depósito, o que seria o equivalente a três. O principal propósito da torre era a observação. A partir dela, os essênios podiam ver se alguém estava se aproximando da comunidade. Suddi mencionou que ela também era usada para proteção, mas quando lhe pedi para explicar melhor, ele se recusou a responder. Este era mais um assunto proibido.

Já mais velho, ele não morava mais com os pais, mudando-se para uma parte reservada para jovens adultos solteiros. Nela, homens e mulheres moravam naquilo que ele chamou de "apartamentos", embora não tivesse certeza da palavra. O local das refeições era uma preferência individual. Enquanto morou nesse lugar, volta e meia comia com os outros para ter companhia e poder conversar. Havia muitas mesas na sala de jantar ou "salão de refeições", mas os pratos eram preparados em cômodos próximos ao salão ou do lado de fora, em fornos de barro.

Os cientistas disseram que todos os essênios comiam juntos no salão de refeições, observando solenemente cerimônias ou rituais que tinham lugar enquanto comiam. Suddi discordou: ele disse que havia apenas uma bênção e que não havia ensinamentos ou algo parecido durante a refeição. Também se achava que eles observavam severos rituais religiosos durante o dia. Suddi tornou a discordar, dizendo que nada era obrigatório; dependia de cada um. A maior parte das atividades religiosas dava-se no sabá.

Se as pessoas quisessem comer em seu quarto, procuravam um dos "guardiões dos depósitos" e pegavam aquilo de que precisavam. Ninguém ficava com fome, mas os "glutões" eram advertidos.

Fiquei curiosa quanto ao tipo de alimento ingerido. O milhete ou painço era um dos principais. Esse tipo de grão era cultivado do lado de fora, provavelmente em 'Ain Feshka. Depois de colhidos, os grãos eram selecionados e armazenados em grandes sacas. Ele descreveu um prato feito de painço. Para prepará-lo, devia-se "jogar um punhado em água fervente com um pouco de sal". Às vezes, acrescentavam-se ervas. Isso me deu a impressão de ser uma sopa, mas ele disse que era possível enrolá-lo e comê-lo com as mãos, e por isso pode ter sido um tipo de pão.

Eram consumidos vários tipos de carne: cordeiro e cabra, às vezes uma rês ou um bezerro e diversos tipos de aves. Lembrei-me das leis alimentares do Antigo Testamento e perguntei se eles teriam restrições. Ele disse, "Você não deve comer suínos ou qualquer animal cujo casco não seja fendido. O suíno come de tudo. Ele comeria esterco se lhe dessem, não importa para ele. Portanto, é considerado impuro. Só devemos comer animais com casco fendido que ruminam. O camelo rumina, mas não comemos o camelo".

Pessoalmente, ele não gostava de comer carne, embora a comunidade não tivesse regras estritas sobre isso. Era uma escolha pessoal. "Não é bom matar alguma coisa para seu próprio... só... para sua satisfação. Você está destruindo uma criatura de Deus. Comer carne faz você ficar preso aqui, sua alma fica presa à Terra".

Ele não compreendeu a palavra "bebidas", mas eles bebiam vinho, água e, às vezes, o leite de diversos animais. Como truque perguntei-lhe sobre o café, mas ele disse, "Não conheço isto. Não me é familiar. Já tomei chás feitos de hortelã e de outros tipos de folhas". Outra palavra que ele não compreendeu foi "verdura", mesmo depois de diversas explicações. Eles comiam outras coisas além de grãos e frutas, mas eram levadas por caravanas que passavam por ali.

Ele descreveu o mobiliário dos quartos. "Temos a cama, armações com cordas cruzadas que formam uma estrutura. Temos um acolchoado e tudo fica sobre ele. É assim que dormimos, é nisso. Temos cadeiras e mesas. Se quero me se sentar ou relaxar, pego uma almofada e me sento no chão. Também depende de preferência pessoal". Esse estrado da cama ficava a uns 30 cm do chão. Ele não entendeu o que eu quis dizer quando lhe perguntei sobre cobertores ou lençóis. Depois que expliquei, ele respondeu, "Não há motivo para termos cobertores. Seria demais. Talvez quem mora nas montanhas precise deles".

Ele também não sabia o que era um travesseiro, mas como ele usara a palavra "almofada", sabia que entenderia a palavra. Ele não entendeu porque usaríamos uma almofada sob a cabeça para dormir. "A cabeça não fica elevada. A forma ideal de dormir é manter os pés mais elevados do que a cabeça, ajudando na circulação. Se você eleva a cabeça, vai ter problemas de inchaços nos pés. Não é? Elevar a cabeça causa enxaquecas e muitos outros problemas. Se elevar os pés, você ajuda a circulação do corpo e detém o processo". Eles costumavam colocar uma almofada sob os pés ou então inclinavam a cama. O único mobiliário adicional da casa seriam prateleiras sobre as quais punham coisas como roupas e itens diversos.

Perguntei-lhe sobre decoração e ele estranhou, tornando a ficar confuso. Estava pensando em quadros ou estátuas. A palavra "estátua" o perturbou. "Nós não temos estátuas! Não fazemos estátuas. De vez em quando, vemos quadros. Mas não permitimos estátuas na comunidade. Isso seria copiar aquilo que Deus fez. Os Mandamentos não permitem que se façam imagens esculpidas". "Mesmo que não seja de uma divindade? Por exemplo, uma estátua de um animal?" "Muitos falsos deuses são venerados como animais".

Tentei lhe explicar que algumas pessoas gostavam de ter estátuas e pinturas em suas casas só porque eram coisas bonitas de se olhar. Não tinham a intenção de usá-las como objetos de adoração. Mas Suddi não conseguiu entender esse conceito. "Eu olharia para a natureza e veria sua beleza. Por que olhar para uma imitação grosseira se a coisa real está diante de você? Consigo entender a beleza e a necessidade de criar, mas você não poderia criar muitas coisas mais bonitas? Os quadros são muito bonitos".

Quando lhe pedi para explicar os quadros, não imaginava como eram aqueles com que ele estava familiarizado. Eles eram pintados sobre papiros ou madeira e pendurados pela casa, mas não eram imagens de objetos ou de coisas vivas, tal como fazemos. Davam a impressão de ser pinturas abstratas.

S: Cores e a maneira como as luzes e as formas e... eu não sei pintar. Não estou explicando isto direito. São coisas que falam à alma. São de dentro e não aquilo que os olhos veem. São o que a alma vê. Só têm sentido para a pessoa que pinta.

D: E os romanos? Eles têm muitas estátuas, não têm?

S: Sim, mas eles são pagãos. Veneram-nas. Atribuem-lhes qualidades que não estão nelas. São apenas pedras.

D: Eles realmente veneram a estátua em si ou veneram a ideia por trás dela?

S: Há de tudo. Alguns veneram a estátua como se ela fosse real, outros dizem que ela é apenas o que representa. Ambas parecem ser ideias muito perigosas.

Ele ficou muito chocado quando lhe perguntei se ele já havia estado dentro de um templo romano. "Conversei com romanos sobre suas crenças. Mas em seus templos eles matam animais e corrompem o nome da veneração. Ela tornou-se uma coisa horrorosa, suja. Há um em Betesda, é o único que conheço. Ouvi falar de um em Jerusalém e outros diferentes. Parece que há um em Cafarnaum. Claro, Tibérias tem um templo. Ele foi construído pelo imperador deles". (A palavra Tibérias foi pronunciada depressa, com as sílabas desarticuladas.)

Perguntei sobre Nazaré, mas ele disse que a aldeia era pequena demais e eles não se preocupariam em instalar um templo lá. Imaginei que talvez ele quisesse ver um por curiosidade, mas ele considerou a ideia repulsiva. "Nosso templo começa de dentro. Se o interior está íntegro, ele se espalha. Você não precisa de uma casa ou cômodo para abrigá-lo". Sempre imaginei que o templo e a sinagoga fossem o mesmo lugar, apenas com nomes diferentes. Lembrei-me da história de Jesus, na Bíblia, quando ele foi encontrado no templo ensinando os doutores.

S: O templo serve apenas para a adoração de Elohim, mas a sinagoga também é um lugar de ensino. O templo tem o Santo dos Santos, enquanto a sinagoga tem apenas o santuário da Torá. O templo é para Deus; a sinagoga é para a veneração à maneira da fé judaica.

*D: Então, uma pessoa que pratica outra religião poderia entrar no templo, mas não na sinagoga?*

S: Sim. Na sinagoga, há um lugar para os gentios e também um pátio para as mulheres. E no templo, admitem-se todos que veneram a Deus.

Embora a Bíblia mencione o questionamento de Jesus aos doutores, Suddi não conhecia essa palavra. Aquilo que ele considerava um curador era chamado de médico, e este tipo de pessoa só ensinava a sua especialidade. Não estaria ensinando no templo. Aparentemente, aquilo a que a Bíblia se refere seriam professores muito cultos, talvez mestres.

S: Aqueles que ensinam no templo são os professores da Lei. Há sacerdotes, cada um com sua própria especialidade. Um ensina a Lei, outro fala dos mistérios e os demais falariam dos diversos conhecimentos que foram transmitidos. Os rabinos são diferentes, ensinam a lei judaica e a religião judaica, por assim dizer.

Pedi-lhe uma descrição do templo de Qumran e recebi até mais do que esperava.

S: Há a área onde as pessoas se reúnem. Elas se ajoelham ou se sentam no chão. E há o altar. Atrás do altar há uma cortina, o santuário interior, que tem um véu. Dentro, ficam a Torá e os pergaminhos são guardados, a Cabala. Dependendo se são dias de estudos ou de comemorações de dias santos, eles trazem tudo isso e leem esses textos, compartilhando-os. Compartilham-se as almas, discutem-se os assuntos de Deus, da vida e de muitas coisas. Na sinagoga, não permitem as mulheres, exceto no pátio das mulheres. Aqui, permitem-se todos.

*D: Há objetos religiosos no templo, como no altar, por exemplo?*
S: Há um cálice e geralmente um incensório, é tudo.
*D: Qual a finalidade do cálice? Qual o seu significado?*
S: É a passagem por todos, compartilhando-o dessa maneira. Ele nos une e nos torna um só.

Senti uma familiaridade inesperada nisso tudo. Empolgada, Harriet perguntou, "Todos bebem desse mesmo cálice? O que bebem, água?" "Geralmente, temos vinho". Esse foi um desdobramento novo e inesperado. Aquilo que Suddi estava descrevendo pareceu-se muito com a Sagrada Comunhão ou a Ceia do Senhor. Mas supunha-se que ela estaria relacionada com Cristo, e no entanto ele sequer havia nascido. Suddi disse que não se passava o pão nesse momento (eu estava pensando no pão ou na hóstia da comunhão). Só o cálice era passado pelas pessoas.

S: É o cálice do sangue da vida. É a partilha da vida entre todos. O vinho representa o sangue de todos e essa partilha.
D: *É isso que significa? Significa que todos têm o mesmo sangue? Só os membros da comunidade essênia podem compartilhar o cálice?*
S: É preciso ter aceito os preceitos para conseguir compartilhar essa unidade. Em parte, pois talvez não compreendessem o que se está tentando fazer com isso. Não que não acreditemos que são um só conosco, porque acreditamos. É que essa partilha acontece no tempo de cada um. Se a pessoa não está pronta para isso, isso não é enfatizado.

Portanto, não se permitiria que um transeunte desconhecido participasse disso. Esse ritual era realizado em cerimônias onde todos ficariam juntos e conseguiriam comparecer. Era feito no sabá, mas não se restringia a esse dia. Suddi disse que, pelo que sabia, essa cerimônia não era realizada pela comunidade judaica em geral.

Achei que essa foi uma descoberta importante. Aparentemente, quando Jesus ofereceu a Última Ceia a seus discípulos no Salão Superior, ele não estava instituindo um novo ritual. Estava repetindo algo de que participara muitas vezes com os essênios. Dizem que o simbolismo do pão é um costume judaico. Creio que ele o combinou com o costume de passar o cálice, dando a ele novo significado. Para os essênios, essa cerimônia simbolizava o fato de terem todos o mesmo sangue, compartilhando a vida uns com os outros. O que poderia ser mais natural do que Jesus querer repeti-la na véspera de seus julgamentos e morte? Seria o último ato de fraternidade entre ele e seus seguidores.

Queimavam sândalo no incensório, pois "dizem que ele pode ajudar a abrir alguns dos centros (chakras?) que temos em nós. Repito, não estou familiarizado com os ensinamentos de todos os mistérios ou com as cerimônias". Enquanto a passagem do cálice era estritamente um rito dos essênios, outras religiões se valiam do incenso, até os romanos.

Ocorreu-me que se tivessem algum tipo de ritual familiar para a igreja cristã, poderia haver outros. Arrisquei-me e perguntei sobre o batismo. Suddi pareceu confuso, intrigado, pois não estava familiarizado com a palavra.

D: *É um banho, uma limpeza ritual com água.*
S: Há uma cerimônia de limpeza. Depois que a pessoa passou por seu Bar Mitzvá, é levada para fora e passa a ser considerada como tendo maioridade. E escolhe seguir o caminho de Javé ou sair dele. Se escolher isto, ela é limpa nas águas. E dizem que ela está lavando o seu passado e que a partir desse ponto ela vai começar do zero. Há várias maneiras de fazer isso. Alguns despejam a água sobre a pessoa e outras fazem-nas deitar sobre a água.

D: *É preciso ir ao Mar Morto para fazer isso?*
S: Não, ninguém precisa ir ao Mar da Morte. Em geral, isso é feito numa de nossas fontes.

D: *Você precisa usar alguma roupa específica nessa ocasião?*
S: Ou um manto feito de linho ou nada. O desnudamento da alma faz parte da purificação.

D: *O sacerdote realiza a cerimônia?*
S: Sim, ou um ancião. Geralmente, isso só é feito uma vez na vida da pessoa.

Isso explicaria a origem da ideia do ritual de batismo adotado por João Batista. Quando ele estava batizando as pessoas no Rio Jordão, não era nada de novo. Ele estava apenas seguindo um costume dos essênios.

Os tradutores dos Manuscritos do Mar Morto estão cientes dessa coincidência. Descobri que há muitas referências a essas duas cerimônias nos pergaminhos. Muitos desses especialistas chegaram à conclusão de que isso liga diretamente João Batista aos essênios. Indica que em alguma época de sua vida, ele esteve sob a influência deles.

Os essênios se vestiam de modo bem simples. Tanto homens quanto mulheres usavam um manto simples feito de "pelo de ovelha que foi fiada e tecida (lã) ou de linho processado". Os mantos eram presos na cintura e iam até o chão. Eram considerados frescos. Sob os mantos, os homens usavam uma espécie de tanga. Sandálias eram usadas por ambos os sexos. Os mantos eram sempre brancos, embora às vezes fossem "mais da cor do creme espesso das vacas. Ele não é propriamente branco". Raramente ficava frio a ponto de obrigá-los a vestir outra coisa, mas quando o faziam, eram capas de diversas cores. Os homens adultos usavam barba. "É sinal de que pertence à comunidade dos homens". Fora de Qumran, havia pessoas que preferiam barbear-se. "Há comunidades que nunca cortam os cabelos. Os romanos usam cabelos curtos. Para nós, é permitido usá-los em qualquer comprimento, desde que estejam bem cuidados e limpos. A maioria prefere usá-los na altura dos ombros".

Se uma pessoa saísse da comunidade para ir ao mundo exterior, era obrigada a se vestir como as outras pessoas para não parecer diferente. Os forasteiros não usavam mantos brancos; usavam roupas coloridas, com adornos para a cabeça de diversos tipos. Desse modo, os essênios eram únicos e teriam sido identificados rapidamente, destacando-se dos demais. Os textos antigos confirmaram esses fatos sobre seus trajes.

É preciso lembrar que os essênios corriam perigo quando saíam dos muros. Porém, se ninguém soubesse quem eram, estariam em segurança. Como disse Suddi, "Nossa pele não é azul". Aparentemente, eles não podiam ser facilmente identificados caso se vestissem como as outras pessoas. Mas em Qumran, todos usavam o mesmo "uniforme", digamos. Daria a impressão que todos eram absolutamente idênticos, mas eles tinham um método para identificar sua "hierarquia". Eles usavam uma faixa de tecido na testa. Essas faixas tinham cores diferentes segundo a posição do usuário na comunidade. Seria como um distintivo que facilitava a rápida identificação da posição de cada um.

S: Veja o caso da faixa cinza: ela é a cor dos estudantes mais jovens. Os que usam verde são buscadores. Ficam acima do nível dos estudantes. Eles já concluíram os estudos que todos devem fazer, mas buscam mais coisas. Foram admitidos há pouco. Sua alma ainda tem sede de conhecimentos. Ainda são estudantes, mas não são mestres. E há o azul, que é o mestre. E há o branco, que é o ancião. Há o vermelho: ele não pertence a nenhuma dessas categorias. Ele está fora delas. Está estudando, mas por motivos diferentes. É o caso dos estudantes externos, que são como visitantes. O vermelho nos mostra que, embora tenham a mesma mentalidade, não nasceram entre nós, não são nossa gente. Na verdade, só os que usam faixa verde, azul e branca são dos nossos, além da faixa cinza para os jovens estudantes.

D: *Então, se uma pessoa está usando uma faixa vermelha, ela não mora lá o tempo todo?*

S: Bem, não é que ela não more lá o tempo todo. Talvez seja de outro lugar e tenha vindo aprender, buscar, estudar.

D: *Então, quando acabam de estudar, vão embora. Essas cores foram escolhidas por algum motivo?*

S: O azul mostra muito da paz interior. Está quase no nível do branco. O branco é a realização suprema. Você se encontra totalmente repousado e fez tudo que precisa ser feito. O azul fica apenas um degrau abaixo disso, digamos assim.

Essas testeiras coloridas também eram usadas por mulheres, pois elas eram consideradas iguais aos homens e também davam aulas. Ele não conseguiu entender minha surpresa quando eu disse, "Em algumas comunidades, as meninas não estudam nada". "Mas como...? Se a jovem não estuda, como ela pode manter a unidade com seu marido ou... não compreendo".

Ficamos muito satisfeitas com seu modo de pensar, que deve ter sido contrário aos costumes populares judaicos de sua época. Isso explicaria algumas das atitudes de Jesus para com as mulheres. Elas não eram tratadas de forma diferente em Qumran nessa época. Se a mulher não fosse uma estudante, poderia usar um lenço ou véu, segundo sua preferência. Mas a maioria não usava nada na cabeça.

Na época em que eu estava conversando com ele, sua testeira era verde. "Isso significa que sou estudante. Estou um degrau abaixo do mestre. Não sou um estudante recente, sou um buscador. Os mais jovens usam cinza".

Durante a sessão em que Suddi estava descrevendo as condições de vida em Qumran, Katie estava em transe profundo. Súbita e inesperadamente, ela deu um tapa no lado esquerdo do rosto, o que nos surpreendeu. Normalmente, com a exceção de gestos e movimentos das mãos, esses movimentos rápidos não acontecem. Mais tarde, ela começou a coçar o lugar que fora estapeado. Suddi disse simplesmente, "Hmm, os insetos estão ficando agitados". Achei isso muito divertido, pois foi muito inesperado. Ele disse que, em sua maioria, eram mosquitos, "pequenas coisas voadoras", mas havia muitos insetos diferentes em Qumran, dentre os quais gafanhotos e formigas eram os maiores problemas. Quando lhe perguntei sobre insetos perigosos que poderiam ser venenosos, ele disse que não conhecia nenhum, embora ele próprio não fosse "um estudioso de formas inferiores de vida".

Criavam animais para alimentação: ovelhas, cabras e gado. Mas tive a impressão de que não eram mantidos em Qumran. Provavelmente, ficavam do lado de fora dos muros ou perto de 'Ain Feshka, onde ficava a agricultura. Entramos numa discussão interessante e infrutífera quando lhe perguntei se ele tinha bichos de estimação. Ele não conhecia a expressão. Geralmente, quando lido com pessoas de outra cultura, isso acontece: elas não compreendem ou não têm uma palavra ou expressão equivalente. Sempre sou pega de surpresa, pois volta e meia (como neste caso) a expressão é de uso comum entre nós. Normalmente, tenho de encontrar rapidamente uma explicação adequada, o que é difícil. Experimente fazer isso. Tentei pensar depressa para encontrar uma definição para a expressão "bicho de estimação".

*D: Bem, seria um animal que não se come. A pessoa pega um animal e o torna dela. Ela o mantém para seu prazer pessoal, como um bicho de estimação.*
S: Isso parece egoísta. Como podemos saber se o animal também sente prazer nisso?
*D: Bem... ele seria como um amigo.*
S: Como um animal pode ser amigo? Ele não consegue conversar de modo inteligente.

Ele pareceu completamente confuso. Eu disse: "Algumas pessoas gostam de ter animais por perto. Vivem com eles em suas residências". "Isso não me parece muito higiênico". Rimos. Não tinha ideia de que seria tão difícil explicar aquilo. Por mais que eu falasse, não conseguia ser mais clara. Perguntei se ele sabia o que era um gato ou um cachorro. Ele conhecia a palavra gato, mas não cachorro. Franzindo a testa, ele disse, "Eu já vi... chacais" (que ele pronunciou iacais). Imaginei que seria a melhor imagem mental que ele conseguiu obter para compreender a palavra "cachorro". Expliquei que eram similares, mas não exatamente iguais. "Acho que ninguém deve ter um gato. Isso é curioso. Por que alguém iria querer ter um bicho de estimação que come animais mortos? Eu não gostaria que ele morasse comigo. Todos têm vermes. Isto não é bom; vermes trazem doenças. Usamos enxofre para mantê-los longe".

Ficou aparente que eu não seria capaz de definir aquilo que nós consideramos bichos de estimação, e por isso fui em frente. Quis saber se eles tinham problemas com cobras na comunidade. Ele disse que havia muitas serpentes de tamanhos variados. Iam desde as bem pequenas até as bem grandes, com diversas braças de comprimento. Ocasionalmente, entravam na comunidade e eram mortas, pois a picada da maioria era fatal. Fiquei surpresa ao vê-lo admitir que seu povo às vezes matava. Ele tinha parecido bastante avesso a qualquer dano às criaturas de Deus e a qualquer forma de violência. Ele disse que matavam caso houvesse um perigo.

Ainda estava tentando descobrir se eles usavam alguma forma de proteção caso fossem ameaçados. Antes, ele havia indicado que tinham algo, mas era um dos assuntos proibidos em nossas conversas. Desta vez, quando lhe perguntei se havia alguma outra coisa que eles consideravam perigosa, ele voltou a ficar na defensiva e recusou-se a responder. Quando isso acontecia, era sempre melhor mudar de assunto.

Durante meus questionamentos, fui percebendo que Qumran estava longe de ser um lugar primitivo. Certa vez, conversamos enquanto ele estava tomando banho. Ele disse que isso era uma coisa feita diariamente, quase sempre pela manhã. A "sala de banhos" era um cômodo grande, com o banheiro ocupando quase todo o espaço. Havia degraus que levavam à piscina e uma área lateral onde havia bancos para "tirar a roupa". Eles tiravam as roupas para entrar na água. Muitas pessoas (tanto homens quanto mulheres) tomavam banho ao mesmo tempo, usando pedra-pomes no lugar de saponáceo. A água entrava na piscina saindo de algum lugar subterrâneo. Era um fluxo contínuo, sendo sempre renovada e trocada. Ele não sabia aonde a água ia parar, pois disse que não projetou e nem construiu o sistema, mas achava que as áreas que a água percorria eram cobertas. Imaginei que se alguém fosse perguntar a algum morador de uma cidade moderna algo sobre o sistema de águas, ele também teria dificuldade para explicá-lo, a menos que tivesse algum motivo para estar envolvido em seu funcionamento.

Havia lugares na comunidade nos quais a água aflorava na superfície. A água potável era obtida em duas fontes. Achei que ele estaria se referindo a um poço, mas ele foi bem enfático em suas definições. Ele sabia o que era um poço e disse que não era isso. "É o ponto no qual a água vem de baixo e sobe. Ela vem das montanhas e sobe pelo chão. Há uma área para armazenagem dessa água, capaz de receber bastante água. Ela é quadrada e deve ser tão profunda quanto a cintura de um homem. E uma vez e meia o comprimento de seus braços estendidos. Nos meses mais quentes, geralmente o lugar é coberto para que a água não evapore e a poeira não a deixe suja".

A água era retirada com baldes; tinham apenas de se abaixar e removê-la. Isso me surpreendeu, pois a área próxima a Qumran é muito árida. Achava que eles não poderiam ter um fluxo contínuo de água. "E por que não? Estando próximos do Mar da Morte, há água aqui. Ela vem de muitas fontes. Desde que não seja do mar, ela é boa para beber e para outras coisas".

Quis saber se eles dispunham de sistemas sanitários que eliminavam restos de urina ou de evacuações. Segundo a Bíblia (Deut. 23:12-14), na época mosaica as pessoas não podiam fazer essas coisas dentro da cidade, pois era algo sujo. Tinham de ir para fora dos muros, cavar um buraco e cobri-lo depois. Suddi era especialista em lei judaica e fiquei curiosa sobre o que ele diria a respeito. Fiquei insegura quanto à forma de perguntar. Não sabia se outras culturas considerariam a pergunta ofensiva. "Quando as pessoas precisam urinar, por motivo de higiene, elas têm de fazer isso do lado de fora dos muros?" "Não, há um lugar usado para essas funções do corpo. É um cômodo que tem várias seções... (procurando a palavra certa)... cubículos, nos quais você pode urinar ou evacuar. Creio que é um sistema com buracos escavados que são limpos. Não sei dizer ao certo como eles eliminam os dejetos". Ficava dentro dos muros da comunidade e todos usavam o mesmo lugar. Havia água nesses cubículos, mas ele não sabia dizer se havia também água corrente, tal como nos banheiros.

S: São postas coisas na água dali para mantê-la fresca.

D: *Mas a lei judaica não diz que é preciso sair da cidade para fazer essas coisas?*

S: Não sei disso. E se o homem tiver de acordar de noite? (Ele riu) Terá de sair da cidade?

Portanto, aparentemente, nem todas as leis judaicas eram válidas para todo o povo. É questionável supor que outras cidades de Israel dispusessem das maravilhas sanitárias e de fornecimento de água presentes em Qumran. Mas parece que os essênios tinham acesso a muitas informações, incluindo possivelmente esses conhecimentos de engenharia.

Quando os arqueólogos escavaram as ruínas de Qumran, ficaram espantados com o maravilhoso e complexo sistema hidráulico que encontraram (veja o desenho). Havia dois banheiros com degraus para descer até eles, diversas cisternas (como os cientistas as chamaram) e tanques de armazenamento de água. Havia ainda muitos pequenos canais conectando todo o sistema, que deviam ser cobertos na época em que os essênios viveram lá. É interessante notar que os cientistas presumiram que os banheiros eram abertos, mas Suddi disse que eram fechados em recintos e que as áreas de armazenamento e as fontes eram abertas.

Eles também presumiram que os essênios coletavam a água que descia pelas colinas durante as chuvas escassas, armazenando-a nesse sistema. Mas o padre de Vaux disse que durante os três anos em que ele e sua equipe ficaram no local da escavação, a chuva só desceu duas vezes pelas colinas. É difícil acreditar que eles poderiam armazenar água suficiente por longos períodos se precisavam depender de chuvas imprevisíveis. Suddi disse que havia água corrente. Creio que encontraram uma fonte e canalizaram a água para que fluísse pela comunidade. Acho que nos dois mil anos posteriores alguma coisa aconteceu com a fonte, quer por terremotos, quer por movimentos naturais do terreno. Há fontes conhecidas nessa região, dentre as quais a mais notável fica em 'Ain Feshka, alguns quilômetros ao sul. Por que os essênios cultivariam sua área agrícola próxima a uma fonte e instalariam sua comunidade numa área estéril?

Além disso, sabe-se que quando os romanos destruíram a comunidade, também arruinaram o sistema hidráulico. Por ignorância, talvez tenham fechado a fonte de água.

Os arqueólogos encontraram os restos daquilo que chamaram de sistema sanitário, um tipo de fossa. Também encontraram as ruínas de uma construção com cubículos, que imaginaram que fosse um estábulo. Será? Quanto à rotina diária de Suddi: "Geralmente, acordo com o sol, tomo um banho e depois tomo o desjejum. Estudo por algum tempo e depois começo as lições ou os ensinamentos do dia. Depois, como a refeição do meio do dia. Após, geralmente eu estudo. Há muitas coisas que não sei. Finalmente, faço a refeição noturna e passo a noite em contemplação". "Você precisa acordar com o sol?" Esta é uma das coisas que os cientistas presumiram. "É só uma questão de hábito. Depende daquilo que você faz. Há aqueles que estudam as estrelas. Naturalmente, esses ficam acordados a noite toda e dormem durante o dia. Se você estuda as estrelas, não deve acordar e passar o dia acordado, dormindo quando as estrelas estão no céu. Há aqueles que trabalham até tarde da noite, mas a maioria de nós acorda com o sol". "Você tem algum horário fixo para ir para a cama à noite?" "Não, de modo geral, não, pode haver coisas para fazer que avançam noite adentro. Podem ser seus estudos. Pode ser uma conversa com alguém que você não via há algum tempo. Diversas coisas".

Se ficavam acordados após o sol se pôr, obviamente tinham meios de produzir luz. Sabia que naquela parte do mundo eram usadas lâmpadas contendo óleo de azeitona. Obtive essa informação através de outros pacientes. Mas naquela ocasião eu já deveria saber que não podia considerar nada como líquido e certo quando usava esse método para examinar o passado. Em meu trabalho com Katie, eu nunca sabia aonde uma pergunta inocente poderia levar. Quando lhe perguntei, sua resposta foi inesperada e mostrou uma vez mais que Qumran não era um lugar qualquer. Suas paredes guardaram muitos mistérios ocultos. "Usamos as lâmpadas de óleo ou as luzes que queimam".

Quando você trabalha com regressão, precisa manter-se alerta e pronta para perceber e acompanhar qualquer coisa que pareça minimamente incomum. Como é algo corriqueiro em seu modo de vida, o paciente não entra em detalhes a menos que você prossiga em seu questionamento. Nunca sabemos aonde isso pode levar. Aqui, tive um exemplo disso. Por que ele mencionou dois tipos de lâmpadas?

S: Geralmente, uso aquela que tem óleo e eu a acendo. Mas há também as lâmpadas que têm luz sem chama.

D: *Qual a fonte de energia delas?*
S: (Ele teve dificuldade para explicar.) Eu não as construí, não sei. Ela funciona num jarro onde é colocada. O jarro tem algumas propriedades. Ela é posta num jarro que tem um... (procurou a palavra) globo que se projeta dela e que se acende. O jarro tem cerca... bem... (ele mediu com as mãos e deu a impressão de ter uns doze ou treze centímetros de altura).
D: *Quando você diz globo, quer dizer um globo de vidro?*
S: (Hesita) O que é... vidro?
D: *(Como explicar isso?) Talvez você não tenha isso em sua comunidade. O vidro é um material, podemos ver através dele. É como um pote, mas transparente. (Isso foi difícil.)*
S: Parece interessante. É algo assim, sim. Não sei como ele é feito.

Harriet deu a sugestão de dizer que era algo similar a um cristal e ele respondeu com um enfático "Sim!" Seria semelhante ao vidro. Pelo menos, era um material transparente, e assim ele tinha uma base de comparação. Perguntei se o globo redondo era como uma esfera e ele ficou empolgado por me fazer entender, finalmente. Mas quando perguntei se a esfera era oca, ele voltou a ficar confuso.

S: Não conheço essas coisas. Eu não as projetei.
D: *Mas fica em cima do jarro e o jarro é de cerâmica. É isso?*
S: Não sei. Parece ser de pedra.
D: *Tem alguma coisa dentro do jarro?*
S: Eu não o desmontei para saber.

Ele estava ficando irritado com tantas perguntas, mas eu queria entender como funcionava esse estranho dispositivo, se possível, pois uma coisa dessas não deveria ter existido. Fiquei curiosa para saber se essa lâmpada ficava acesa o tempo todo e não podia ser desligada. "Não. Ela é ligada e desligada colocando-a... Você tem uma que é colocada dentro de outro jarro, o que faz com que ela acenda, e outra de outro tipo que é girada e isso faz com que ela acenda. Mas ela nunca fica acesa o tempo todo, a menos que seja isso que você deseja". Perguntei se ele gostava mais desta lâmpada do que daquela com óleo. Ele disse que essa estranha era muito mais luminosa, além de não ter o risco de causar incêndios.

D: *Elas são feitas na comunidade?*
S: Não, são muito antigas.
D: *Elas devem ter uma grande fonte de força para terem durado tanto tempo. Há muitas delas na comunidade?*
S: Há um número suficiente. Não as contei. Estão por toda parte. São permitidas onde forem necessárias.

Nas minhas pesquisas, encontrei a descrição de objetos que o padre e arqueólogo de Vaux escavou das ruínas de Qumran. Entre muitos fragmentos de cerâmica, ele encontrou alguns jarros de pedra e fragmentos de vidro. Teriam sido os restos das lâmpadas que não foram identificadas como aquilo que eram?

A ideia de um jarro funcionando dessa maneira despertou uma memória. Lembrei de ter lido alguma coisa parecida num dos livros de Erich von Daniken. Seus livros contêm muitas coisas estranhas e inexplicadas.

Encontrei isso na página 174, figura 252, do livro In Search of Ancient Gods (Em busca de deuses antigos). Era a imagem de um pequeno jarro, mais ou menos do tamanho indicado por Suddi, mostrando alguém inserindo um objeto ovalado de metal escuro (?) no jarro. A inscrição dizia que era uma bateria operando segundo o princípio galvânico. Era muito velha, mas até hoje é possível extrair 1,5 volts dela. Hoje, ela está no Museu do Iraque em Bagdá.

The Community of Qumran

(legend: A Comunidade de Qumran)

O livro de Charles Berlitz, Atlantis, the Eighth Continent (Atlântida, o oitavo continente, p. 139), contém mais informações. A legenda de uma foto diz, "Dr. Wilhelm König, arqueólogo austríaco contratado pelo Museu do Iraque, desenterrou, em 1936, um vaso de 2.000 anos de idade, com 15 cm de altura, que continha um cilindro de cobre montado em piche e, dentro dele, uma haste de ferro presa por um plugue de asfalto. O objeto se parecia com outros que estão no Museu de Berlim, alguns maiores, com uma repetição da montagem dos cilindros. Não há indícios de sua função, exceto que eram 'objetos religiosos ou de culto'". Ocorreu a alguns investigadores, inclusive ao Dr. König, que seriam baterias secas que, compreensivelmente, não teriam mais condições de funcionar após vários milhares de anos. Entretanto, quando foram reconstruídas com precisão e dotadas de um novo eletrólito, elas funcionaram! Esse uso antigo da eletricidade pode, naturalmente provar apenas que a energia elétrica era usada para a galvanoplastia de metais com ouro e prata, tal como ainda se faz nos bazares do Oriente Médio. Mas também é provável que fossem usadas na iluminação de templos e palácios, embora seu uso tenha desaparecido antes da antiguidade média, a dos gregos e romanos, que usavam óleo para iluminação. (Referência: Museus de Berlim e do Iraque).

A humanidade tornou-se muito arrogante, achando que foi a primeira a inventar as conveniências modernas. Parece que o homem antigo não era tão primitivo quanto acreditávamos. Na verdade, ele possuía muitas dessas coisas, e, desde o apagão cultural da Idade das Trevas, nós simplesmente tornamos a descobri-las. Uma ideia intrigante.

Fiquei imaginando quais as outras surpresas que poderíamos encontrar dentro dos muros reservados e protegidos de Qumran.

# CAPÍTULO 6
# O governo da comunidade de Qumran

Segundo os arqueólogos, a comunidade era governada pelas regras e regulamentos estabelecidos por um grupo de sacerdotes. Com base em suas traduções dos Manuscritos do Mar Morto, eles acham que os essênios obedeciam regras muito severas e, aparentemente, cruéis. Isso é o oposto daquilo que descobri. Não creio que os essênios gentis e justos que conheci fossem assim, e as informações de Suddi provaram que eu estava certa ao pensar dessa maneira. Muitas vezes, claro, a dificuldade está no método e na maneira de traduzir os textos.

Segundo Suddi, havia um conselho de anciões que estabelecia as regras de governo da comunidade, presidiam a julgamentos e decidiam sobre penalidades, etc. Dizem que em certa época, houve alguma coisa parecida com um chefe encarregado do conselho, mas isso mudou, pois ficou decidido que dava poder demais a uma única pessoa. Os anciões eram escolhidos por aqueles da mesma área ou campo de estudos. As qualificações dependiam do tempo que passavam estudando aquele assunto específico e do conhecimento que acumulavam. O número de anciões do conselho variava de tempos em tempos, mas geralmente eram nove ou dez, dependendo da área de estudos de cada ancião.

Perguntei-me se todos os membros da comunidade teriam voto, tal como fazemos em nossos países democráticos. Ele disse que isso era discutido entre as famílias, mas só os mestres e estudantes de um campo específico de estudos tinham direito a se manifestar sobre o assunto. Aparentemente, a escolha dos anciões dependia do núcleo intelectual da comunidade, aqueles que estudavam os diversos campos. O trabalhador comum não tinha direito a se manifestar, mas a mulher sim, caso fosse estudante. Quando alguém era escolhido para o conselho, era um cargo vitalício, e era preciso haver maioria para decidir qualquer coisa. Quis saber se alguma vez tiveram de tirar alguém do conselho. Ele disse que isso já havia acontecido, mas não recentemente.

Suddi havia mencionado penalidades, e fiquei surpresa ao saber que essas pessoas tão compassivas tinham de recorrer a punições. Quis saber como seriam.

S: Há algumas, bem pequenas. Se alguém comete uma grande infração, é tirado da comunidade, mas isso raramente é aplicado. Só o fazemos em casos de violência, quando outra pessoa é agredida fisicamente. Violências desse tipo. A violência é contrária a aquilo em que acreditamos. Esse é o único castigo importante que temos, obrigar a pessoa a deixar a comunidade. Isso seria aplicado a alguma coisa muito séria. Da última vez, foi quando um estudante matou um colega.

Então, era possível haver violência, mesmo num ambiente tão ideal. Perguntei se ele sabia o que teria acontecido naquele incidente.

S: Não, não nos contaram a história. Não nos cabia julgar. Ele é que tinha de carregar a cruz, não eu.
D: *Nunca imaginaria que seu povo poderia chegar a ficar tão agressivo.*
S: Ele era apenas um estudante, não era um de nós.

Ele quis dizer que o agressor não havia nascido em Qumran. Ele seria um dos que usava testeira vermelha.

D: *Que punição seria aplicada a um delito menor?*
S: Há a punição de um de nossos mestres. Sim. Mas isso fica entre os dois – a pessoa que cometeu o delito e o mestre a quem serve. Como disse, o mestre lida com o caso individualmente e faz o que considera adequado. Às vezes, exigem-se jejuns. A penitência pode ser o estudo de certas coisas ou a remoção de privilégios.

Os tradutores arqueológicos acham que os essênios eram uma ordem religiosa e que os sacerdotes eram os líderes, acima de todos, a voz final da autoridade. Suddi disse que os sacerdotes só tinham autoridade sobre os alunos para os quais davam aulas. Eles não ficavam acima do conselho.

*D: Alguém já saiu da comunidade por estar insatisfeito com alguma coisa?*
S: Alguns saíram para ensinar. Mas, por que alguém iria querer sair?
*D: Eu concordo com você, mas fiquei curiosa se já houve alguém que se mostrou descontente.*
S: Provavelmente, isso é possível. Não ouvi alguém dizer que não é. Mas por que alguém iria querer isso?
*D: Se estivessem descontentes e achassem que estariam melhor noutro lugar. É permitido sair?*
S: Creio que sim. (Indignado) Não somos escravos! Não usamos correntes!
*D: Então, eles ficam porque querem. Alguém que deseja ser estudante aí já foi rejeitado?*
S: Sim. Sua motivação é avaliada pelos mestres e eles sabem qual o propósito da pessoa para isso. Se sua intenção for maliciosa, ela será rejeitada.
*D: Já aconteceu de alguém criar problemas ou causar distúrbios por não ter sido admitido?*
S: Recentemente, não. Não quer dizer que não tenha acontecido.
*D: Sabe o que fariam se isso acontecesse?*
S: Não sei. Não sou um mestre, essa decisão não me cabe.
*D: (Ainda estava tentando descobrir como eram suas defesas.) Vocês têm algum meio de proteção para a sua comunidade? Sabe, armas ou coisas parecidas?*
S: Sim. (Ele mostrou-se cauteloso e hesitou.) Diversos métodos.

Ele disse que não usavam armas no sentido convencional, mas não apresentou outras informações. Harriet arriscou um palpite e perguntou, "Vocês usam o som?" Ele hesitou por um bom tempo e respondeu, suave e cautelosamente: "Sim". Percebi que estávamos num terreno perigoso. Ele poderia ter sentido que traíra a confiança da comunidade, mesmo revelando tão pouco. Ele pareceu desconfortável e eu vi que não deveríamos insistir naquele assunto, muito embora eu quisesse descobrir mais. Tentei tranquilizá-lo, dizendo-lhe que achei maravilhoso que eles não precisassem de armas, e que na maioria das comunidades essa era a única maneira de que dispunham para se protegerem. Ele me achou curiosa demais. Eu lhe disse que queríamos muito aprender, mas que era muito difícil encontrar professores.

Naturalmente, ele respondeu que havia muitos professores lá. Nosso problema era a impossibilidade de questioná-los.

D: *Sua comunidade tem alguma regra diferente das que se aplicam numa comunidade judaica normal?*
S: Como posso saber, se não estou tão familiarizado com o lado de fora e suas leis?

Sabia, pelo Antigo Testamento, que os judeus acreditavam em sacrifícios animais. Mas quando lhe perguntei sobre essa prática, ele reagiu enfaticamente contra ela.

S: Eu não sacrifico sangue! Por que seria agradável para Javé matar uma coisa que Ele criou? Isso não parece muito lógico.
D: *Achei que você acreditava em muitos dos ensinamentos judaicos, a Torá e as Leis.*
S: Eles fazem parte da crença, mas não são tudo.
D: *Mas os judeus seguem a prática de sacrifícios, não?*
S: Sim. Segundo entendo isto, essas práticas foram tomadas por empréstimo de outras "religiões", como você as chamaria. Não eram coisas incluídas nos ensinamentos originais. Mas nós não fazemos sacrifícios. Pomos e queimamos incenso nos altares e coisas assim, como forma de sacrifício. Mas essa seria a única coisa.

Ele se mostrou tão enfático contra essa prática que resolvi mudar de assunto e perguntei sobre festivais ou feriados observados por seu povo. Ele não compreendeu a palavra "feriado". "Isto não me é familiar", disse.

D: *Feriado é um dia especial, diferente.*
S: Você está falando de dias santos. Claro, há a Páscoa judaica. Além disso, os Dias do Perdão e o Rosh Shofar. É o festival do novo ano, das novas estações.

Como não sou judia, naturalmente nunca ouvi falar em nenhum deles, exceto a Páscoa judaica, mencionado na Bíblia. Perguntei o que eram os Dias do Perdão.

S: É a época do ano em que deixamos de lado as coisas que fizemos e pedimos perdão por elas. E nos desculpamos com aqueles que prejudicamos de algum modo.

D: *Parece ser uma boa ideia. É como se estivéssemos limpando a lousa para recomeçar. Vocês têm outros feriados?*

S: Só o festival das colheitas e coisas diferentes como esta, sim. Há muitos feriados e muitas coisas que celebramos. Não somos um povo moroso. Sentimos alegria pela vida!

Isso contraria o que os tradutores pensam. Eles presumiram que os essênios eram um povo solene. Pela Bíblia, eu conhecia o costume de lavar os pés dos outros e perguntei se ele já teria ouvido falar nisso.

S: A ocasião em que isso acontece com mais frequência é a visita de uma pessoa que vai comer com o anfitrião, que então lava seus pés. Mas isso é um símbolo de humildade. Também é feito no Dia do Perdão, para mostrar a Javé que a pessoa está sendo humilde a Seus olhos.

Hoje em dia, o Ano Novo judaico é chamado "Rosh Hashanah". Suddi disse algo diferente, "Rosh Shofar". Teria sido um engano? Descobri que "Rosh" significa "começo". Fiquei muito surpresa quando minha pesquisa revelou que uma característica especial na observância do Rosh Hashanah é o toque do shofar, ou chifre de carneiro, na sinagoga, como convocação para o juízo ou o arrependimento. Será que naqueles primeiros tempos esse dia era chamado de Rosh Shofar em virtude desse costume?

Descobri que hoje o Dia do Perdão é conhecido como Yom Kippur, o dia mais sagrado do ano na religião judaica. É a culminação dos Dez Dias de Penitência que começam com o Rosh Hashanah ou Dia do Ano Novo. Ele é descrito como um dia de julgamento, uma oportunidade para se buscar o perdão pelos pecados cometidos contra Deus. No caso dos pecados cometidos contra os outros homens, essa também é uma ocasião para pedir seu perdão. O final deste dia também é marcado pelo toque do shofar ou chifre de carneiro. Aparentemente, Suddi chamou todo o período de dez dias de "Dias de Perdão".

Quis conhecer melhor os costumes na terra de Israel. Perguntei sobre saneamento.

S: Sei que as pessoas limpas, definitivamente, têm menos probabilidade de contrair doenças. Os estudiosos sabem disso há muito tempo. Por isso, quando acontece alguma pestilência, ela sempre afeta primeiro as pessoas das classes mais baixas de uma cidade. E se a pestilência for grave, ela vai continuar subindo até afetar os mais abastados. Mas isso tem muito a ver com a limpeza. Há diversos tipos de banheira usados para diferentes tipos de lavagem. O homem não usa a mesma em que sua esposa se lavou, pois isso seria considerado imundo. O mesmo se dá com as roupas, há coisas diferentes usadas para lavagens.

Ele já havia comentado sobre o sistema de banhos em Qumran, mas eu estava curiosa sobre a maneira como as pessoas comuns se mantinham limpas em Israel.

S: Se houver água suficiente, você deve tomar banhos. As pessoas que moram perto do mar não precisam se preocupar com água. Mas aqueles que moram no deserto costumam usar a areia. Se você estiver no meio do deserto, não deve usar as últimas gotas de água para se banhar.
D: *Alguém usa óleo na pele?*
S: Não. O óleo não é usado neste deserto porque quando está quente, seco e com areia no ar, se você usou óleo na pele, a areia vai grudar.

Quando lhe pedi mais informações sobre as leis da limpeza, não imaginei que o assunto fosse tão complexo.

S: (Suspiro) Vou me explicar melhor. Quando você pergunta sobre limpeza, refere-se aos animais ou à limpeza do corpo ou da alma? É preciso tomar banho e manter o corpo purificado de todos os males que queiram entrar nele. O jejum ajuda a manter o corpo equilibrado.
D: *O jejum não é perigoso para a saúde?*
S: Se não for levado a extremos, e nem pelos motivos errados, pode ser muito útil.
D: *E o que dizer da limpeza da alma?*

S: Há muitas leis em torno desse assunto. Muitas delas são leis do karma. (Suspiro) Não sou professor de religião. Você está confundindo a Lei com a veneração dos outros, a supremacia. Não é disso que trata a Lei. Há muitos pontos nebulosos nessa área e não deveriam existir.

Ele não comentou sobre o karma dessa vez, mas noutras ocasiões, sim. Isso será apresentado noutro capítulo. Voltei a fazer perguntas sobre os costumes de Qumran.

*D: As pessoas da comunidade podem se casar e ter famílias?*
S: Sim. Mas em sua maioria, marido e mulher são escolhidos pelos anciões. Dizem que é feito um mapa astrológico quando a pessoa nasce e elas são pareadas dessa forma. Não conheço isso.

Tive a impressão de que ele estava falando de horóscopos. Achei que os essênios fossem mais democráticos e não deixariam a seleção de casais ao encargo dos anciões. Posteriormente, descobri que esse costume é muito antigo na Ásia e ainda é seguido em alguns lugares. Até hoje, eles se baseiam muito nos horóscopos.

*D: Os envolvidos têm direito a se manifestar ou precisam se casar com a pessoa escolhida pelos anciões?*
S: Podem se recusar a casar, mas então nunca terão um companheiro ou companheira. Também têm a opção de se manterem solteiras.

As mulheres tinham muito mais liberdade em Qumran do que noutras regiões de Israel. Podiam decidir ficar solteiras, caso desejassem, e podiam resolver ser professoras na comunidade. Isto me surpreendeu em função das leis mosaicas do Antigo Testamento e do fato dos costumes judaicos limitarem muito as atividades das mulheres.

S: É claro que podem ser professoras. Por que não?
*D: Bem, em algumas comunidades, as mulheres não podem fazer nada exceto se casar e ter filhos.*
S: Se é esse o caso, então muitas vezes tivemos de perder uma mente grandiosa. Isso é uma pena, pois os primeiros anos da criança não

são formados com sua mãe? Portanto, se a mulher não tem inteligência, como o filho pode ter inteligência?

*D: Para mim, isso faz sentido, mas há muitas pessoas que não pensam dessa maneira.*

S: Então, é uma pena para elas. Deus criou duas formas, a masculina e a feminina, para se complementarem, não para uma ficar acima ou abaixo da outra.

*D: Existe algum tipo de regra que diz que sacerdotes ou líderes religiosos não podem se casar?*

Estava pensando nos sacerdotes e outros que precisam se manter celibatários. Ele franziu a testa como se não compreendesse isso.

S: Por quê? Para mim, isso parece tolice. Qualquer um que queira pode se casar. Dizem que dois nascem num momento tal que se destinam a passar o resto de suas vidas juntos. Se o outro não nascer, então talvez não queiram passar o resto da vida juntos. Se o outro não nascer, então talvez tenham preferido não se encontrar. Mas essa seria a única razão.

*D: E o trabalho na comunidade? Há divisões? Existe algum trabalho que só é feito pelas mulheres e outros que são só dos homens?*

S: As mulheres têm filhos.

*D: (Rimos) É verdade! Mas, e a cozinha?*

S: Geralmente, para cozinhar, temos os servos.

Isso me surpreendeu. Imaginei que todos seriam considerados iguais numa sociedade tão socialista, e que ninguém faria o papel de servo.

*D: Os servos não estariam abaixo de você?*

S: Eles estão se humilhando, sim. São pessoas que, por algum motivo, foram escolhidas para servir aos outros durante certo tempo. Às vezes, pode ser um estudante cumprindo uma penitência. Sim, há diversas razões para isso. A pessoa vê alguma coisa nela mesma, algo de que não goste. Para curá-la, ela serve a outra pessoa, pois era muito orgulhosa e vaidosa. Ela se tornaria servil para se tornar mais humilde e poder superar assim o pecado do orgulho.

*D: Poderia ser alguém de fora que foi trazido apenas para ser um escravo?*

S: Não temos escravos! Só temos homens livres. Às vezes, há pessoas que foram libertadas. Meu pai disse que viu no mercado um homem e o comprou, libertando-o. E este homem resolveu ficar conosco.

Nesses casos, os escravos libertos tinham permissão para trabalhar naquilo que quisessem e também para estudar, caso desejassem. Geralmente, os estudantes se revezavam servindo, cozinhando e fazendo outras tarefas humildes como penitência. Perguntei se a comunidade usava dinheiro e ele não entendeu o que eu quis dizer. Expressei-me muito mal ao tentar explicar que as pessoas podem ter coisas. Numa sociedade comunista, um conceito assim seria estranho. Ele também não compreendeu a ideia de comprar coisas.

S: Temos algumas coisas que são nossas; eu tenho a minha flauta. Mas se algo é de todos, é compartilhado.

D: Chega a haver discussão quando as pessoas precisam compartilhar alguma coisa?

S: Não que eu saiba, embora não esteja dizendo que isso nunca aconteceu. Mas todos têm o mesmo. Só que... você pode possuir certas coisas trabalhando em coisas diferentes. Todos são julgados segundo seus méritos. Se alguém está fazendo o melhor que pode em sua atividade, ele será julgado na mesma base de alguém que, hmmm... é apenas bom cuidando dos jardins, mas está fazendo o melhor que pode, é considerado igual a um homem que é um brilhante acadêmico, mas também é o melhor em sua área. São o mesmo, são iguais, pois ambos estão fazendo o melhor naquilo que fazem. Nesse sentido, você é julgado segundo seus méritos. Se você não estiver trabalhando direito, talvez não deva ter tanto.

Parece um bom sistema, mas o que você daria a alguém que mereceu alguma coisa se a comunidade não usava dinheiro?

S: Bem, depende... se a pessoa é um jardineiro, pode ganhar uma nova área para ter mais espaço. Se você é um professor, pode receber mais papiros. Depende da pessoa. Ninguém fica sem. Se há a necessidade, está lá. As coisas que valem algo são as coisas merecidas. As coisas de que a pessoa precisa são dadas.

Isto fazia sentido. O dinheiro não teria valor porque não haveria nada para se comprar.

Ele havia mencionado o pecado do orgulho, embora eu considere pecado quando alguém faz algo negativo para outra pessoa.

S: Tratar o outro como não se quer ser tratado, menosprezar o outro, esses são pecados. Pois não nos cabe julgar. Não estamos aqui para julgar os outros, só para nos julgarmos.
D: *Algumas pessoas acham que pecado é ir contra os Mandamentos.*
S: Seriam grandes erros.
D: *Vocês têm maneiras de expiar esses erros, esses pecados?*
S: A pessoa deve pedir para a outra, a pessoa para a qual se fez um mal, o perdão por ter feito o mal para ela. E obtido o perdão, a pessoa deve pedir a si mesma para se perdoar. Esta é a parte mais difícil de se aceitar. Além disso, se o mal consistiu num furto, a pessoa deve repor o que foi subtraído.
D: *Como podem fazer isso se vocês não têm dinheiro?*
S: Verdade, não temos, mas temos coisas que são nossas, pessoais, e as daríamos em troca como nesse caso.

Isso seria muito mais significativo: ter de dar à parte prejudicada uma coisa que lhe é realmente importante. Aparentemente, delitos desse tipo eram raros e pouco frequentes, mas era um belo sistema.

S: Por que alguém iria querer se endividar para fazer alguma coisa para alguém que não lhe causou dano?
D: *Bem, creio que se você sair de seus muros, vai encontrar muita gente que faz essas coisas.*
S: (Interrompendo) Então, acho que não quero sair!

Era triste ver que algum dia, chegaria o momento em que ele ficaria desiludido pelo modo como as pessoas viviam fora da comunidade. Pergunto-me se Jesus também se sentiu assim quando saiu de lá.

D: *Muita gente gostaria de ter uma comunidade como a sua.*
S: Mas isso é possível para todos! Ela é simplesmente baseada no amor. Se você ama os outros, então não tem problemas.

D: *Mas nem todos compreendem isso.*
S: Porém, isso cria mais problemas se elas não percebem isso agora. Elas vão seguir em frente, talvez para sempre, esquecendo-se de onde vieram. Isto não seria bom.
D: *Isso é parte do problema, elas se esqueceram. É bom saber que seu povo aprendeu a se lembrar, a levar adiante esses ensinamentos. (Que, na verdade, nada mais são do que aquilo que Jesus estava tentando mostrar às pessoas.) Será que nos permitiriam ir morar lá?*
S: Eu não sei. Recebemos pessoas de outros lugares, não vejo porque não. Você deve se apresentar aos anciões, a decisão é deles.

Quando o conheci e lhe fiz perguntas, Suddi passou por diversas idades. As informações anteriores foram obtidas quando ele era jovem. As informações a seguir foram colhidas quando ele já era mais velho. Eu conhecia algumas das leis do Antigo Testamento, mas queria ouvir a versão dele. Perguntei o que acontecia com as viúvas em Qumran.

S: Nós cuidamos delas. Se são de fora da comunidade e querem voltar às suas famílias, recebem propriedades suficientes ou coisa que o valha para serem aceitas na vida familiar, se assim desejarem. (Aparentemente, elas não poderiam voltar para casa de mãos vazias.) Se são dos nossos ou simplesmente quiserem ficar, também podem. E vamos nos assegurar de que serão bem cuidadas.
D: *Você disse que quando alguém se casa, isso precisa ser feito com a ajuda do horóscopo da pessoa. As viúvas podem tornar a se casar?*
S: Sim, é possível. Se ela era jovem e foi ordenado, sim. Aqui também, porém, só se os mapas fossem compatíveis.
D: *Achei que você havia dito que seu povo só se casava uma vez. Seria essa a única maneira pela qual alguém poderia casar outra vez?*
S: Se o cônjuge morreu, sim.
D: *Mas a lei hebraica não diz que se um homem... se um de seus irmãos morre, então o irmão...*
S: (Interrompendo) Então ele a tomaria por esposa. E os filhos, se algum resultasse dessa união, pertenceriam ao filho mais velho. Essa é a lei hebraica, sim. Não é a Torá. Não é, na grande maioria

dos casos, muito útil, devido ao fato... bem, só porque um homem e uma mulher quiseram se casar e serem felizes, ela não será necessariamente feliz com seu irmão, ou com o outro homem sobrevivente da família, conforme o caso, se ela enviuvar.

D: *Isso é verdade. Provavelmente, devem ter achado que seria uma maneira de cuidarem dela.*

S: Mas há maneiras melhores de cuidar delas, muito melhores.

D: *Sua comunidade permite que uma esposa ou um marido se afaste do cônjuge? Compreende o que estou dizendo?*

Achei que ele não iria compreender a palavra "divórcio. Sua resposta me surpreendeu.

S: Há ocasiões em que eles vão viver separados. E ouvi falar de casos em que, por motivos que foram revelados aos anciões, eles voltaram a ser como se nunca tivessem se casado. Só os anciões conhecem os motivos. Não é um evento corriqueiro.

Tive a impressão de que seria o equivalente ao divórcio ou à anulação. Segundo a Bíblia, isso poderia ser feito, mas sob certas circunstâncias, poderia ser considerado adultério. Em Qumran, teriam permissão para tornar a se casar.

S: O casamento é tratado como se não tivesse acontecido. É por isso que as razões são conhecidas apenas pelos anciões que fazem isso. Não é algo que se use habitualmente. Portanto, você não pode decidir que seu casamento não vale mais só porque você tem problemas. É algo muito, muito incomum.

Isso pareceu muito atencioso. Se só os anciões soubessem os motivos para o divórcio (ou a anulação), não haveria mexericos e a reação pública que às vezes acompanha esses eventos. Além disso, se os anciões eram os únicos a saber quais as bases aceitáveis, o casal não conseguiria inventar razões para sair de uma situação indesejável. Era algo muito mais reservado, estritamente entre o casal envolvido e os anciões. Porém, fiquei confusa, pois isso pareceu ir contra as leis bíblicas relativas a comportamentos aceitos.

S: Sim, na lei hebraica, isso é proibido. O homem pode se afastar de sua esposa, mas se tornar a se casar, segundo a lei hebraica, ele será adúltero.

D: *Achei que se o seu povo se casava, o casamento era para sempre.*

S: Não. Há casos de enganos, e a pessoa ou a alma resolveu mudar de ideia. Era preciso aprender outra lição.

D: *Então, eles são muito lenientes com isso, e podem...*

S: (Interrompendo enfaticamente) Eles não são lenientes, mas isso pode ser feito. Não é uma coisa fácil.

D: *Mas se eles só podem tornar a se casar se os mapas astrais forem compatíveis, isso significa que deve haver mais de um cônjuge possível. Correto?*

S: Nem sempre. Mas se houve um bom motivo para o casamento não prosseguir, então há um motivo muito bom para crer que haverá outro cônjuge.

D: *Achei que eles nunca cometiam erros ao comparar os mapas.*

S: Nenhum mortal é infalível. Não somos deuses.

Isso mostrou que os essênios eram mais humanos do que seus vizinhos, pois podiam perdoar erros e não obrigar as pessoas a ficarem juntas para sempre e nem marcarem-nas como adúlteras.

S: Dizem que nos primeiros dias do mundo, homem e mulher não eram casados no sentido que conhecemos. E que a mulher tinha muitos companheiros, assim como o homem. Para gerar muitas possibilidades diferentes de companheiros para os filhos dos filhos, foram tentadas muitas misturas. E a mulher teria muitos filhos com muitos homens diferentes.

Subitamente, pensei nas diversas lendas sobre criaturas que eram metade humanas, metade animais. Ele tinha dito "muitas misturas". Pensei que se referisse ao acasalamento com animais naquele mundo primordial. A ideia o enfureceu. "Isso seria errado!" Parece que apertei a tecla errada. Pelo menos, descobri uma coisa que seria reprovada.

D: *Mas eles não reprovariam a ideia de se ter diversos parceiros para gerar muitos filhos?*

S: Não, só depois que o conceito de vergonha e culpa apareceu no mundo é que isso foi reprovado.

D: *Nos mandamentos não se diz, "não cometerás adultério"?*
S: Isso também apareceu muito depois, após Adão e Eva. Os Mandamentos foram dados a Moisés.
D: *Então, o que vocês consideram adultério?*
S: Adultério seria deitar-se com outra pessoa e não abertamente, com aprovação. Se fosse algo que tivesse sido discutido entre os dois e decidido assim, então seria aceitável. O conceito do adultério era muito estranho. Abraão não tinha duas esposas? Portanto, se Sara não aceitasse que ele tivesse outra esposa, ele também não seria adúltero?
D: *Mas em quais casos isso seria errado?*
S: Ocultar isso, tentar fazer o parceiro parecer um tonto. O adultério se dá quando todos sabem, exceto aquele que está sendo mais prejudicado. Se tudo for discutido e concordado abertamente, então não pode ser adultério. Seria apenas uma forma diferente de partilha. Isso foi mal interpretado por muitos, muitos anos.

Isso me pareceu radicalmente diferente do conceito de adultério apresentado na Bíblia. Aparentemente, se ambos concordassem e se mantivessem abertos sobre o assunto, não era considerado adultério. Só seria adultério se alguém ficasse magoado ou houvesse a intenção de magoar.

D: *Na minha opinião, este é um ponto com o qual muita gente vai discordar.*
S: Esse é um ponto com o qual muita gente nunca vai concordar.
D: *(Eu ri.) Concordo!*

Não quero que ninguém pense que estou defendendo o adultério, e não acho necessariamente que o ponto de vista de Suddi está correto. Mas é uma forma diferente de abordar um assunto tão complexo. Entendo que eles aceitassem isso, apesar de ser totalmente contrário às leis e ensinamentos hebreus. Se Jesus realmente estudou com os essênios, acho que sua exposição a essas ideias explicaria a defesa que fez da mulher que estava prestes a ser apedrejada. Ele teria compreendido que o sexo praticado consensualmente entre adultos não seria considerado adultério pelo povo da comunidade de Qumran. Muitas de suas crenças e de suas lições podem ser vistas na vida de Jesus.

Eu estava interessada em seus costumes sobre a morte. Perguntei-lhe sobre o mais infame de todos, a crucificação.

S: Os romanos a praticam. É o ato no qual um criminoso é pregado a uma cruz. Primeiro, amarram seus braços e pés. Depois, pregos ou cravos deste tamanho (ele fez uma medida de quinze a vinte centímetros com os dedos) são enfiados por aqui. (Ele apontou para a região sob o pulso, entre os ossos do antebraço, a ulna e o rádio.) E nos pés.

*D: Por que eles fazem algo tão horrível?*

S: Se você vê uma pessoa que cometeu um crime e ficou pendurada lá durante dias, morrendo, e sabe o tormento pelo qual está passando, pensaria mais de uma vez antes de cometer o mesmo crime. Não é nosso direito julgá-los... mas tirar uma vida?

Ela estremeceu, como se pensar naquilo fosse horrível para ele. Resolvi mudar de assunto e perguntei sobre os costumes fúnebres. Perguntei o que faziam com os cadáveres na comunidade.

S: Mais das vezes, são ungidos com óleos e incenso e enterrados envoltos em panos. Mas alguns entre nós preferem destruir completamente o corpo, queimando-o. Eu prefiro a ideia de transformá-lo em cinzas.

*D: Você acha que há algum mal em queimar o corpo? Fazê-lo da maneira como você prefere?*

S: Não, que mal poderia haver?Que eu saiba, este costume é muito antigo.

Fiquei curiosa sobre os costumes fúnebres porque na Bíblia se diz que Jesus foi enterrado num sepulcro. Perguntei sobre o enterro em cavernas e se ele conhecia a palavra "sepulcro".

S: Sim, isso é feito pelos outros. Sepulcro significa túmulo. É uma área maior que foi escavada e preparada. É algo que foi trazido pelos egípcios. Eles achavam que precisávamos levar muitas coisas conosco na viagem.

*D: Mas o corpo vai se deteriorar. Se for posto num sepulcro, num túmulo ou caverna, não será coberto pela terra ou coisa parecida.*

S: Põe-se uma espécie de porta, uma pedra ou coisa parecida. Portanto, ela é fechada.
D: *Mas vocês não os põem em cavernas?*

Estava me referindo ao seu povo, mas ele interpretou minha pergunta à sua maneira.

S: Para nós, é muito raro colocar os corpos dos outros em túmulos. O corpo não tem uso quando não abriga mais uma alma. Portanto, por que não começar completamente do nada e devolvê-lo à poeira de onde veio?
D: *Qual o propósito dos óleos?*
S: Em grande parte, a razão deve-se ao cheiro. Na Judeia, na Galileia e nesta região, muitas pessoas untam o cadáver com óleos. Se a pessoa morreu por causa de uma doença, dizem que isso impede que a doença afete os outros. Então, se será posta num túmulo ou coisa parecida, ou se fazem uma pira, isso é feito no dia em que morrem, antes do por do sol.
D: *Como se chamam esses óleos ou ervas usadas?*
S: Usa-se mirra e olíbano e muitos outros que nem consigo enumerar. Mas esses são os mais usados.

Foi uma surpresa. Só tinha ouvido falar na mirra e no olíbano em associação com os presentes dos Reis Magos. Achava que fossem incensos e não sabia que tinham relação com os enterros.

D: *Sempre ouvi dizer que o olíbano era usado como incenso por causa de seu odor agradável.*
S: Ele é esfregado no corpo. Ou então pode ser queimado antes que se ponha o corpo na pira. O cheiro, o aroma é muito agradável e por isso protege o nariz das pessoas que estão preparando o corpo.

Minha pesquisa revelou que olíbano e mirra eram usados principalmente pelos motivos que ele declarou, ou seja, disfarçar o odor do corpo em decomposição. O olíbano também era usado como unguento para tratar furúnculos e ferimentos, e por isso pode ter o efeito de preservar a pele após a morte. Além disso, era um excelente repelente para insetos.

*D: Quando vocês enterram o cadáver no chão, colocam-no dentro de alguma coisa?*
S: Às vezes, mas isso é raro, pois a madeira é preciosa. Geralmente, envolvemos o corpo numa mortalha e pomo-lo no túmulo ou na sepultura preparada.

O cemitério de Qumran foi encontrado do lado de fora dos muros, adjacente à comunidade. Havia mais de mil túmulos. Quando de Vaux tentou determinar a identidade do povo que vivia em Qumran, levou em conta muitas possibilidades. Primeiro, imaginou que os túmulos fossem de árabes comuns. Mas os guias locais disseram que isso era impossível, pois os corpos tinham sido enterrados com a cabeça voltada para o sul e os pés para o norte, exatamente o oposto de seus costumes. Eles sabiam que eram túmulos de infiéis, de um povo que não o árabe.

Era um cemitério muito incomum, diferente de qualquer outro encontrado naquela parte do mundo. Foram encontrados alguns caixões, mas nenhum artefato ou objeto foi enterrado com o cadáver, como era costume em muitas áreas. De Vaux ficou surpreso ao saber que os túmulos não tinham joias ou objetos ornamentais. Ele disse que isso significava que as pessoas era muito pobres ou então tinham uma disciplina rígida, que não lhes permitia usar adornos. Também ficaram surpresos quando encontraram os esqueletos de mulheres e de crianças. Por muito tempo, presumiram que só viviam homens numa comunidade parecida com um mosteiro. Assim, novamente, as escavações parecem confirmar nossas descobertas com detalhes e precisão.

*D: O que os romanos fazem com seus mortos? Eles têm costumes diferentes?*
S: Eles têm tantos costumes quanto deuses. Têm mais deuses do que um homem consegue contar. Acho que uma nação que tem tantos deuses não tem confiança em si mesma e por isso cria os deuses às suas imagens. Portanto, se a nação é corrompida, seus deuses também o são. Os romanos, assim que entra em cena um novo deus, tornam-no tão degradado quanto os outros. Em cada nação há bons homens, mas Roma tende a destruir aqueles que dizem a verdade. Portanto, isso não é bom.
*D: Há um romano que seria o líder de sua região?*

S: Há um homem que se intitula nosso imperador, sim. Ele se considera o imperador do mundo.
D: Há alguém que controla a sua região?
S: Atualmente, Herodes Antipas é nosso rei. Há um romano que seria... como dizer... governador da área. Sim, chama-se Pôncio Pilatos. Quando ele diz para Herodes pular, Herodes pula.
D: Então, ele é mais importante?
S: Ele é o homem com os soldados, e por isso ele é mais importante, sim.
D: Já ouviu alguma história sobre ele? Ele é um homem bom?
S: Dizem que ele é justo.
D: E o rei Herodes?
S: (Suspiro) Esse homem é um tonto! Ele não consegue resolver se é grego ou judeu. Por isso, não consegue ser bom nem como um, nem como o outro.
D: Ele já importunou sua comunidade?
S: Ele sabe que não deve fazer isso. Se tentasse, morreria.

Mais uma vez, isto indicou que eles deveriam ter algum meio secreto de defender a comunidade, embora não acreditassem em armas. Quando lhe fiz essas perguntas, pensei nas histórias bíblicas sobre Herodes.

D: Ele tem uma rainha ou uma mulher que governa com ele?
S: Herodias. (Ele quase cuspiu a palavra.) É sua prostituta!

Fiquei surpresa pela resposta agressiva. Perguntei se ele teria ouvido histórias sobre ela.

S: (Suspiro) Ela foi casada três vezes. Matou seu primeiro marido para se casar com Filipe. Depois, largou Filipe para se casar com Antipas.

Ele não quis falar dela; era um assunto desagradável para ele. Fiquei me perguntando como ela conseguiu ter tantos maridos. Segundo a lei deles, ela não teria de se separar de um antes de poder se casar com outro?

S: A lei tem muitas brechas e ela conseguiu se valer delas. Dizem que quando ela se uniu a Filipe, seu primeiro marido não estava morto, e por isso ela conseguiu deixar isso de lado. Agora que seu primeiro marido morreu, ela conseguiu subornar ou matar para poder se casar com Antipas.

Pareceu complicado. Aparentemente, era um casamento ilegal, noutras palavras.

S: O segundo não foi. Quem sabe dizer o que será este? Ela será a causa da queda de Antipas. É o destino dela. Não sei que caminho ela irá escolher. Só sei que ela vai causar sua queda.

D: *Por que será que quando uma pessoa inicia uma vida, prefere vir fazer o mal ou tornar as coisas difíceis para os outros?*

S: Não é uma questão de preferência. É... algumas pessoas fazem isso devido a pressões externas, talvez as pessoas com quem convivem ou a comunidade onde moram, ou pessoas que não são boas. Isso pressiona a pessoa a fazer coisas que, no íntimo, sabe que estão erradas. Ninguém escolhe ser mau.

D: *A escolha cabe mesmo ao indivíduo, dependendo do tipo de influência que recebe?*

S: E ele também tem a opção de resistir.

# CAPÍTULO 7
# A Misteriosa Biblioteca

Durante uma sessão em que Suddi ainda era um jovem estudante, recebi a primeira indicação de que Qumran não era uma escola comum. Lá, eram ensinados assuntos muito mais profundos do que alguém poderia imaginar. Também descobri que a biblioteca tinha muitos mistérios estranhos e maravilhosos. Ele estava na área de ensino da biblioteca e pedi que a descrevesse.

S: Os prédios ficam juntos. Eles não são propriamente separados. São como se fossem um só. A biblioteca fica no prédio central. Ela é muito grande. Tem muitas janelas e é bem iluminada. A luz vem filtrada do alto, de diversas aberturas. Há prateleiras nas quais são colocados os pergaminhos. Eles ficam envoltos em peles de animais e coisas assim. Alguns não são nem mesmo pergaminhos. São apenas coisas que foram escritas, muitas peles que foram juntadas. Aqui, estudamos muitas coisas. As coisas que mais temos aqui são os livros que contém todo o conhecimento, segundo dizem, tal como o entendemos. Um homem poderia passar todos os seus anos aqui e nunca terminar de ler todos os pergaminhos, livros e coisas.

D: Antes, você disse que a biblioteca tem dois andares. O que há no outro andar?

S: Os pergaminhos. O centro do prédio é aberto, e por isso você pode olhar para baixo desde o segundo andar e ver o piso do primeiro.

A impressão é que havia um balcão superior em torno do recinto. Isso permitia que a luz chegasse até o primeiro andar. Perguntei se não havia o perigo de alguém cair.

S: Há corrimãos que impedem que isso aconteça, caso alguém fosse descuidado a ponto de cair. A biblioteca, a área central, é iluminada, mas o lugar onde ficam armazenados os pergaminhos e outras coisas é mais escuro para não danificá-los. O teto tem janelas. Elas são cobertas com peles que foram tratadas para que a luz possa passar. Com isso, a areia e outras coisas ficam de fora, mas a luz passa.

Na área em que estudavam, haviam mesas especialmente construídas para facilitar o estudo de um manuscrito. A julgar por seus movimentos e por suas descrições, parecia que havia estruturas montadas nas laterais das mesas e o pergaminho manuscrito ficava paralelo à mesa para ser desenrolado. Sempre imaginei que os pergaminhos fossem desenrolados de um lado para outro e não de cima para baixo. Com seu dedo, ele indicou que lia da direita para a esquerda. Supus que isso significava que ele começava a ler desde a parte de baixo do pergaminho. Ele discordou e disse que dependia do texto. Algumas coisas começavam embaixo e outras em cima. Ele disse que os pergaminhos estavam escritos em todas as línguas conhecidas. "Um em grego, um em vulgata, aramaico, árabe. Há a língua dos babilônios, da Síria, do (que ele pronunciou como 'to') Egito, os glifos".

*D: De onde vieram? Foram todos escritos aqui?*
S: A maioria foi, no mínimo, copiada aqui. Mas muitos deles foram trazidos de outros lugares e reunidos. É uma caçada contínua por novos conhecimentos, que nunca tem fim. Todos os dias, trazem alguma coisa nova. A sala onde são copiados fica do lado da biblioteca. Ela é até mais iluminada do que a biblioteca. Tem mesas grandes e eretas para que o pergaminho fique bem na sua frente. São muito parecidas com as mesas de leitura. Há alguma coisa atrás delas mantém a pressão, mesmo quando você escreve. Colocam uma prancha aqui atrás, neste ângulo, para que quando você pressiona com a pena, ela fique equilibrada e não se mexa. Essas mesas são feitas de madeira. Parte das cadeiras que usamos nelas é de pedra, mas em sua maior parte são de madeira. (Deu-me a impressão de serem muito parecidas com pranchetas de desenho.)
*D: O que vocês estão aprendendo em suas aulas?*
S: (Grande suspiro) Tudo! Ah, não é tão ruim. Eles nos ensinam sobre as estrelas e matemática. A lei, a Torá e coisas diferentes, como estas.

Fiquei curiosa sobre os métodos que os antigos usavam na matemática. Como de hábito, recebi mais do que esperava.

S: Meus professores me disseram que um asno entenderia mais a matemática do que eu. (Este comentário provocou o riso em muitos dos ouvintes.) Para mim, a Lei está viva. Há sentimento, emoção e profundidade nela. A matemática é fria, fatos e números; que significado isso tem para mim?Portanto, não é importante para mim. Atribui-se muita importância à matemática. E dizem que a matemática tem significados ocultos, que mais tarde serão descobertos e tornarão a ser usados. Por isso, devemos aprender os teoremas e as maneiras de fazer as coisas, para que possamos aprender a fazer diversas coisas com a matemática e, espera-se, usá-la em nossas vidas. Há muitos tipos de matemática. Ela lida com valores absolutos e teoremas. Diz que se isto é assim, então aquilo também deve ser verdade. Formas e geometrias são uma forma de matemática, a que lida com as formas e profundidades e todas essas coisas.

D: *Vejamos, talvez você não conheça as expressões que usamos. Temos, por exemplo, soma, subtração e multiplicação.*

S: Explique. Não estou familiarizado com elas.

D: *As maneiras de usar os números. A soma consiste em pegar dois números e juntá-los.*

S: Para obter um total? Sim, fazemos isso. Também incrementamos dois número tantas vezes um com o outro. Também tiramos um do outro. E há diversas maneiras de calcular alturas, sólidos e outras coisas. Há muitas fórmulas para isso.

D: *Vocês usam ferramentas ou instrumentos para ajudá-los a fazer esses cálculos, se é que conhecem a palavra?*

S: Como no caso... a expressão que você usou foi... hmm, soma? A forma mais fácil de fazê-lo é usar os nós, os cintos de nós. É um cinto com vários nós, que tem cordões de comprimento variado. Cada nó significa determinado número. E há pessoas que são muito boas nisso, podem ficar sentadas calculando com eles o dia todo. São ferramentas que podemos usar. Há alguns que são bem grandes, sempre pendurados. Ou podemos usar um que fica suspenso no cinto, usado quando nos sentamos e fazemos contas. Imagine que você é um comerciante no mercado ou coisa assim. Você pode usar um desses. Usa-o para somar e contar diversas coisas. As pessoas instruídas ou que precisam lidar com números teriam de saber usar o cordão. (Ele riu.) Eles dizem que é o mais fácil de usar.

Quando comecei a pesquisar nos livros as coisas que Suddi comentou, a fim de confirmá-las, não encontrei nenhuma menção a algo similar a esse cordão naquela parte do mundo. Porém, ele se parece muito com o quipu usado pelos antigos incas do Peru. O quipu era chamado de computador de cordas, sendo usado para cálculos naquela sociedade. Consistia em cordas de diversos comprimentos, desde dois até sessenta centímetros, e ficava suspenso num suporte. O tipo de nó e sua posição no cordão representava números num sistema decimal, indo de um a nove, enquanto um espaço vazio na corda representava o zero. Sim, de fato os incas viviam a meio mundo de distância de Qumran, mas será que outros povos usavam esse método numérico e seu conhecimento se perdeu? Aparentemente, a comunidade de Qumran continha uma quantidade incrível de conhecimentos coletados de muitos lugares. Estava começando a achar que tudo era possível.

S: Às vezes, alguns usam palitos de cores diferentes para quantidades diferentes. Há diversas maneiras de usar as coisas para isso. Eles são deste tamanho. (Ele mostrou uma medida com os dedos com cerca de dez centímetros.) Uma cor significa uma coisa e outra cor... e você as soma e obtém um total. Não sou muito habilidoso nisso. Não estou familiarizado com seus significados, mas há palitos azuis, vermelhos, amarelos, alaranjados e um preto e branco. Cores diferentes. Também ouvi falar noutra ferramenta que é usada e que tem uma moldura. São contas enfiadas em arames. Já vi um desses, mas não sei como usá-lo. Eles usam as contas.

Isso se parece com o ábaco chinês. É muito antigo e é possível que eles o conhecessem. Caso o conhecessem, não creio que seria desproposital que conhecessem o quipu, exceto pelo fato da China ficar muito mais próxima deles e ter sido bem mais fácil manter contato através das caravanas comerciais.

S: Também se usa a matemática quando se estudam as estrelas. A matemática é usada para traçar a direção delas, deste ponto até este outro. (Ele fez o gesto.) E com os mapas, você consegue fazer isso. Temos mapas que nos ajudam a lembrar a posição das estrelas. Usam-se lunetas para isso. Temos algumas que são bem fortes. (Pedi uma explicação.) Com elas, você olha através da extremidade menor do tubo. E olha para o céu com ela, e é como se a estrela fosse trazida até o seu rosto. Isso é muito, muito antigo. Dizem que nosso povo, digamos assim, criou-os, mas essa arte foi esquecida. Eles não foram feitos aqui. Foi há muitas gerações.

Um telescópio! Mas eles não deveriam ter sido inventados senão muitos séculos depois. Não sei porque isso seria tão surpreendente. A arte da fabricação do vidro recua à época dos antigos egípcios. Certamente, nesse longo período alguém pode ter ficado curioso a ponto de olhar através de um pedaço de vidro, percebendo a distorção no tamanho. Em seus livros, Erich von Daniken dá dois exemplos da descoberta de lentes de cristal. Uma foi encontrada numa tumba em Heluã, no Egito, que hoje está no Museu Britânico. A outra é da Assíria e data do século 7 a.C. Foram polidas mecanicamente, e o conhecimento para fazer isso exigiu fórmulas matemáticas bastante sofisticadas. Para que usavam essas lentes? Lunetas, talvez?

Havia três lunetas de tamanhos diferentes em Qumran. Elas não ficavam na biblioteca e sim num observatório posicionado no alto de uma colina acima da comunidade. Duas ficavam permanentemente montadas lá, e uma terceira, menor, era portátil. Havia alguns mestres que moravam no observatório e assim estudavam e monitoravam constantemente as estrelas. Os estudantes podiam usar as lunetas quando estavam se dedicando a esse estudo.

Ainda estava tentando absorver essa novidade quando ele jogou outra na minha direção. Essa sessão estava repleta de coisas inesperadas.

S: Eles têm modelos do céu que se movem constantemente, tal como nosso sistema. Eles têm o modelo do sistema estelar no qual vivemos.

Pensei, "Espere aí, vamos voltar um pouco". Será que eu tinha ouvido direito? Um modelo?

Para mim, o conceito de um modelo era tão estranho que eu resolvi tentar compreendê-lo. Por isso, fiz muitas perguntas, tentando obter uma imagem clara de sua aparência. O conteúdo dessa biblioteca me pegou desprevenida, embora não tardasse a perceber que não deveria me surpreender com nada que pudesse haver em Qumran. Para ele, foi frustrante tentar descrever e explicar algo que lhe era tão familiar. Ele ficou irritado com meu questionamento insistente. Provavelmente, perguntou-se porque eu não conseguia ver o modelo.

O modelo ou planetário ficava na biblioteca, assim como muitos outros mistérios. Estava posicionado no centro do salão. Era grande, talvez "com o tamanho dos braços estendidos de dois homens. Essa é a largura, e a altura deve ser duas vezes a de um homem". O dispositivo era feito de bronze. No centro, havia uma grande esfera representando o sol. Um eixo o atravessava e ficava preso no chão. A partir de baixo, ou do nível do piso, muitas varetas se projetavam para fora. Cada vareta tinha uma esfera de bronze na extremidade. Elas representavam os planetas de nosso sistema solar. Cada um estava na posição ocupada por sua órbita ao redor do sol. Não havia luas no modelo, apenas uma esfera do mesmo tamanho para cada planeta.

O modelo se movia constantemente. Com a rotação do sol, as varetas moviam seus planetas ao redor dele na posição e na distância exatas de suas órbitas, com as esferas menores girando nas extremidades das varetas. As esferas se moviam formando uma órbita oval, elíptica, em torno do sol. Suddi explicou tudo isso com muitos movimentos e gestos. Ele descreveu a órbita desta maneira: "ela é elíptica. É um pouco alta aqui e se estreita nas extremidades. É como um círculo que foi bastante estreitado". Para mim, foi espantoso ver que o sistema solar podia ser recriado de forma tão precisa. Não consegui compreender a fonte de energia que o mantinha em movimento.

S: Quando a Terra gira, ela também mantém o modelo em movimento. A Terra gira e gira, e – é assim, se você pega alguma coisa e a gira num grande círculo. Primeiro, começa no chão, e quando você fica mais rápido, ela vai até o céu, entendeu? É assim. Ele fica se movendo graças à mesma coisa que puxa você... para cima. O movimento faz com que tudo fique girando.

Visualizei isso como se você tivesse alguma coisa na ponta de uma corda e começasse a girar em círculo. O objeto sairia do chão e se elevaria à medida que você girasse mais depressa. Para mim, deu a impressão de que esse planetário seria uma máquina de movimento perpétuo operado por força centrífuga. Talvez alguém tenha uma explicação melhor para ela.

O modelo tinha uma cerca à sua volta para impedir que alguém se aproximasse demais dele. Aparentemente, era um mecanismo muito delicado e seu movimento podia ser facilmente perturbado.

S: Advertem os estudantes a nunca se aproximarem dele. Dizem que se soprarem em sua direção, ele pode parar e depois levará um longo tempo para tornar a funcionar. Por isso, não nos permitem chegar perto.

Tivesse ou não o modelo um equilíbrio delicado, aparentemente a ameaça funcionou e todos se mantinham a uma distância respeitável dele. Como o piso era de pedra, o movimento das pessoas no salão não o prejudicava. Ele não pôde me dar informações sobre como o modelo foi construído ou preso ao chão, pois ele era muito antigo e já estava lá havia um longo tempo.

Tive outra surpresa quando perguntei quantos planetas estavam representados pelas esferas. Ele respondeu secamente que eram dez. Isso me chocou de verdade, pois até os dias de hoje só temos conhecimento de nove. O nono planeta, Plutão, só foi descoberto em 1930. Tem havido discussões entre os astrônomos sobre a existência de um décimo planeta, pois alguma coisa parece estar influenciando as órbitas dos outros. Tentei me manter indiferente, como se nada de importante me tivesse sido revelado, e perguntei se ele poderia me dizer os nomes dos planetas.

S: Vou dizer os nomes romanos, com os quais você deve estar bem familiarizada. Eles são conhecidos por vários nomes, mas provavelmente estes são os mais familiares. (Ele falou lentamente, como se estivesse pensando.) Para dentro, há Mercúrio e Vênus ou Matúsias (fonético), Terra, Marte, Júpiter e Saturno... Vejamos, depois de Saturno temos Urana [sic], Netuno e Plutão. E além de Plutão, há esse chamado – vejamos, creio que chamam-no Juna. Não tenho ideia de quem deu esses nomes. Acho que são todos. Sei que são dez. Juna, esse que fica mais distante, dizem que tem uma órbita muito irregular. Não é elíptica, mas oscila para dentro e para fora e faz uma espécie de laço em torno de Plutão. Ele leva muito tempo para completar sua órbita.

Ele fez gestos com as mãos para mostrar alguma coisa que ia e vinha entre os outros.

D: Algum desses planetas parece diferente?
S: No modelo, são todos do mesmo tamanho, mas na realidade há maiores e menores. Cada um é diferente do outro. Nada no universo é igual. (Seu entusiasmo infantil era efervescente, mostrando seu desejo de compartilhar o conhecimento.) Até duas formigas: você as vê e pensa, são idênticas. Mas há algo em uma que a outra não tem. No universo não há nada idêntico.
D: *Pode me dizer, afastando-se do sol, o tamanho relativo de cada planeta?*
S: (Talvez ele esteja consultando um mapa estelar.) O sol está aqui, e você tem um pequeno, e tem dois que são razoavelmente pequenos, e tem um que é maior. E cada um vai ficando maior. E depois chegamos no meio do caminho e eles começam novamente a diminuir de tamanho. O maior é Júpiter e o menor é Juna. E cada um tem luas, que em alguns são numerosas. Mas elas não estão no modelo. Só nos disseram que elas existem. Quanto maior o planeta, mais luas tem. Saturno tem anéis que foram... Dizem que possivelmente havia outro planeta ali e ele coletou seus detritos e eles são chamados de... anéis. Olhando para ele, é possível vê-los. Há muitas e muitas centenas deles. Eles também não estão no modelo. Disseram-nos essas coisas e nós as vimos com nossas lunetas. Nosso planeta é a Terra. Ela tem uma lua que não tem ar ao seu redor.

Perguntei se ele teria ouvido falar de outro planeta que explodiu há muitos e muitos anos. Estava pensando na teoria da criação do cinturão de asteroides. Supõe-se que havia algo entre Júpiter e Marte.

S: Provavelmente, atingiu Júpiter. Não sei sobre isso. Dizem que nosso universo ainda é novo e ainda está mudando, e assim isso é bem possível.

*D: Como você sabe essas coisas sobre todos os planetas? Certamente, não dá para ver todos eles, mesmo com suas lunetas.*
S: Eu não os vi. Dizem que boa parte do conhecimento sobre nosso sistema, tal como o conhecemos, foi-nos transmitida por muitas e muitas gerações.
*D: Você sabe quem fez esse modelo?*
S: Dizem que foram os kaloo.
*D: Quem são os kaloo?*
S: Como posso dizer... São o povo que saiu de seu país para compartilhar o conhecimento que adquiriram com outros. E dizem que viemos desse povo. Dizem que somos membros de sua raça em extinção. Aprendemos a espalhar conhecimentos para aqueles que não estão informados, na esperança de tornar a trazer a era do esclarecimento. Não conheço muita coisa sobre eles. Alguns mestres conhecem profundamente as coisas que eles ensinam, e quem eles foram. É um conhecimento que só é permitido para os olhos de certas pessoas. E não se permite falar dele com estranhos.

Fiquei curiosa para saber se eles teriam alguma conexão com o continente perdido da Atlântida e perguntei se ele sabia o nome do lugar de onde teriam vindo.

S: Não sei. Dizem que ele se perdeu. Dizem que vieram da direção aonde o sol se põe, o oeste. Eles se estabeleceram no Egito e depois viajaram até aqui. Não se onde mais foram. Isso foi há muitos, muitos pais atrás.
*D: Você disse que vieram para trazer de volta a era do esclarecimento. Houve uma época em que as coisas eram mais claras e conhecidas do que hoje?*
S: Não sei muito sobre isso. Dizem que isso aconteceu quando coisas grandiosas eram feitas e todos os homens eram como um só. E temos apenas algumas coisas, como o modelo. Nossas coisas foram protegidas e preservadas para mostrar que eram possíveis. Não eram apenas lendas. Dizem que os kaloo perambulam. Isso é parte do destino deles. Alguns teriam viajado na esperança de encontrar outros membros de seu povo e ainda estão viajando. E dizem que alguns deles se esqueceram até do lugar onde começaram. Outros são como nós, aqui, descendentes de alguns e

outros que eram daqui e estão tentando proteger parte do conhecimento que existiu.

Isso explica o cuidado com o modelo. Se acontecesse alguma coisa com ele, eles não saberiam construir outro.

D: *É por isso que vocês se mantêm isolados? Por que vocês ficam distantes de outras cidades, de outras pessoas?*
S: Dizem que se descêssemos até os lugares onde estão os outros, muito conhecimento se perderia, pois as pessoas iriam se afastar. Teriam tentações e não se preocupariam em manter vivo o conhecimento antigo.
D: *Eles trouxeram mais alguma coisa para o seu povo?*
S: O conhecimento de que em algum momento do futuro próximo, haverá um Messias. Dizem que muitos dos lugares que eles visitaram falavam da história dessa vinda. E que eles saberiam e diriam em que momento isso iria acontecer. Há mais conhecimentos, mas são coisas preservadas para aqueles que estudam isso. Foi decidido que eu deveria estudar a Lei, e será isso que farei melhor. Por isso, não tenho necessidade de saber essas coisas, pois elas iriam apenas entulhar minha mente. Ouvi alguns falando do Messias, mas não é algo que eles queiram que uma criança saiba. Ainda não tive meu Bar Mitzvá. Isso me torna um homem. Então, farei parte da comunidade adulta. Ainda não tenho necessidade de saber essas coisas para meu destino. Portanto, por que eu deveria interferir dessa maneira no destino?
D: *Se você vai estudar a Lei, por que precisa conhecer as estrelas?*
S: Isso se faz necessário por certos aspectos da vida diária, talvez para conhecer um pouco do destino, mas não muito. Além disso, há outras razões para se estudar as estrelas no céu e no nosso sistema. Porque elas estão fixas, de várias maneiras. Dizem que quando os planetas estão posicionados de certo modo... quando você nasce, eles estão num padrão determinado, e ele tem grande significado naquilo que você fará de sua vida. Não sei ler isso. Neste caso, também são os mestres que ensinam isso. Dizem que as estrelas contam às pessoas a verdade sobre as coisas, mas nós apenas estudamos onde estão e coisas como estas a respeito delas. Nós estudamos astron.

Ele não usou a palavra completa, "astronomia". No dicionário, astron é um prefixo e em grego significa estrela. Ele disse que a estrela mais brilhante naquela parte do mundo era chamada de Garata (fonético) e ficava na parte norte do céu. Ele disse que algumas pessoas achavam que os grupos de estrelas se pareciam com pessoas ou animais lá em cima. Para ele, a impressão era que "alguém simplesmente pegou um balde de areia e jogou lá".
Fiquei curiosa para saber o que mais poderia haver nessa biblioteca fantástica. Ele disse que havia os esqueletos preservados de diversos animais para estudos. Nesta altura, eu já deveria estar preparada para surpresas, mas a próxima resposta tornou a me pegar desprevenida.

S: Há muita coisa aqui. Há um grande cristal que... como direi? Está modelado com quatro faces que se encontram numa ponta, e o quinto lado é embaixo (uma pirâmide). Ele... aumenta a energia, se é que estou usando as expressões corretamente. Quando se aplica energia a ele, a saída é bem maior do que aquilo que se aplicou. Ele é usado para diversas coisas. Não tenho muita certeza disto. Ele também é protegido. Há uma parede em torno dele. A parede chega mais ou menos nesta altura (altura da cintura). Você consegue vê-lo, mas não consegue se aproximar dele. O cristal fica num pedestal atrás da parede. Ele fica protegido numa área com cortinas que podem ser puxadas para encobri-lo. (Com movimentos das mãos, ele mostrou que seria um cristal grande, com cerca de 60 cm2. Mas a cor não ficou esclarecida.) Ele muda. Ele nunca é o mesmo. Você olha uma vez para ele e ele está azul. Olha de novo e ele pode estar violeta, verde ou... ele nunca é o mesmo.

Ele não sabia de onde o cristal teria vindo, pois estava lá "desde que me conheço por gente". A parede era uma proteção. O cristal era tão poderoso que queimava quem o tocasse. Só uma pessoa conseguia se aproximar dele.

S: Meichalava (fonético: Mei-cha-lava), o mestre dos mistérios. Ele consegue canalizá-lo, bem como seus estudantes que aprendem a fazê-lo. Eles focalizam sua energia nele e ele a transfere para esse cristal, que é usado de muitas formas diferentes que não compreendemos e nem podemos fazê-lo.

*D: Você está dizendo que a energia é passada pelos estudantes ao mestre e então armazenada no cristal, e não vice-versa?*

S: E depois sai do cristal para o uso que quiserem dar a ela. Eles têm a capacidade de canalizá-la, direcioná-la ou focalizá-la onde quiserem. Dizem que a força de vontade de Mechalava é a maior. Ele é muito idoso e está esperando aquele que vai nascer para lhe passar as responsabilidades. Isso vai começar desde o momento em que ele for apenas um bebezinho. Parte do conhecimento já foi passado, mas não todo. Mechalava ensinaria as coisas que a maioria de nós desconhece. Dizem que houve tempos em que todos tinham esse conhecimento, e, por causa disso, grandes danos foram causados. Portanto, desde essa época, só certas pessoas foram consideradas suficientemente responsáveis para ter esse conhecimento. Ele precisa ser passado adiante, até uma época em que todos tornem a compartilhar esse conhecimento e se beneficiem disso. Portanto, ele (Mechalava) está envolvido na continuidade do conhecimento.

Os arqueólogos encontraram duas bases de colunas posicionadas de forma estranha num dos prédios. Elas estavam próximas uma da outra no chão, como se tivessem servido de suporte para alguma coisa. Eles não tiveram explicação para elas. Posso especular que elas seriam o pedestal sobre o qual ficava o cristal?

Tentei descobrir mais alguma coisa sobre os mistérios que Suddi teria aprendido.

S: Não tenho permissão para falar disso, pois faz parte da responsabilidade. A menos que o estudante tenha sido confirmado, não temos permissão para falar.

Tentei contornar suas objeções perguntando-lhe em que áreas se encontravam os mistérios, como, por exemplo, lei ou história. Achei que conseguiríamos obter informações facilmente quando conversava com ele ainda jovem, mas até nessa época havia o compromisso do sigilo.

S: Não, estão relacionados com... outras coisas. Parte disso refere-se ao uso da mente. Ela é uma fonte de grande poder.

Ele se recusou terminantemente a revelar qualquer coisa sobre os mistérios, e por isso resolvi mudar de assunto. Talvez mais tarde eu conseguisse descobrir mais usando meus métodos de contorno.

D: *Você disse que o cristal era o depósito de energia, não é? Pode me dizer se há algum metal que você conheça e que também armazene energia?*

S: Vários. Ouro... o cobre, até certo ponto. Depende da vibração de que você precisa. Eles funcionam com coisas distintas. No nível mais elevado, seria prata e o ouro, e no nível mais baixo, cobre e latão. As pedras têm a maior capacidade de armazenamento.

D: *Parece que vocês têm muito conhecimento que as outras pessoas não têm.*

S: Precisamos tentar mantê-lo vivo e respirando para que ele não seja esquecido.

# CAPÍTULO 8
## Os Doze Mandamentos

Durante esta sessão, conversei com Suddi quando ele estava com doze anos. Imaginei que fizesse pouco tempo que ele estava estudando, mas ele discordou, dizendo que parecia uma eternidade.

S: Não sei dos outros, mas aqui onde moramos nós começamos com seis ou sete anos. Alguns de nós têm ascendência hebraica. Há aqueles que são da Síria. E há alguns que são egípcios. Há muitos aqui. Somos pessoas diferentes, mas todos temos o mesmo pensamento e a mesma crença. Somos aqueles que acreditam em Deus Abba e que se reúnem aqui para levar ao mundo a luz onde não há nada exceto a escuridão.

Note a semelhança entre essa frase e os ensinamentos que diziam que Jesus era a luz do mundo.

D: *Ouvi algumas pessoas dizerem que os essênios são um grupo religioso.*
S: Somos um grupo religioso pois cremos em Deus. Mas dizer que nosso caminho é uma religião já é diferente. Porque isso parece ser muito inibidor. Não é a mesma coisa. Há muito mais, pois estamos protegendo e mantendo o conhecimento vivo, ajudando a trazer o conhecimento e a luz ao mundo.

Enquanto conversava com ele, Suddi estava copiando trechos da Torá. Achava que a única razão para terem de copiar um pergaminho seria o fato deste se encontrar em mau estado ou deteriorado. Mas ele disse que a "pele" original ainda estava muito boa. Seu pai achou que copiar o texto o ajudaria a se lembrar dele.

S: Ele disse que isso pode ajudar. Minha cabeça é muito dura, ele vai tentar qualquer coisa. Não tenho boa memória. O que posso dizer?

Eu estava interessada em seu método de escrita. Ele disse que quando estavam praticando, usavam tabletes de argila pois não iam preservá-los. Só aquilo que fosse permanente era escrito em papiro.

S: Com os tabletes de argila, o estudante pode ver facilmente como ele está formando uma palavra. Ele a vê no tablete e tenta sentir como é feita. E é mais barato, é fácil produzir mais tabletes de argila ou de cera, que podem ser derretidos e refeitos. Mas o papiro, depois de usado, não dá para se mexer.

Ele usava uma caneta de junco, um graveto com ponta afiada, para escrever nos tabletes. Escrevia-se no papiro com a caneta mergulhada em tinta, ou com um pincel. Ele escrevia principalmente em aramaico, que era sua língua nativa. Naquela época, eu não sabia nada sobre as línguas faladas naquela parte do mundo e causei confusão quando lhe perguntei sobre seu alfabeto. Ele não tinha ideia do que eu estava falando, e sempre é difícil explicar, em termos simples, alguma coisa com a qual estamos muito familiarizados. Nunca me ocorreu que talvez povos de outras terras sequer usassem letras como nós. Essas sessões mostraram-se muito instrutivas, tanto para Katie quanto para mim. Ele tentou explicar que sua língua não usava letras, mas sons. Não compreendi o que ele quis dizer. Mais tarde, quando comecei a fazer pesquisas, descobri que as línguas na região do mundo onde Suddi vivia são muito diferentes das nossas. Eles usam símbolos similares a uma forma de taquigrafia. Cada um representa certo som, e os sons formam as palavras. Ele estava absolutamente correto, e não foi à toa que eu não consegui fazê-lo entender o que queria. Perguntei-lhe se ele poderia ler para mim aquilo que estava copiando. Enquanto recitava, ele disse várias palavras que eram claramente de uma língua estranha e depois começou a falar lentamente em inglês, como se estivesse traduzindo aquilo que estava lendo.

S: Faz parte dos Mandamentos de Moisés. Fala do... diz que... o Senhor teu Deus... não terás outros deuses além de mim. Não devemos fazer imagens de pedra... de outros deuses para veneração. E devemos... respeitar pai e mãe. E... não matarás ou furtarás ou cometerás adultério. Há muitos deles. Moisés era um grande legislador. Esses são apenas alguns dos primeiros. Ele continuou a lista.

Obviamente, ele estava lendo os Dez Mandamentos, mas ele me espantou quando disse que eram doze. Naquela sessão, eu não pude me aprofundar na questão.

Mais tarde, quando estava conversando com Suddi já mais velho, surgiu uma excelente oportunidade para lhe perguntar sobre esses mandamentos adicionais. Levei-o até uma data importante quando ele estava com cerca de quarenta anos. Ele estava praticando sua meditação diária. "Sinto-me muito bem fazendo isto. Sinto-me enraizado, como se tivesse uma base sobre a qual trabalhar". Nesse dia, ele estava meditando para se acalmar, pois era um dia muito importante.

S: Hoje serei testado e a decisão será tomada. Se merecerei ou não a faixa azul.

Quando um essênio conquistava o direito de usar a faixa azul na testa, isso indicava que ele havia atingido o nível de mestre. A prova era o último requisito e a culminação de todos aqueles anos de estudos.

S: A pessoa passa pelas lições e é testada pelos anciões para se saber quanto conhecimento ele acumulou. A compreensão que tem dele. Um homem pode ter muitos conhecimentos mas não compreendê-los, e nesse caso o conhecimento será inútil. Daquilo que ele esteve estudando, seja a Lei, sejam os astros ou o que for. É preciso ter compreensão para ser um mestre. Portanto, você é testado pelos anciões. Eles vão me questionar para descobrir meu grau de compreensão.
*D: A prova é demorada?*
S: (Bastante sério) Não se eu fracassar logo no início. Pode levar algum tempo. Mas não vou fracassar. As respostas virão.

Achei que essa seria uma excelente oportunidade para lhe perguntar sobre os mandamentos adicionais, pois talvez fosse uma pergunta que poderiam lhe fazer durante a prova. Ele suspirou e começou a recitá-los para mim enquanto contava nos dedos.

S: O primeiro é: Eu sou o Senhor teu Deus e não terás outros deuses acima de mim. Não farás imagens esculpidas. (Suspiro fundo.)

Respeitarás teu pai e tua mãe. Observarás o dia do sabá e o manterás sagrado. Não furtarás. Não cometerás adultério. Não cobiçarás... ah, a propriedade de outro. Ah... sou lento para lembrar. Este é o sétimo? Não seguirás os caminhos de Baal.

Ele se mostrou frustrado porque esqueceu quantos havia enunciado. Mas eu já havia ouvido um que não me era familiar, esse com Baal. Eu lhe disse que seria uma boa preparação para falar com os anciões. Ele respirou fundo. "Creio que estou mais nervoso do que... Então, de modo totalmente inesperado, ele me surpreendeu com uma pergunta, "Quem é você?" Estava desprevenida e tive de pensar depressa. Volta e meia, pergunto-me como o paciente me percebe, se é que o faz. Ele me vê como uma pessoa de verdade ou sou apenas uma vozinha zumbindo em sua cabeça? De vez em quando, suas respostas parecem sugerir que ele me vê, mas como uma pessoa estranha para ele. Numa sessão, o paciente me viu como uma pessoa de sua cultura, mas me avisou que eu estava fazendo perguntas demais e isso era perigoso. Na maioria das vezes, penso em mim mesma como sendo apenas uma voz. Creio que neste caso, Suddi me captou de maneira diferente porque estava meditando. Isso pode tê-lo deixado mais aberto à minha presença. No passado, sempre que isso acontecia e essa pergunta era feita, eu simplesmente dizia que era uma amiga, e esta resposta já era suficiente. Não entendo a razão, talvez a simples afirmação de que não lhes desejo mal seja suficiente. Eu perguntei se conversar comigo o incomodava.

S: Deixa-me curioso. Você está aqui, mas não está aqui. Creio que você não é de... agora. É que... você está aqui em espírito, mas não em corpo.

Tive a estranhíssima sensação de que talvez, por algum processo que não entendemos, eu estava sendo projetada para trás através do tempo e aparecendo para esse pobre e confuso sujeito. Era uma sensação estranha: saber que, de algum modo, você existe em dois lugares ao mesmo tempo. Essencialmente, porém, não era isso que Katie estava fazendo também? Quis tomar o cuidado de não perturbá-lo ou incomodá-lo, e para isso tentei afastar qualquer apreensão que ele estivesse sentindo para podermos continuar.

*D: Isso o incomoda?*
S: Um pouco. Você é minha mestra?
*D: Ah, não chego tão alto. Não, sou mais como uma guardiã. Estou muito interessada em sua vida e naquilo que você está fazendo. Isso é aceitável? Não lhe desejo fazer mal algum.*
S: (Desconfiado) Não quer me fazer mal? Sinto-me... bem com você, mas há pessoas habilidosas que conseguem projetar muitas coisas.
*D: Estou interessada em seu bem-estar. É por isso que faço muitas perguntas, pois estou interessada na época e no lugar em que você vive. Tenho sede de conhecimento.*
S: Sim, vejo que você tem muita curiosidade. Consigo ver uma imagem, mas é... é como se você não estivesse aqui. (Seria como uma imagem de sonho?) Não vejo mal em conversar com aqueles que não vivem num corpo, mas nem todos são benevolentes.

Tive de tentar afastar sua mente de mim e para isso voltei aos doze mandamentos. Ele suspirou e voltou a recitá-los, contando nos dedos. Desta vez, ele incluiu outro. "Farás aos outros apenas aquilo que queres que te façam". Esta é a Regra de Ouro, que normalmente não é incluída nos Dez Mandamentos. Perguntei-lhe sobre ela.

S: Trata de lembrar de tratarmos os outros tal como gostaríamos de ser tratados. Pois é isso que levamos adiante conosco. (Estaria relacionando isso com o karma?)
*D: Faz sentido, mas nunca colocamos esse junto dos outros mandamentos.*
S: Como não? Ouvi dizer que aqueles da adoração, não só das imagens esculpidas, como o de Baal, foram alvo de uma tentativa de ocultação na época de Moisés por causa do bezerro. Mas nunca ouvi dizer que alguém tenha tentado tirar esse do "Faça aos outros". Não ouvi falar nisso. Seria um grande erro.

Concordei que era uma boa lei e que deveria ser incluída com os outros mandamentos.
Noutra sessão, lembrei-o da prova e perguntei se ele havia passado. Ele ficou indignado.

S: Não estou usando a faixa azul na testa? Claro que me tornei mestre. Como posso passar na prova e não me tornar um mestre?

Portanto, nessa época, ele era um mestre da lei, da Torá, mas ele se considerava muito velho com seus quarenta e seis anos. Discordei, mas ele insistiu. "Sou sim! Tenho uma idade além da qual muitos homens já morreram. (Suspiro) Eu sou um velho".

Se naquela época um homem na faixa dos quarenta anos era considerado velho, isso me fez suspeitar que Jesus não era um jovem quando foi crucificado. Com seus trinta e poucos anos, teria sido um homem de meia-idade, no mínimo.

# CAPÍTULO 9
# Meditação e Chakras

Exercícios para o uso da meditação foram-nos dados em duas ocasiões distintas, uma quando Suddi ainda era jovem e outra quando já estava mais velho. Não creio que seja fantasioso demais presumir que Jesus também aprendeu essas práticas, pois elas eram habituais em Qumran.

Quando menino, Suddi disse que todos os dias havia um horário reservado para meditação.

S: Nós nos sentamos e precisamos ficar bem quietos, e precisamos pensar na maneira como estamos respirando, e nos concentramos nisso durante algum tempo. Quando isso já está sob controle, é sinal de que aprendemos o suficiente para não precisar pensar nisso. Então, precisamos focalizar alguma coisa. Tomamos um objeto e focalizamos algum ponto no meio dele, tornamo-nos um só com ele, estudamo-lo e aprendemos sobre ele. Então, relaxamos. Depois que nos tornamos um com ele e compreendemos isto, nós "desfocamos" o ponto focal para não estarmos mais no centro, mas no entorno. Assim, ele invoca tudo que está por perto, ao seu redor. Não consigo explicar muito bem. O estudante aprende a fazer isso quando tem três ou quatro anos.

Portanto, o treinamento da mente começava muito cedo em Qumran. Uma vez, numa sessão em que Suddi já estava mais velho, ele mencionou que o rei Herodes (aparentemente, o primeiro rei Herodes) iria morrer em breve. Ao que parece, ele recebeu essa informação por meios psíquicos, e fiquei curiosa para saber se outros membros da comunidade tinham esses dons. Suddi se surpreendeu com a minha pergunta.

S: Quem não tem? Que eu saiba, todos os têm. Dizem que na vida cotidiana, as pessoas talvez não sejam tão... vejamos, o que... dotadas? Mas aprendemos desde cedo a nos abrirmos para aquilo que existe. Porém, é uma habilidade que precisa ser cultivada e desenvolvida. Todos a possuem, mas quando você chega aos treze anos, digamos, e nunca a utilizou, fechando-se, você começa a perder a capacidade de cobrir a lacuna. Geralmente, você esteve convivendo com pessoas que são mentalmente cegas. Elas não podem ouvir você, não conseguem compreender aquilo que você está dizendo. Por isso, em virtude do elevado nível de intensidade, você os bloqueou. E quando você passa toda a vida bloqueando, fica muito difícil se abrir.

D: *Treze anos é uma idade significativa?*

S: É apenas uma época na qual o corpo está sofrendo mudanças. Dizem que existe um vínculo importante entre ambos. Não tenho certeza. Não estudo isso. Mas é o que ouvi dizer, que quando se estabelece o início da masculinidade ou da feminilidade, tudo se abre. De formas provavelmente mais importantes do que nunca, desde que você o permita. (Tive a impressão de que havia uma conexão com a puberdade.)

D: *Então, essas outras habilidades devem estar desenvolvidas antes dessa idade?*

S: Sim. No mínimo, você deve estar ciente delas para que sua intensidade não o assuste e não o leve a se fechar para elas. Há muitos exercícios de concentração que podem ser usados. O mais fácil é usar alguma coisa, qualquer coisa que você estiver focalizando, como ponto de concentração. Você deve colocá-la na sua frente, observá-la e tornar-se uma só com ela. Enquanto você estiver focalizando, concentre sua atenção nesse único ponto. Quando tudo estiver em foco, libere-se. (Ele fez gestos como se estivesse abrindo mão de alguma coisa, jogando-a para o lado.) Quando você abre mão, começa a perceber outras sensações à sua volta, registrando-as. E a cada vez, essas outras sensações ficam mais evidentes, como se tivessem conversado com você.

D: *Há algum perigo associado a esse exercício?*

S: Nunca ouvi falar de nenhum. Eu não o praticaria se fosse ter interrupções ou aborrecimentos rudes. Não há um tempo determinado. A cada vez, deve ser feito enquanto for confortável para você.

Conversei muitas vezes com ele enquanto estava meditando. Geralmente, ele esfregava distraidamente o centro da testa com a lateral do polegar direito, como se estivesse fazendo massagem. Fiquei curiosa para saber porque naquela área específica, pois é onde se situa o chakra da testa ou terceiro olho. Desta vez, quando ele o fez, resolvi perguntar-lhe sobre isso. "É um hábito. É um método de concentração. Serve para focalizar a energia, os pensamentos. É um ponto de energia".

Para aqueles que estudaram metafísica, suas descrições serão muito familiares. A expressão "ponto de energia" seria uma boa definição para "chakra". Essencialmente, os chakras são pontos de energia localizados em diversos lugares do corpo. Podem ser estimulados, mental e fisicamente, para ajudar a controlar a saúde do corpo e para promover habilidades e percepção psíquicas. Segundo os ensinamentos atuais, estão localizados em sete partes do corpo:

1. Coroa: no alto da cabeça, onde se supõe que entre a energia do corpo;
2. Testa ou Terceiro olho: localizado no meio da testa;
3. Garganta: localizado na frente do pescoço;
4. Coração: localizado no meio do tórax;
5. Plexo Solar: localizado no centro do abdômen;
6. Baço ou Sacral: localizado logo abaixo do umbigo;
7. Raiz: localizado perto dos órgãos sexuais, entre as pernas.

Supõe-se que a energia entre pelo chakra da coroa e vitalize cada um dos chakras em sucessão ao percorrer o corpo. Finalmente, o excesso é liberado através dos pés.

Como ele os chamou de pontos de energia e não de chakras, usei sua terminologia. Ele disse que o ato de esfregar esse ponto durante a meditação o ajudava a estimulá-lo. Sempre me disseram que devemos ficar sentados em silêncio ao meditar.

S: Há várias formas de meditação. Basicamente, toda meditação é concentração. Quer você se concentre num ponto daqui (apontou para a testa) ou num ponto fora de você, toda meditação é a focalização de todos os seus pensamentos e energias naquele ponto.

Perguntei se havia outros pontos de energia no corpo. Ele foi apontando para os locais convencionais dos chakras, mas indicou um além dos sete tradicionais. Disse que há dois na área superior do tórax, um de cada lado. Também indicou um em cada joelho. Perguntei-lhe sobre esse adicional na área do peito.

S: Um fica no coração e há outro ponto de energia aqui. Ele não está aberto em todas as pessoas. É um que tem estado perdido há bom tempo. Às vezes, fica um pouco para o lado, depende da pessoa. O meu é assim. Há ainda um na parte de trás da cabeça, na base. (Ele apontou para a nuca, onde a cabeça se liga à espinha.) Até certo ponto, é perigoso estimulá-lo. Pode causar muitos problemas. De qualquer modo, está lá. É importante mantê-lo sem estímulos. A maioria das pessoas não é capaz de suportar esse estímulo. A força é poderosa demais. Só conheço uma pessoa que o mantém aberto e estimulado, e ele é um grande construtor mental. É o mestre dos mistérios. (Seria o mesmo homem que podia canalizar e direcionar a energia do grande cristal?) Para a maioria das pessoas, é forte demais.

Perguntei-lhe sobre aquele no alto da cabeça, o chakra da coroa.

S: Ele não é necessariamente um ponto de energia, e sim onde a energia entra no corpo. É como os pés: na verdade, não são pontos de energia, são locais de sua saída.

Quis saber se algum ponto de energia era mais importante do que os outros.

S: Todos têm a mesma importância. Depende de qual você quer estimular, do que você quer fazer com sua vida. Se deseja conhecimento, este daqui (na testa) seria um bom ponto para estimular. Este da garganta seria para diversos problemas de saúde e com níveis de energia e de equilíbrio. Este sobre o coração é para a energia pura que irradia pelo corpo. E o outro (na área do peito) tem relação com outras energias, outros conhecimentos. Como posso explicar? Tem relação com as energias pelas quais você controla o ser que é capaz de conhecer coisas desconhecidas pelos outros, simplesmente pelo conhecimento. Tem relação com a comunicação mental. Na maioria das pessoas, está fechado para sempre.

Deu-me a impressão de que isso estava muito relacionado com a capacidade psíquica ou intuitiva, pois era esta a habilidade que a maioria das pessoas havia perdido. Seria essa que estava aberta na época dos kaloo? (Ver Capítulo 15.)

S: (Ele apontou para a região do plexo solar.) Este tem a ver com a inteireza do self, do si-mesmo. É importante para recuperar o equilíbrio. Tem relação com a conexão entre seu eu superior e seu corpo. Tem muito a ver com esta conexão e sua manutenção como algo íntegro e unificado. (Ele apontou para os dois da região abdominal, o chakra do baço e o chakra raiz.) Estão ligados à masculinidade ou à feminilidade, dependendo da pessoa. Ele deve ser mais forte naquele gênero. Se uma mulher tiver um centro masculino mais forte, ela pode ter problemas emocionais. Do mesmo modo, se o homem tiver um centro feminino mais forte, ele terá problemas para se identificar, saber quem é e coisas desse tipo.

Seria isso uma alusão à homossexualidade, se esses chakras não estão atuando da maneira como atuam na maioria das pessoas? Perguntei como estimular os outros chakras.

S: Há diversos métodos de estímulo que atuam sobre áreas distintas. Em alguns casos, basta usar o foco interior cercado de luz e sentir a energia de fora entrando em você. Provavelmente, é o meio mais fácil de fazê-lo. Há métodos mais complicados, mas requerem anos de estudos. Você atrai a energia pelo alto da cabeça diretamente para aquela área. Quando começa a sentir o formigamento, a energia está ali e você pode direcioná-la. Depois, pode canalizá-la durante algum tempo. E a fecha nas duas pontas, liberando-a pelos pés.
D: *Existe algum risco em mantê-la ativa sem liberá-la?*
S: Estímulo excessivo. Sim, pode causar grandes danos caso a pessoa não seja capaz de lidar com a energia, emocional ou fisicamente. Você pode gerar energia demais se não for cauteloso. Deve canalizá-la para outras áreas.
D: *Pode passar a energia para outra pessoa?*

S: Ah, sim! Isso costuma ser feito para cura. Basta você pensar naquela pessoa e direcioná-la, e vai caber a ela aceitá-la ou não. Você não deve forçar nada. Ela é oferecida, e isso é tudo que você pode fazer. Se não for aceita, será canalizada para outra pessoa ou liberada através dos pés. Ela precisa ir para algum lugar.

D: *Você disse que era perigoso ficar gerando essa energia. De que modo ela pode afetar o corpo?*

S: Se você não a libera, pode fazer com que... seu coração pare, ou muitas outras coisas deixem de funcionar. Não é um jogo, não é um brinquedo.

D: *Então, é perigoso ensinar as crianças a fazerem isso?*

S: Não, pois a criança está mais aberta para a sensibilidade. Se ela começa a sentir que é excessiva, a criança está disposta a passá-la adiante. Elas estão mais receptivas a isso. Para as crianças, é mais fácil aprender a se controlar.

D: *Creio que agora posso compreender melhor esses pontos de energia. Meu professor não os explicou tão bem quanto você. Na nossa comunidade, às vezes as pessoas ingerem certas coisas, como bebidas fortes ou substâncias vegetais, e isso faz com que ajam de maneira diferente. Esse tipo de coisa acontece no lugar onde você vive?*

S: Você deve estar falando da pessoa que bebe vinho demais, por exemplo. Os membros de nossa comunidade não se excedem. Não que não bebam, pois é muito aceitável beber vinho. Mas tudo que é em excesso é ruim. Priva a pessoa da vontade de fazer as coisas. Você substitui sua própria vontade pela de outra coisa ou a de outra pessoa, e então você pode ser controlado facilmente. Ela muda o fluxo sanguíneo e a respiração também se altera. Assim, entra mais ou menos oxigênio, dependendo do que foi ingerido, o que produz resultados variados. Isso causa muito daquilo que você chama de "mudança de personalidade". Nesses estados, as pessoas fazem coisas que nunca fariam em sua posição normal, controlada.

D: *Aumenta sua capacidade de ouvir Deus se vocês se reúnem em grupo e entram num prédio, como um templo ou uma sinagoga?*

S: Algumas pessoas precisam de uma força externa para dizer, "Sim, eu ouvi Deus". Se você tem fé e você acredita, é muito fácil fazer isso sozinho, às vezes mais fácil, do que num grupo. Contudo, há aqueles que precisam dessa partilha, precisam confiar suficientemente em si mesmos para se abrirem e ouvir.

D: *Você acha que as pessoas precisam de um templo ou sinagoga?*

S: De modo algum. Há aqueles que precisam, pois sua fé não é suficientemente forte.

D: *As construções, os prédios tendem a acumular as vibrações das pessoas?*

S: Eles tendem a guardar vibrações positivas, assim como podem reter as negativas. Se for um lugar onde aconteceram muitas, muitas coisas ruins, ele guarda a negatividade. Se for um lugar onde houve muita felicidade e muita alegria, guardará isso. Os prédios podem ter força e as pessoas podem captá-la. Às vezes, tem relação com o lugar onde o prédio foi erguido. Se é um ponto onde há grande energia terrestre, ele pode ajudar as pessoas a se abrirem. Porém, também pode ser perigoso para aquelas que são sensíveis demais, abertas demais. Neste caso, você precisa se bloquear contra isso.

D: *Como alguém descobre um lugar assim?*

S: Você precisa levar alguém que tem a abertura para descobri-los e essa pessoa deve ser capaz de levá-la até lá.

D: *Se você quisesse construir uma casa, como saberia o lugar certo para ela?*

S: Você escolheria a área que desejasse e caminharia até encontrar um ponto. Se existir um na área, você será levada até ele. Se você estiver aberta, vai saber. Em seu íntimo, vai sentir isso. Vai sentir a energia que flui através de você. Também pode ser uma sensação de paz e de satisfação.

D: *Já ouviu falar das pirâmides?*

S: Estão no Egito. São estruturas que foram construídas com um lado deste formato. (Ela fez movimentos com as mãos, juntando os dedos como o ápice de um triângulo.) E cada lado é assim, e tem quatro lados que sobem até aquele ponto. Elas precisam ter determinada altura e determinada largura. Não que tenham de ser da mesma medida, uma do mesmo tamanho da outra, mas a distância espacial – se você compreende o que estou tentando dizer – precisa ser a mesma nos quatro lados. E a base precisa ser... a equação sempre precisa ser igual.

D: *Qual é o seu propósito?*

S: Parte de seu depósito de conhecimento é focalizar a energia. A equação, além disso, fala das distâncias entre a Terra, os planetas e os sóis. Há muitos conhecimentos que eu não compreendo. (Ele foi bem enfático: não eram túmulos de reis.) Alguém mentiu! Talvez seja uma grande mentira para afastar o conhecimento daqueles que não deveriam tê-lo. São depósitos de conhecimento. O registro é a própria pirâmide. Há outros depósitos com pergaminhos por aí. Mas esse conhecimento está nas próprias pirâmides. Na maneira como foram construídas e em sua matemática.

Como ele conhecia bem Moisés e seus ensinamentos, fiquei curiosa para saber se as pirâmides já existiam na época de Moisés.

S: Dizem que foi nessa época em que surgiram. Não sei. Pessoalmente, creio que estavam ali muito antes de qualquer dos pequenos reinos do Egito. O conhecimento é muito maior do que o de qualquer faraó de que já tenha ouvido falar.

D: Sabe como foram construídas?

S: Ouvi muitas ideias diferentes. Ouvi dizer que usaram mão de obra escrava, o que parece impossível. Não dava para alimentar as pessoas que teriam sido necessárias para construir naquela área. Ouvi dizer que foram construídas no local. Que as formas foram colocadas e a areia foi despejada e endurecida e as formas foram retiradas. É possível, mas levaria um bom tempo. Também ouvi dizer que usaram música para erguê-las. Sei que é possível usar a música para levantar coisas. Mas isso seria uma escala maior do que sei que já foi tentado. Portanto, não tenho certeza. Creio que talvez tenham usado um pouco de cada técnica.

Aparentemente, isso já era um mistério em sua época. Nunca tinha ouvido falar na ideia de se usar música dessa maneira. Será que isso estava ligado ao uso de sons na defesa de Qumran? Ele havia fornecido uma percepção diferente sobre as pirâmides, mas nenhuma resposta efetiva. Presumi que seria necessário encontrar pessoas especiais para decifrar o conhecimento das pirâmides.

S: Leva muitos anos para se conseguir compreendê-las. Há alguns que têm esse conhecimento e estão tentando passá-lo adiante.

D: *Você sabe quem colocou esse conhecimento nelas?*
S: Dizem, repito, que aqueles que construíram as pirâmides eram de Ur.

Harriet havia elaborado uma lista de expressões e nomes de que se lembrava por ter lido certos livros. Na verdade, eram fragmentos embaralhados. Ela perguntou se ele já havia ouvido falar na Esfinge, e ele disse que ela era a guardiã do conhecimento. Harriet perguntou, "Já ouviu falar na Arca de Amon?" Suddi fez comentários bruscos numa língua que não era o inglês. Depois, corrigiu sua pronúncia e respondeu, "Sim, é o símbolo da vida". Quando ela pediu uma explicação, ele ficou perturbado. "Você me pergunta isto como se não conhecesse as coisas. Contudo, você me faz perguntas que mostram conhecimento. Por quê?"
"Estou curiosa para saber como o seu povo vê esse símbolo. Vocês têm um símbolo para ela?" Tive a impressão de que ele respondeu, "A arca". Pedi-lhe para repetir e o som continuou parecido com aquilo, embora eu não saiba o que ele quis dizer.

*Harriet: Em seus textos, vocês têm alguma coisa sobre Hórus?*
S: Sim. Entre os egípcios, foi ele o primeiro dos deuses a caminhar sobre a face da Terra quando ela era nova. Dizem que ele... hmm, como vou dizer? Copulou com as mulheres da Terra, e esse foi o início do Egito.
D: *Isso foi antes da chegada dos kaloo?*
S: Isso é uma coisa saída das profundezas do tempo sem fim. Não há como saber quando isso aconteceu. "Foi antes que se medisse o tempo".

# CAPÍTULO 10
# A primeira viagem de Suddi ao mundo exterior

Suddi nasceu e cresceu dentro dos muros de Qumran, a comunidade isolada no alto dos penhascos salinos que rodeiam o Mar Morto. Eu sabia que ele não havia vivido a vida toda enclausurado lá, pois em nosso primeiro contato estava indo visitar seus primos em Nazaré. Fiquei curiosa para saber o que ele sentiu ao sair da comunidade. Qual teria sido sua primeira impressão do mundo exterior e o que ele pensou sobre o modo como viviam as outras pessoas. Por isso, levei-o até aquela época para descobrir. Ele estava com dezessete anos e se preparava para partir com uma caravana até Nazaré. Ele nunca tinha estado noutro lugar antes; só conhecia Qumran. Esperava que ele pudesse ir a uma cidade maior, como Jerusalém, que ficava ainda mais perto de Qumran. Mas, como eu também não conhecia Nazaré, achei que seria interessante fazer perguntas sobre o lugar onde, segundo a Bíblia, Jesus teria passado a maior parte de sua juventude. A caravana parava frequentemente perto do mar para recolher sal.

S: Tudo é muito diferente do que qualquer coisa com que eu esteja acostumado. A caravana é muito extensa, deve haver uns vinte camelos, e eles fazem muitos ruídos e roncam. E tudo acontece ao mesmo tempo. Estou um pouco nervoso e excitado.
D: *Você está levando alguma coisa?*
S: Poucas. Devo levar uma sacola com algumas roupas, um pouco de comida e coisas assim.

Antes, ele tinha dito que sempre que alguém saía da comunidade, precisava vestir-se de modo diferente para não ser reconhecido. As outras pessoas daquela terra não usavam mantos brancos.
(legend: A Caravana de Camelos para Jerusalém)

S: Estou usando o... (palavra estrangeira que soa como "xardom") e o albornoz dos árabes. (O albornoz é uma capa comprida com capuz.) Isso afasta o calor e o sol, então não será tão difícil. O albornoz é como um manto, mas é estranho usar alguma coisa que fica flutuando sobre a cabeça. Mas não é ruim, é interessante. Isso é como uma grande aventura, é uma coisa nova e empolgante.

The Camel Caravan to Jerusalem

Ele foi viajar sozinho. Ia se encontrar com "pessoas da minha família", primos, que nunca tinha visto. Eles estavam morando há muitos anos em Nazaré. Ele planejou passar algumas semanas lá "para saber como é viver lá fora". Iriam encontrá-lo na praça onde a caravana parava para vender o sal. Levei-o até o dia em que a viagem terminara e ele estava em Nazaré. Quis saber quais seriam suas primeiras impressões de lá. Ele pareceu um pouco desapontado. "É muito pequena". "Você gostou da viagem?" "Tirando o desconforto do transporte, sim. Foi uma experiência interessante. Os camelos são famosos por sua falta de têmpera, mas foi divertido".

A jornada levou dois dias e pararam em alguns poços no caminho, mas não em outras cidades. Lembrei-me de alguns nomes de cidades mencionadas na Bíblia. Achei que poderia mencioná-las para ver se ele sabia onde ficavam. "Você sabe onde fica Cafarnaum?" "Ah, deixe-me pensar... Na margem norte do Mar da Galileia. Não tenho certeza do local exato". Mais tarde, quando olhei o mapa da minha Bíblia, não me surpreendi ao ver que Katie estava totalmente correta, mais uma vez. Agora, seu conhecimento estava se tornando habitual. Às vezes, eu até me perguntava porque me dava ao trabalho de conferir, exceto para satisfazer meu gosto pela pesquisa.

*D: O Mar da Galileia fica perto de Nazaré?*
S: Fica a uma viagem de distância.
*D: Sabe onde fica a cidade de Jericó?*
S: Ao norte da comunidade.
*D: Já ouviu falar no Rio Jordão?*
S: Sim, é o rio que vai até o Mar da Morte.
*D: Quando você fez a sua viagem, seguiu essa direção?*
S: Não. Fomos pelas colinas e montanhas.
*D: E Masada? Já ouviu falar nessa cidade?*
S: Fica ao sul. Não é uma cidade, é uma fortaleza. Quando Israel era mais forte, era uma fortaleza de proteção. Ela caiu em desuso, pelo que eu saiba.
*D: A região próxima a Nazaré se parece com as terras da área de Qumran?*
S. Não, aqui é mais verde. Longe da cidade, dá para ver as colinas com árvores e fazendas. Há algumas colinas e montanhas perto de Qumran. Não há muita vegetação ao longo do Mar da Morte. O que cresce ali são arbustos secos, não muito mais do que isso. Aqui, há pomares nas colinas. Mas Nazaré é só uma aldeia. (Mais uma vez, ele pareceu desapontado.)
*D: É do tamanho da comunidade?*

S: Talvez não. É difícil julgar. Deixe-me pensar. Talvez a extensão de terra seja a mesma, mas não tem a mesma quantidade de pessoas ou de edificações.

Pareceu-me outra indicação de que Qumran era maior do que a área que foi escavada pelos arqueólogos, pois ele deve ter incluído a área das casas e do observatório em sua estimativa.

D: *Achei que Nazaré fosse maior.*
S: Quem iria lhe dizer isso? Nazaré é apenas... um grão de areia. Não é nada.
D: *Qual a aparência de Nazaré quando você se aproxima dela desde certa distância?*
S: Empoeirada. Muito empoeirada.
D: *Quero dizer, há algum muro em torno da cidade ou algo parecido?*
S: Não, é uma aldeia aberta. Não é... o que você chamaria de cidade. É apenas um lugar sem valor.

Seu desapontamento estava muito evidente. Ele imaginou que estaria iniciando uma grande aventura, e Nazaré pareceu ser uma decepção. Imagino que estivesse esperando alguma coisa mais grandiosa. Suddi tinha dito que as construções em Qumran eram feitas com uma espécie de tijolo. Em Nazaré, não eram assim.

S: Elas são quadradas e têm um andar, no máximo dois, com uma abertura no teto para se poder dormir sob as estrelas, se assim você desejar. São muito diferentes de Qumran, pois cada uma tem aparência distinta da outra. São diferentes, não têm uma uniformidade nelas. É como se uma criança tivesse esses bloquinhos para fazer casas e os tivesse empilhado de um jeito e de outro. Essa é a aparência que você iria ver. São diferentes. São quadradas, mas não parecidas. É como se não se ajustassem umas às outras.

Em Qumran, as construções se interligavam e deviam ter uma aparência muito mais organizada. Fiquei curiosa para saber se havia pátios com paredes à sua volta separando uma da outra.

S: Naturalmente, isto depende da situação financeira do indivíduo. Se ele tem mais dinheiro, terá um pátio. Se é muito pobre, naturalmente não tem. Não poderia arcar com o custo do terreno adicional para o pátio. Teriam de usá-lo na casa ou num quarto.
*D: Há alguma construção grande em Nazaré?*
S: Nada é grande em Nazaré.
*D: Dá para ver de onde vem a água que a abastece?*
S: É uma fonte. Na verdade, é uma abertura redonda que sai de uma parede. Uma espécie de parede da qual a água sai. Não tenho certeza se é um manancial ou não. Ao que parece, a água é constante. Há um... (dificuldade para encontrar a palavra) cocho na frente, no qual eles podem apoiar os jarros para pegar água. Não sei de onde vem a água. Ela deve ter sido canalizada de algum lugar. Não há excessos, pelo que consigo ver. Ou isso, ou eles consomem tudo. Mas ela sai com tanta velocidade que deve estar indo para algum lugar.

Minha pesquisa revelou que até hoje Nazaré é uma cidade pequena. Os restos da velha Nazaré ficam um pouco acima da colina próxima à moderna Nazaré. Em seu livro The Bible as History ("E a Bíblia tinha razão"), Werner Keller compara as duas áreas, Qumran e Nazaré. "Nazaré, como Jerusalém, é rodeada por colinas. Mas a diferença entre elas é o caráter das duas cenas, sua diferença em aparência e atmosfera. Há um ar de ameaça ou de melancolia em torno das montanhas da Judeia (a região de Qumran). Pacíficos e charmosos, em contraste, são os suaves contornos das cercanias de Nazaré. Jardins e campos rodeiam a pequena aldeia, com seus agricultores e artífices. Pomares com tamareiras, figueiras e romãzeiras adornam as colinas próximas com um tom verde amigável. Os campos estão repletos de trigo e cevada, vinhedos produzem seus deliciosos frutos e, por todas as partes, nas estradas e trilhas crescem flores ricamente coloridas em abundância". O Sr. Keller diz que havia uma estrada militar romana que descia do norte e uma rota de caravanas não muito ao sul. Ainda há os restos das trilhas de caravanas perto de Qumran.

Keller também fala de Ain Maryam, "O Poço de Maria", em Nazaré. É um poço aos pés de uma colina, com uma pequena nascente que o alimenta. As mulheres ainda recolhem água em jarros, tal como faziam na época de Jesus. Ele diz que essa fonte é chamada de "Poço de Maria" desde tempos imemoriais, e que é a única fonte de água para a vizinhança. Hoje, ela não é mais externa, pois fica abrigada na Igreja de São Gabriel, do século 18.

Perceba as espantosas semelhanças entre essas descrições e aquelas feitas por Suddi.

D: *Você consegue ver se há um mercado?*
S: (Impaciente) Estamos no mercado. É onde fica a praça e a fonte. Não está vendo? É aqui!
D: *(Eu ri) Bem, achei que fosse uma cidade maior e que o mercado fosse noutro lugar.*
S: Não sei quem andou lhe falando sobre Nazaré, mas acho que quiseram lhe pregar uma peça.
D: *Certo, basta ter paciência comigo. O mercado é muito agitado?*
S: Se você acha que alguns bodes e garotinhos correndo por ali e mulheres conversando numa esquina é algo agitado, talvez. Mas creio que não. Já é meio-dia e a maioria das pessoas já foi para casa almoçar ou tirar uma soneca. Está quente demais para se fazer alguma coisa por aqui.

Fiquei curiosa para saber se as pessoas tinham algum meio de se proteger do sol quando vendiam seus produtos no mercado.

S: Se tiverem recursos, conseguem ter uma tenda, uma cobertura. Eles a trazem e a montam em estacas para que cubram suas cabeças. Mas aqueles que são pobres não têm essa proteção.
D: *Seu primo já está aí?*
S: Não, ele vai chegar logo. Espero que chegue, estou com muita fome. Ainda tenho um pouco de comida que trouxe para a viagem. Mas prefiro uma boa refeição.
D: *Você tem algum dinheiro?*
S: Tenho alguns shekels que meu pai me deu, estão numa bolsa presa ao meu cinto.
D: *Você me disse que não usam dinheiro em Qumran.*
S: Não é necessário. O que iríamos comprar lá? Ninguém vende nada.
D: *Qual a aparência desse dinheiro?*
S: Este que eu tenho é redondo e é feito de prata. Ele tem um furo na parte de cima para poder ser preso por um cordão de couro à bolsa e assim não ser perdido.

Nem todas as moedas tinham furos. Ele achou que alguém teria feito esses furos nelas. Provavelmente, não foram produzidas dessa maneira. Eu fiquei na esperança de poder confirmar isso e lhe perguntei se as moedas tinham figuras nelas.

S: Algumas têm, sim. É difícil dizer como elas eram antes. Tem uma com uma ave voando numa das faces, e creio que a outra tem a figura de um homem. Não tenho muita certeza, ela está bem gasta. E não consigo dizer nada sobre a maior parte das outras. Sinto apenas uma superfície rugosa nas laterais das moedas, como se tivesse alguma coisa nelas antes e que se desgastou.

D: Sabe onde seu pai conseguiu as moedas?

S: Não tenho como saber. Eu não perguntei e ele não me falou. Ele me disse para usá-las sabiamente. E para guardá-las bem, pois as pessoas matariam por menos.

D: Sim, se algumas pessoas as vissem, pensariam que você é rico.

S: Elas não me confundiriam com alguém rico.

D: Bem, qual foi sua primeira impressão do mundo exterior?

S: Acho que eu estaria mais feliz em casa.

D: As pessoas parecem diferentes?

S: As pessoas são as mesmas. Talvez sejam um pouco mais estreitas em sua existência. Elas não questionam nada sobre a sobrevivência cotidiana.

D: E soldados? Há soldados por aí?

S: Por que teríamos soldados aqui? Isto não é a guarnição. Se houvesse uma guarnição aqui, haveria soldados. Não há lugar para morarem. Não estamos em guerra com os romanos. Eles sabem que capturaram o povo da nação. Eles não estão preocupados. Eles têm guarnições noutros lugares, mas por que iriam querer uma aqui? Aqui não há nada. Eles ficam baseados nas cidades maiores e em lugares onde pode haver problemas. Quem viria aqui para criar problemas?

D: Você já viu um soldado romano?

S: Vimos alguns ontem na estrada. Eles passaram rapidamente por nós em seus cavalos.

D: O que você pensa sobre eles?

S: Não tive a oportunidade de conhecê-los, e por isso não posso emitir um juízo. Eles estavam com seus capacetes e espadas reluzentes.

Estavam com trajes de couro, tive a impressão de que estavam com calor.

Obviamente, ele estava ficando impaciente pela chegada de seus primos. Disse que tinham um filho mais ou menos da mesma idade que ele.

D: *Talvez você faça amizade enquanto estiver aí.*
S: Talvez. Veremos.
D: *Você terá de trabalhar enquanto estiver aí?*
S: Naturalmente! Para comer, você precisa trabalhar. Isso é aceito. Como não?

Resolvi não esperar mais e levei-o adiante no tempo até ele estar na casa de seu primo. Seu desapontamento com Nazaré se dissipou quando ele viu a casa de seu primo nas colinas, a poucos quilômetros de Nazaré. Ele pareceu satisfeito ao vê-la. Não era uma casa grande.

S: Talvez seja de tamanho médio, com vários quartos, mas dá uma sensação de espaço, de amplitude. É muito bonita. Fica nas colinas. Transmite uma sensação de liberdade. Aqui ninguém fica sempre lhe dizendo que você deve fazer as coisas desta ou daquela maneira. E tenho a sensação de estar me conhecendo melhor e de depender de mim mesmo e não dos outros. Isto é muito bom. Em Qumran, sempre havia alguém por perto.

Ele se sentiu em casa desde o momento em que viu seus primos. Reconheceram-se instantaneamente; foi como se fossem velhos amigos. A família era formada por Sahad, sua esposa Thresmant e seu filho Siv. Seus primos se sustentavam graças a seu vinhedo, comercializando ou vendendo uvas e azeitonas como frutos e outras coisas. Eles guardavam aquilo de que precisavam e produziam bastante vinho para a família. Criavam algumas ovelhas para a produção de lã. Um homem trabalhava para eles no vinhedo.

Suddi dormia a maior parte do tempo no telhado, pois lá fora era muito mais fresco e silencioso. Ele gostava de adormecer contemplando as estrelas. Sua cama era uma almofada de folhas com alguns cobertores sobre ela. A comida era abundante e ele foi apresentado a pratos que nunca havia experimentado antes. Um tipo de verdura em particular, o repolho, foi um dos que ele não conhecia.

S: Eles têm figos. Têm arroz. São coisas diferentes daquelas com que estou familiarizado. Não sei se gosto delas tanto quanto de painço ou cevada.
D: Encontraram algum trabalho para você fazer?
S: Vou ajudar naquilo que estiverem fazendo durante o dia, sejam coisas na casa ou nos campos. Não há problema.
D: Então, você não está sentindo tanto a falta de Qumran?
S: Estou aproveitando o meu tempo. Estou estudando aqui, só que de maneiras diferentes, não nos pergaminhos.

No final, ele acabou passando dois meses lá. Pareceu uma escolha sábia para a primeira viagem de um jovem para fora dos muros. Nazaré era um lugar pequeno e tranquilo. Teria sido um choque e tanto para ele se fosse para um lugar como Jerusalém. Para alguém que fora educado num ambiente tão protegido, teria sido um despertar muito rude.

*D: Como você conta os meses?*
S: Os dias estão marcados nos calendários. Eles marcam os diversos pontos da lua e, quando o dia passa, ele é riscado. Deste modo, podemos saber que passamos de um mês para o próximo, com as fases da lua.

Os calendários eram feitos em tabletes de argila. Havia doze meses para as doze tribos de Israel, e cada mês era formado por vinte e nove dias, porque este é o ciclo da lua. Tentei fazer com que ele me dissesse os nomes de alguns dos meses. Ele ficou confuso e teve dificuldade. Disse seis palavras diferentes que não eram em inglês, mas não consegui transcrevê-las.

S: Sei que são doze. Não sei como eles os contam. Isso é parte do trabalho diário do rabino. Eles nos avisam quando são os dias sagrados.

A pesquisa revelou que Suddi estava correto, mais uma vez. Os festivais eram declarados pelo sinédrio em Jerusalém, que mandavam corredores anunciar essas datas aos rabinos. O mês era baseado nas fases da lua, que completa seu ciclo aproximadamente a cada 29 dias e meio, com a lua nova considerada o vigésimo nono dia. Nesses tempos, os meses não tinham nomes, mas números: o primeiro mês, o segundo mês, etc. Ele entendeu a palavra "semana", que ia de um sabá ao próximo e era composta por sete dias. Aqui, ele também ficou confuso quando perguntei os nomes dos dias. Ele não entendeu o que eu quis dizer. Eles sabiam quando chegava o sabá porque o assinalavam em seu cotidiano. Fiquei surpresa ao saber que até hoje os dias não têm nomes no calendário hebraico. Eles têm números: o domingo é o primeiro dia, segunda-feira o segundo dia, etc. Só o sabá tem nome próprio, embora seja chamado às vezes de sétimo dia. Como protestantes norte-americanas, isto era algo que nós nunca teríamos suspeitado. Estamos muito acostumadas com a atribuição de nomes para dias e meses. Este foi outro exemplo da extrema precisão de Katie. Dei mais um passo nessa linha de questionamento: "Você sabe o que é uma hora?"

S: É o espaço entre um nó e o seguinte num relógio de corda. Há relógios feitos de cordas que são acesas; quando o espaço entre um nó e outro é queimado, passou-se uma hora. (Isso me pareceu tão estranho que eu quis uma descrição melhor.) É uma peça inteira feita com uma corda muito grande. (Com movimentos das mãos, ela mostrou uma espessura ou diâmetro de oito centímetros ou mais.) Também há velas com marcações. Quando certa quantidade derreteu, uma hora se passou.
D: Há relógios de corda nas casas?
S: Algumas pessoas conseguem ter relógios em suas casas. Às vezes, há apenas um numa cidade, para que todos possam sempre saber as horas. Algumas cidades não têm nenhum. Algumas sabem a hora do dia pela posição do sol.

Essa foi a sua primeira viagem para visitar seus primos em Nazaré, mas ele iria voltar lá várias vezes ao longo de sua vida. Nessas ocasiões, ele não viajou com a caravana, mas caminhou com um asno que levava sua comida, água e tenda. A viagem durava no mínimo dois dias e ele precisava dormir duas noites. Uma vez, eu lhe perguntei se não seria mais fácil ir montado no asno. Ele respondeu,

"Provavelmente, mas então nós dois teríamos de carregar a carga, e por isso fui andando. Fiquei cansado, mas faz bem para a alma prosseguir".

Esse lugar tornou-se seu favorito quando não estava dando aulas ou estudando. Na casa de seus primos, volta e meia ia às colinas para meditar e participar da natureza. Como ele disse, "Tento me colocar em contato com o universo. Medito sobre a visão que tenho de mim mesmo e estudo quem sou".

Era um lugar silencioso, e ele o adorava. Mais tarde, já velho e doente demais para fazer a viagem de ida e volta, ele ficou morando permanentemente na casa aos pés das colinas sobre Nazaré. E foi nesse lugar pacífico que ele acabou morrendo.

# CAPÍTULO 11
## Sara, Irmã de Suddi

Na maior parte do tempo, os forasteiros eram poucos e raros em Qumran.

D: *E as pessoas que perambulam pela região do deserto? Eles podem ficar hospedados por algum tempo?*
S: Não na área principal, a menos que tenham sido aprovados pelos anciões. Eles recebem comida e roupas e seguem seu caminho.

Em parte, isso explicava sua relutância em conversar comigo sobre coisas que eles consideravam sigilosas: para ele, eu era uma forasteira. Por mais que tivéssemos trabalhado juntos, ainda era muito difícil superar essa defesa natural.

Muitos dos que vinham de fora queriam ser estudantes. Eram esses que usavam a testeira vermelha. Não era fácil ser estudante em Qumran. Os anciões precisavam saber qual era a motivação do candidato e este precisava passar por um exame. "Quem não passou por este caminho?" Suddi não tinha como saber em que consistia o exame. A maioria dos estudantes tinha nascido lá, como era o caso de Suddi e de sua irmã, Sara.

Sara não vivia mais em Qumran. Estava morando em Betesda, localizada na região de Jerusalém. Fiquei surpresa ao saber que ela pôde deixar a comunidade para morar noutro lugar.

S: Mas é claro! Isto não é uma prisão. Foi o desejo dela. Não era o caminho que ela deveria seguir desta vez. Ela tinha outra vida pela frente. Ela encontrou um estudante aqui e... eles resolveram ficar juntos, casaram-se e saíram.
D: *Então, há pessoas que não vivem a vida toda na comunidade?*
S: Há muitas pessoas no mundo. Naturalmente, nem todos que nascem aqui desejam permanecer aqui. E alguns que não nascem aqui, querem vir. Portanto, é uma situação do tipo toma lá, dá cá. Ele era estudante. Uma dessas pessoas que não era dos nossos, mas

veio aqui para aprender sobre nós e nossas crenças, para compartilhar nossos conhecimentos. Era um dos estudantes de fora. Ele acreditava em alguns de nossos ensinamentos e crenças, mas não era um de nós. Seu pai quis que ele aprendesse conosco e por isso ele veio ter essa experiência.

Ele era um daqueles que usava a testeira vermelha. Talvez tenha tido de pagar alguma coisa pela experiência, mas Suddi não tinha certeza. Ele ficou lá por cinco anos antes de se casar com Sara e saírem para morar em Betesda. Um estudante poderia terminar seu curso em cinco anos, mas geralmente levava um pouco mais do que isso. Dependia do estudante, de seu desejo de aprender e de sua capacidade de assimilar os conceitos. Perguntei qual o tipo de trabalho que o marido de Sara fazia em Betesda. "Ele não faz nada. Ele é rico".

Tive a sensação de que ele sentia a falta de sua irmã e se ressentia pelo fato de ela ter saído e se mudado para longe. Seu tom de voz sugeriu que ele não gostava de falar sobre isso.

S: Sua família é rica e eles são membros do sinédrio. É o equivalente ao senado romano em Israel.

D: *Você disse que seu povo não podia ter muitos bens materiais. Quando alguém vem de fora, como ele, um estudante de fora, e tem posses, pode manter seus bens?*

S: Tudo depende se ele quer ou não assumir isto como seu modo de vida. Alguns querem vir, aprender e sair. Outros desejam vir e serem aceitos como membros, e neste caso precisam doar seus bens para a coletividade. Mas é uma opção. Se quiserem ser membros e ficarem aqui, sim, tudo seria compartilhado entre as pessoas e todos receberiam aquilo de que precisam. Do contrário, ainda será deles. Como ele não quis ficar, não foi exigido que abrisse mão do que era dele. Ele não se tornou membro. Tudo é mantido num depósito, e, se temos alguma necessidade, a pessoa é avisada; se for entendido que você realmente precisa de algo, receberá um meio de adquiri-lo. As necessidades são satisfeitas com aquilo que pertence a todos.

Aparentemente, foi daí que veio o dinheiro que Suddi levou em sua primeira viagem a Nazaré.

*D: Os bens ou o dinheiro chegam a voltar para seu dono?*
S: Nunca ouvi falar disso. A decisão de ficar leva muito tempo. É preciso pensar muito, quer sejam aceitos ou não como membros, algo de sua escolha pessoal. Nunca ouvi falar de alguém que se tornou membro e depois desejou sair. A decisão de ficar não é algo que se toma de forma leviana ou rápida. Ela só é tomada depois de se pensar muito e se pedir orientação e de se meditar sobre o assunto. Todas as decisões tomadas... nem sempre é preciso tempo para se tomar boas decisões, algumas pessoas são simplesmente diferentes. Mas nós lhes damos a chance de tomarem sua decisão. Nem sempre leva muito tempo, mas, no mínimo, muito exame de consciência antes que a decisão seja tomada. Isso varia de pessoa para pessoa. Há aqueles que sabem imediatamente que é isso que desejam para o resto da vida. É como se tivessem nascido em nosso meio. Para outros, a aceitação leva algum tempo.

*D: E esses que nunca se tornam mestres?*
S: Esses que não são mestres têm muito trabalho a fazer. O propósito das coisas (dito numa pronúncia estranha). Só as coisas cotidianas que precisam ser feitas. Há muito a se fazer. Tornarem-se mestres não é o caminho de todos.

*D: Se um homem e uma mulher estão casados, moram na comunidade e têm filhos, espera-se que estes fiquem nela?*
S: Eles também têm essa opção, tal como a que minha irmã tomou. Foi dela a decisão de sair com o homem que ela amava para compartilharem a vida. Foi escolha dela, e os homens e as mulheres têm a mesma opção, permanecer ou não. Geralmente, a escolha não é feita antes do Bar Mitzvá ou Bat Mitzvá, mas às vezes eles sabem dessa opção muitos anos antes e não é algo que queiram fazer. E eles encontrariam outra coisa. Há muitos caminhos na mesma trilha. Mais cedo ou mais tarde, eles se mesclam.

Como eu não conhecia nada sobre os costumes judaicos, não captei de imediato a importância desse trecho. Mais tarde, disseram-me que o Bar Mitzvá é a cerimônia na qual os meninos se tornam homens, pois "Bar" significa "filho". "Bat" significa "filha". O Bat Mitzvá é um ritual relativamente recente para as meninas, instituído principalmente em virtude do movimento de libertação das mulheres.

Um rabino me disse que esse ritual não deveria ser permitido, pois "Como uma menina pode se tornar um homem?" Sinto que, embora o Bat Mitzvá só tenha sido observado recentemente, isso não significa que os essênios, mais liberais, não o observassem durante sua época em Qumran. Eles acreditavam na igualdade das mulheres. As mulheres tinham permissão para ensinar e ocupar qualquer cargo para o qual fossem elegíveis. É importante ver que Suddi mencionou os dois rituais aqui. Ele pode ter sido representativo do fato de membros de ambos os sexos terem atingido a idade adulta.

Fiquei curiosa para saber porque Suddi nunca se casou. Anteriormente, ele tinha dito que os mapas astrais precisavam ser compatíveis para que o casal recebesse permissão para se casar. Teria sido esta a razão? Não havia ninguém cujo mapa tivesse sido considerado compatível com o dele?

S: Eu não quis me casar... não que não tenha querido. Não me casei porque não era o meu caminho desta vez. (Suspiro) A pessoa com quem eu seria compatível nasceu como minha irmã.
D: *(Isto me pegou de surpresa.) Não havia outra pessoa com quem você poderia se casar?*

Ele ficou impaciente comigo; não queria discutir o assunto.

S: Poderia ter me casado, mas repito, não era meu caminho. Quando decidi qual seria o meu caminho, foi discutido e a escolha foi ser professor desta vez.

Achei que a pesquisa para localizar Betesda seria simples, pois é um nome associado com a Bíblia. Nos Estados Unidos, temos cidades com esse nome, das quais a mais famosa é Betesda, em Maryland. Mas quando partimos de suposições, não raro descobrimos que elas estavam erradas depois de uma pesquisa mais profunda. Betesda só é mencionada uma vez na Bíblia, em João 5:2, descrita como um tanque situada perto de Jerusalém. Suddi mencionou-a como se fosse um lugar, uma cidade. Estou inclinada a pensar que foi, pois descobri que "Beth" na frente de uma palavra significa "casa de", como em Belém (Beth Lehem), Betânia (casa dos figos) e Betesda, que significa "Casa da Misericórdia".

Em nenhum lugar, esse prefixo esteve associado com água, exceto nesse caso. A pesquisa bíblica mostra que o tanque ficava do lado de fora dos antigos muros de Jerusalém, e dentro dos muros atuais. É uma área conhecida como Bezata ou Betzata em vários mapas e livros, e parece ter sido uma área semelhante a um subúrbio de Jerusalém. Creio, a julgar por nossa história, que talvez eram um único lugar, especialmente pelo fato de sua pronúncia estranha dificultar com frequência uma transcrição exata. Tinha de ser perto de Jerusalém, pois ele disse que sua irmã, Sara, tinha se casado numa família cujo pai era membro do sinédrio, e este tribunal ficava em Jerusalém. Eles foram parte decisiva no julgamento e, finalmente, na crucificação de Jesus.

# CAPÍTULO 12
## A caminho de Betesda

Durante uma das sessões, encontramos Suddi como um homem mais velho. Ele estava indo a Betesda para visitar sua irmã, Sara. Agora, ela tinha dois filhos, um menino chamado Amare e uma menina, Zarah. Desta vez, em vez de ir a pé, ele foi montado num asno. Aparentemente, ele estava velho demais para caminhar por longas distâncias, como fazia antes. Estava firmemente determinado a fazer essa viagem, embora estivesse óbvio que ela iria exigir muito dele.

S: (Triste) Ela precisa... me ver. É para se despedir. (Ele repetiu solenemente)... É para se despedir, pois em breve ela vai... fazer a viagem que todos nós temos de fazer.

Fiquei um pouco confusa. Ele estava dizendo que sua irmã ia morrer? Ela estava doente? "Não. Ela só desejou partir". Obviamente, ele estava falando da morte e não de uma viagem real. Aparentemente, havia recebido esta notícia desagradável por meios psíquicos e quis vê-la mais uma vez. Ele pareceu muito triste, apesar de haver se conformado com isso.

D: *Ela está com medo?*
S: Não. Por que estaria com medo? Ela só deseja se despedir. Simplesmente, sabemos que iremos segui-la mais tarde. A morte não deve ser temida. Isto é tolice. É apenas um piscar de olhos e, depois, é como se nada tivesse acontecido. Você está simplesmente sem um corpo material. É como a projeção de nós mesmos (projeção astral?) Você se vê tal como era, mas, do mesmo modo, sutilmente diferente. Mas é mais da mesma coisa. É apenas outra etapa.
D: *Muita gente a receia porque teme o desconhecido.*
S: Aquilo que vai acontecer com você nos próximos dois dias não é tão desconhecido quanto isso? Seria bom ouvir aquilo que os

profetas e os sábios disseram. Você saberia o que vai acontecer assim que passa por aquela porta.

D: *Em seus escritos, há alguma coisa que indique o que podemos esperar quando deixamos o corpo físico?*

S: Sim, há muitas coisas em nossos escritos. Eles falam da sensação de grande paz que recai sobre nós quando você olha para si mesma e percebe que ultrapassou o limiar. Que você não está mais no físico, que é um ser que é totalmente aquilo que você poderia chamar novamente de alma ou espírito. Há pessoas que ficam confusas (depois que morrem). Elas são recebidas por alguém que ajuda a suavizar os caminhos que devem percorrer. E todos que estão lá para ajudar querem-nas bem. Não há razão para temer, pois nada pode lhe fazer mal.

D: *Isso está na Torá?*

S: Não, está nos escritos dos sábios, os kaloo.

D: *Em alguns de nossos livros e pergaminhos, falam de lugares para os quais você pode ir após a travessia que são muito ruins, assustadores.*

S: Então, isso era algo que a pessoa que morreu esperava ver. Pois não há nada lá senão aquilo que você mesma cria. E, acreditando nisso, assim será. Pois os pensamentos e crenças são muito fortes.

D: *E se alguém morreu subitamente, de forma muito ruim? Sua morte seria diferente?*

S: Não, mas ela pode acordar confusa com a situação e assim haverá alguém para ajudá-la.

D: *E quando as crianças morrem?*

S: A criança está muito próxima daquilo que era no início, que é a alma. Pois ela ainda não perdeu totalmente as memórias de antes. Portanto, elas aceitam isso muito bem. Mais até do que pessoas que viveram por um longo período, digamos. Esses não desejam nada mais do que voltar ao jeito que eram antes da passagem para o lado de lá. É, com certeza, mais fácil para as crianças entenderem. Elas estão mais abertas para aquilo que está acontecendo com elas.

D: *E quando elas costumam deixar de se manterem abertas? O corpo físico tem alguma coisa a ver com isso?*

S: Muitas vezes, isso se dá quando atingem a maturidade. Mas muito do fechamento das crianças não é culpa delas ou de alguma coisa que seus corpos estejam fazendo. É das outras pessoas e das forças que as pressionam e oprimem. Dizer que fizeram alguma coisa tola é uma das piores coisas que podemos fazer com uma criança. Pois ela vai pensar que tudo que faz é tolo, já que a criança leva as coisas ao pé da letra. Elas precisam acreditar nelas mesmas. Por isso, criamos a pressão que as fecha para isso.

D: *Seus escritos dizem alguma coisa sobre espíritos maléficos?*

S: Não existem espíritos maléficos. Não existe nada totalmente mau. Há sempre o bem em tudo. Pode ser uma parcela muito pequena, mas sempre há uma parte neles que é boa. Esses que talvez você esteja chamando de espíritos maléficos são o que outros chamariam de demônios. São aqueles maliciosos que querem causar confusão porque se divertem com isso. Muitos deles são espíritos... como direi? mal conformados que mudaram através de suas experiências. Com amor e orientação, eles ainda poderão seguir os caminhos corretos. Com medo e intolerância, ficarão perdidos para sempre.

D: *Tenho ouvido histórias de espíritos maléficos que tentam ocupar os corpos dos vivos.*

S: Há casos em que isso é possível, mas geralmente a pessoa está muito aberta para isso ou então não deseja mais ocupar aquele corpo específico. Então ela sai e deixa-o aberto para os outros.

D: *Você acha que as pessoas lhes dão mais poder quando as temem?*

S: Sim. Você deve se cercar de bons pensamentos, de boa energia. E pedir que só indivíduos de mentalidade elevada se aproximem de você.

D: *Só a sua comunidade tem conhecimento dessas coisas? E os outros povos, como os judeus e os romanos?*

S: Os romanos são mentalmente cegos. Eles não identificariam a verdade nem se ela os mordesse no traseiro. (Rimos, e foi um alívio para a seriedade da conversa.) Muitas das pessoas nas sinagogas acham-se tão entretidas com suas próprias interpretações da Lei que se limitam a isso. Elas não conseguem enxergar o lado de fora disso e experimentar as alegrias da vida e da morte.

D: *Então, não são todos que acreditam nessas coisas. Em seus ensinamentos, vocês têm a crença naquilo que chamamos de reencarnação? O renascimento da alma?*

S: Renascimento? Isto tem sido conhecido por todos, pois certamente é verdade. Só quem é ignorante e desinformado pode recear a ideia da reencarnação, como você falou.

Dr. Rocco Errico, especialista na língua aramaica, diz que naquela parte do mundo as pessoas tendem ao exagero e a enfeitar suas histórias e afirmações. Mas quando a frase é precedida pelas expressões "Com certeza", "certamente", "em verdade" ou "verdadeiramente", isso mostra ao ouvinte que a frase não contém amplificação e deve ser levada a sério. Isso é particularmente verdadeiro caso a frase tenha sido dita por um professor. Significa que ela merece a confiança do ouvinte. Isso explica o uso do "em verdade" que Jesus fala com frequência na Bíblia. Um detalhe pequeno, insignificante, mas digno de nota, pois a pessoa comum não saberia que esse é um padrão da fala naquela parte do mundo, tanto hoje quanto em tempos bíblicos.

D: *Muitos dizem que você só vive uma vez e morre uma vez, e que isso é tudo.*
S: Há aqueles que dizem que depois que o corpo vai para a terra, tudo aquilo que aquele ser foi é perdido e se desintegra com os vermes. Isso não é verdade. Se a pessoa está morta ou se não habita mais um corpo, tal como o conhecemos, ela deve repassar aquilo que fez. Deve decidir que lições deseja aprender e deve pagar as dívidas que tem com os outros. Depois, deve ir para a escola (do outro lado). Pode haver casos em que ela resolve voltar depressa. Nem sempre é bom fazer isso, pois se você retorna muito cedo, talvez por não ter tido uma vida muito boa, você não teve tempo para compreender aquilo que fez de errado e para dar-se oportunidade para corrigir os erros. Portanto, não é bom voltar imediatamente à vida que eu e os outros conhecemos.

D: *É possível lembrarmos de vidas passadas?*
S: Alguns de nós conhecem suas vidas anteriores. Algumas das que foram importantes. É mais fácil não se lembrar, pois, se você se lembra, pode ficar tomado por uma grande sensação de culpa. Talvez não seja necessário naquela ocasião. Se for necessário, você vai se lembrar. Há alguns membros na comunidade que são treinados para se lembrar. E há aqueles que escolhem esse caminho, mas ele não é para todos. Os anciões seriam capazes de

lhe dizer quem você foi, caso pergunte. Há mestres que têm capacidade não só de se lembrarem de suas vidas, como de ajudar os outros a lembrar delas. Em sua maioria, porém, aqueles que sabem quem foram, lembram-se. Geralmente, Javé decide se Ele vai conceder essa recordação, e então o caminho se abre.

Peguei um livro na biblioteca que continha algumas imagens coloridas da região próxima a Qumran. Achei que seria interessante ver se Suddi podia identificar alguma coisa. Perguntei-lhe se ele se importaria de vê-las e ele respondeu com uma palavra que soou como "sadat". Fiz com que Katie abrisse os olhos e ela estudou as imagens com um olhar vítreo. Uma das fotos mostrava montanhas desoladas.

S: Este é o vale ao sul daqui. Há colinas que vemos daqui. E o uádi segue... esse caminho.

Ele percorreu com o dedo um lugar que se parecia com um vale, um espaço entre as colinas. O "uádi" define-se como um vale ou uma ravina seca, exceto durante a época das chuvas. Também significa o fluxo de água que o percorre. Agora, ele estava vendo a figura no alto da página oposta, que mostrava as ruínas de uma cidade desde uma longa distância.

S: Por que estão distantes assim? Você não deve mostrar nada assim. Isso se parece com a mesma região, mas não estou familiarizado. Eis um uádi que tem água. Conheço muito poucos uádis que continuam úmidos quando as colinas estão áridas assim.

A imagem mostrava aquilo que, a uma longa distância, poderia ter sido uma estrada ou um riacho. Provavelmente, era uma estrada, mas para Suddi pareceu ser um uádi. Talvez não houvessem estradas tão definidas como esta em sua época. Afastei o livro e fiz com que ela tornasse a fechar os olhos. Se isso ficava na região em que ele vivia, ela parecia ser muito seca e estéril. "Sim, é seca. Chove muito pouco".
Ele disse que quando ia de Qumran a Nazaré, seguia as trilhas das caravanas através de colinas que eram maiores do que aquelas das imagens. Pareceu-me que seria mais fácil seguir simplesmente o uádi em vez de subir as montanhas, que pareciam muito escarpadas. Mas

obviamente, eu não entendia aquela cultura. "Se chovesse nas colinas, eu seria arrastado. Não".

Quis saber porque ele nunca visitou Jerusalém, que ficava muito mais perto de Nazaré e era muito maior. "Não tenho necessidade e nem desejo de ir lá. Não ligo muito para cidades grandes. São barulhentas e repletas de pessoas indisciplinadas. Por que eu iria querer ver confusão?"

Minha pesquisa me levou a muitas fotos em livros mostrando trechos dos Manuscritos do Mar Morto. Achei que seria um experimento interessante ver se Suddi seria capaz de ler parte desse texto antigo. Talvez fosse possível, pois Katie estava se identificando muito com aquela outra personalidade. Uma amostra continha seis linhas de texto, cada uma um pouco diferente da outra. Pareciam ser exemplos da escrita usada naquela época. Nessa ocasião, eu não tinha ideia de como era difícil ler aquelas línguas. Isto será explicado no Capítulo 14.

Fiz com que ela abrisse os olhos e ela olhou para a página com uma expressão vidrada.

D: Algo lhe parece familiar?
S: (Após uma longa pausa, na qual ele estudou o texto.) Isto foi escrito por duas mãos diferentes.

Houve uma pausa mais longa. Seus olhos percorreram a página de baixo para cima e da direita para a esquerda.

S: Tem a aparência de hebraico. (Ele apontou para uma linha.) Não, isto é diferente. (Apontou para outras linhas.) E estas duas são a mesma coisa, mas também são diferentes. Não tenho certeza, mas vejo simularidades (fonético) aqui. É quase como se alguém estivesse apenas escrevendo os símbolos. Não consigo entender o sentido disto. Parece alguém praticando escrita, mas não é a mesma pessoa. São estilos diferentes.

Tirei o livro dali. Pelo menos, descobri que parecia que pessoas diferentes estavam praticando escrita. Uma amiga me deu um jornal antigo publicado pela Fundação Noohra. Consistia em duas páginas dobradas do tamanho de papel de carta. Na página da frente, havia um trecho da Bíblia escrito em aramaico. Era uma tradução do Evangelho de João e falava de Jesus. Entreguei o texto a ele e lhe disse que não sabia ao certo se fora escrito em sua língua. Ele o estudou por alguns minutos, sorrindo o tempo todo.

S: Não tenho certeza se estou traduzindo isto direito. Ele... fala do Filho do Homem. (Ele pareceu feliz por descobrir isso.) É a vulgata, a língua do povo. Alguns chamam-na de aramaico. É um dialeto muito estranho, mas vou fazer uma tentativa. (Após uma longa pausa)... Fala do Messias.

Subitamente, ele apontou para uma figura no final da inscrição. Ela era diferente dos outros textos. Ele ficou intrigado. Franziu a testa enquanto estudava o sinal.

S: Como? Creio que essa parte de baixo está numa língua diferente. Isso não é aramaico. Isso vem dos textos antigos. É muito estranho encontrar isto aqui.

Apontei para outro símbolo no texto, semelhante a esse. Perguntei-lhe se eram os mesmos. Ele disse que eram próximos. O jornal não deu explicação para esses símbolos, mas eles realmente pareciam diferentes do resto do texto.

S: Isto não é aramaico, não. Como disse, fala do Messias, mas não tenho muita certeza do... (Ele parou e começou a esfregar e sentir o papel.) Isto é estranho. O que é? Do que é feito?
D: *(Fui pega de surpresa e precisei pensar depressa.) Ah, é feito da casca de árvores. Em alguns países...*
S: (Ele me interrompeu) Como fazem isso? Com árvores?

Ele continuou a sentir o papel e o virou, estudando sua textura. Fiquei um pouco preocupada com a possibilidade de ele ficar curioso demais e perceber que o texto no interior do jornal era diferente. Não sabia que efeito isso poderia ter sobre ele caso começasse a perceber muitas coisas estranhas. Choque cultural? Tentei tirar sua mente daquilo.

D: *Bem, é um processo complicado. Na verdade, não sei muito bem como isso é feito.*
S: (Ele ainda estava interessado no papel.) Isto é muito melhor do que papiros. É bem espesso. É mais como as peles.
D: *O papiro é mais fino?*
S: Sim, muito! É muito fino para se escrever. Isto deve ser muito bom para se fazer cópias.

Afastei o papel para desviar sua atenção e peguei outro livro. Havia uma foto de uma página dos Manuscritos do Mar Morto com uma escrita muito nítida. Do lado disso, havia fotos da região de Qumran em preto e branco, e não em cores. Mas eu estava preocupada principalmente com o texto. Segurei o livro para que ele pudesse ver. Tentei mantê-lo aberto naquela página. Não quis que ele começasse a se perguntar o que era um livro e como ele tinha sido feito. Ele disse, "Isto é hebraico, hebraico muito antigo. Não sou um bom copista, mas com certeza é hebraico. Veja esta letra aqui, e estas... (ele apontou para certas letras.) É alguma coisa sobre a lei. Não sou muito bom nisto, não entendo bem o hebraico". Eu lhe disse que achava que era aramaico. "Não sei quem lhe disse que era aramaico, mas não é!" Sua atenção foi desviada para a imagem na página ao lado. Mostrava o Mar Morto e uma parte de seu litoral rústico. "O que é isso? Parece-se com a região perto da minha casa. Vejo o lago e os penhascos de sal. Certo? Parecem ser eles, sim".

Eu sabia que ele não iria entender a palavra "fotografia", e por isso lhe disse que era algo semelhante a uma pintura. "Nunca vi uma pintura como essa". Tirei o livro. Ele estava ficando curioso demais e fazendo perguntas difíceis de se responder, cobrindo dois mil anos. Ela tornou a fechar os olhos e eu lhe agradeci por ter olhado aquele material.

S: É difícil ficar olhando as coisas de perto durante muito tempo. (Ela esfregou os olhos.)

D: *É? Seus olhos estão incomodando você por causa da idade?*

S: Ou isso, ou meus braços ficaram mais curtos. Não tenho certeza. Não sei quem lhe disse que isso era aramaico, mas não é. O primeiro era aramaico. Parece que pode vir... deixe-me pensar... da Samaria. É o mesmo dialeto. Era aramaico, mas aquele símbolo não era aramaico. Ele não se encaixa ali. É muito antigo.

# CAPÍTULO 13
# Questionamentos

Quando comecei a fazer minha pesquisa, fiquei atônita diante da espantosa precisão de Katie. A descrição feita por Suddi da comunidade de Qumran foi comprovada pelos relatos das escavações dos arqueólogos. As crenças e certos rituais dos essênios foram endossados pelas traduções dos pergaminhos. Mas encontrei algumas discrepâncias, e por isso elaborei uma lista de perguntas e apresentei-as em nossa última sessão juntas. Trabalhamos nisso durante tanto tempo e cobrimos tanto material que imaginei que agora seria seguro fazer perguntas importantes para Suddi a respeito de coisas que eu tinha lido.

Os estudiosos deram aos essênios o apelido de "Povo da Aliança" ou "Membros da Aliança". Suddi franziu o cenho quando lhe perguntei se a palavra tinha alguma relação com seu povo. Ele disse que essas expressões não lhe eram familiares, e ele não entendeu porque alguém lhes daria um nome assim. Eles eram conhecidos apenas como essênios. Ele disse, "Aliança é o acordo feito entre duas partes para a manutenção de um negócio".

Perguntei-lhe se o nome Zadoque significava alguma coisa para ele. Uma das teorias sobre a origem dos essênios diz que eles descendiam dos zelotes, que eram liderados por esse homem. Ele corrigiu minha pronúncia, colocando o acento na primeira sílaba.

S: (Suspiro) Ele é um líder. Muitos o seguem, dizendo que ele ensina o Caminho da Vida. Ele é um belicista. Quer se livrar de todos os opressores agora.
D: *Existe alguma relação entre eles e sua comunidade?*
S: Não são nossos. Aqueles que conhecemos como os de Zadoque são os zelotes que vivem nas colinas. São muito selvagens. Dizem que muitos deles se acham afetados pela lua. Eles também acreditam nas profecias, mas acreditam que elas prenunciam a guerra. E para que o Messias venha e consiga assumir o seu reino, eles precisam vencê-la para ele. E por conta disso, já houve muito derramamento

de sangue. Se estudassem melhor a profecia, veriam que não haverá um rei num reino da Terra. Mas não dá para lhes dizer isso, pois eles iriam ficar discutindo para sempre, pela eternidade.

*D: Então, as pessoas estão erradas quando pensam que existe uma conexão entre o seu povo e eles?*
S: No mínimo, a informação delas veio de lugares estranhos. Muitas línguas se enrolam em torno de contos e em sua narrativa.

Os Jubileus são mencionados pelos tradutores como um dia sagrado, mas Suddi não estava familiarizado com ele. Antes, ele tinha dito que seu povo não era triste, eles celebravam a alegria da vida. Talvez dessem outro nome a esse feriado.

O pergaminho chamado de Guerra dos Filhos da Luz contra os Filhos das Trevas era um dos poucos que foram recuperados intactos, e atribuiu-se muita importância à sua tradução. Também houve muita controvérsia sobre se deveria ser tomado literalmente ou simbolicamente. Supunha-se que estivesse predizendo uma guerra terrível que ainda não havia ocorrido, além de instruções sobre o que fazer quando ela acontecesse. Isso foi muito confuso para Suddi.

S: Há muitos pergaminhos que falam de guerras. Mas uma guerra que ainda não aconteceu? (Ele franziu o cenho.) A menos que tenha sido uma guerra na visão de alguém, não tenho ideia. Em nossos pergaminhos, há o registro dos eventos que aconteceram com as nações da Terra. Reunimos as informações da melhor maneira possível. Não sei. Repito, dá a impressão de ter sido a visão de alguém e não um acontecimento real. Se foi algo captado pelos sentidos, fica registrado e descrito com detalhes.
*D: A quem estariam se referindo como Filhos da Luz?*
S: Eu não saberia dizer sem ler o pergaminho. Poderia ser qualquer um. Sem lê-lo, concluir algo a respeito seria tolice.

Um homem apelidado de Mestre de Justiça foi mencionado nas traduções e foi confundido com Jesus, pois suas histórias têm certa semelhança. Há discussões sobre quem pode ter sido esse homem.

S: Este nome é familiar. Em certa época, houve um ancião chamado assim, mas ele não está conosco. Ele viveu há muito tempo.
*D: Ele foi um homem importante?*

S: A julgar pelas histórias, sim. E ele virá novamente, segundo as histórias que se contam. Dizem que ele vai voltar, mas não sei quando. Ele deverá nascer novamente nesta terra.
D: *Por que ele teria sido tão especial a ponto de ser incluído nos textos?*
S: É muito difícil descrever isso. Ele estaria um degrau acima dos demais à sua volta. E tinha a capacidade de enxergar o cerne dos problemas e de saber quem tinha razão. Esta, em parte, é a razão pela qual ele foi conhecido como o Mestre.
D: *Algumas pessoas acham que ele poderia ser confundido com o Messias.*
S: Não, o Messias é nosso príncipe e o mestre era apenas um mestre. Ele não era um príncipe.

Parte da história trata do Mestre de Justiça e do Sacerdote Perverso. Ninguém foi capaz de identificar satisfatoriamente esses indivíduos.

S: Sacerdote Perverso? Não estou familiarizado com isso. Não li nada sobre ele. Não estou dizendo que ele não existe. Não li tudo.

O Mestre de Justiça teria sido crucificado. Este foi um dos motivos para terem-no confundido com Jesus. Perguntei se ele sabia se o Mestre de Justiça morreu de alguma maneira diferente.

S: Não conheço a história toda. Li muito pouco sobre esse assunto. Pode levar mais do que uma vida inteira para ler todos os pergaminhos.
D: *Ele teve algo a ver com o início de sua comunidade?*
S: Não sei. Segundo as histórias que nos foram transmitidas, isso não me parece correto.

Outro pergaminho que foi transmitido é chamado de Salmos de Ação de Graças.

S: (Franzindo a testa) Talvez eu não o conheça com esse nome. Deixe-me explicar. Estou com dificuldade para compreender. Um salmo é como uma mensagem para Deus, no qual você fala diretamente com Deus, desde o seu coração. É bem possível que tenham sido registrados.

Havia um homem chamado Hilel que, segundo se imagina, teria sido um sábio professor daquela época. Ele tinha seguidores que se intitulavam hilelitas. Foi sugerido que Jesus teria estudado com ele. Suddi reconheceu o nome e corrigiu minha pronúncia, prolongando um pouco os "i". "Dizem que é um sábio, sim, se estivermos falando do mesmo. Os hilelitas foram seus seguidores".

*D: O que você sabe sobre esse homem?*
S: Não sei muita coisa, exceto que viveu e foi um homem de paz. Porém, creio que alguns de seus seguidores tenham se tornado belicistas. Não estou muito familiarizado com as pessoas de fora. Ele falou muitas verdades. Mas seus seguidores raciocinavam com a mente e não com o coração, e mudaram os ensinamentos para aquilo que eles queriam ouvir.
*D: Ele ainda está vivo?*
S: Não creio. Acho que ele não vive mais nesta Terra.

Os macabeus eram um povo importante na história judaica. Ele tornou a corrigir minha pronúncia: "Maquibis".

S: Não sei muito sobre eles. Só ouvi falar neles. São uma família muito poderosa. E muita gente vai ouvir o que eles têm a dizer. O dinheiro tem muitos amigos.
*D: Puxa, achei que eram pessoas sábias.*
S: Alguns são. Há sábios em cada grupo, mas também há tolos.
*D: Eles são da região?*
S: Não tenho certeza. Creio que possuem uma fortaleza em Jerusalém (pronunciado Herusalem). Também não tenho muita certeza, mas creio que foi o que ouvi falar.

Os tradutores mencionam com frequência o Livro de Enoque em seus relatos sobre os Manuscritos do Mar Morto. Ele não foi incluído na versão da Bíblia que temos hoje, mas os estudiosos consideram-no importante. Ele gerou controvérsia entre eles. Perguntei-lhe se ele conhecia esse livro.

S: Sim, ouvi falar dele. Ele é ensinado.

D: *É visto favoravelmente?*

S: Depende da pessoa com quem você conversa. Ele cria sentimentos elevados. Como dizem alguns, ou você o segue integralmente ou você pensa que é uma loucura. (Então, ele também criou controvérsia naquela época.) Não olho muito bem para ele. Há aqueles que acreditam que tudo é verdade e há aqueles entre nós que acham que é uma coisa de loucos. Mas essa é a minha opinião, e há quem discorde. É direito deles.

Ele era visto favoravelmente pela maior parte da comunidade essênia, e alguns consideravam-no um livro importante. Suddi achava muito possível que ele fosse fruto da imaginação de alguém.

D: *De onde veio esse livro? Ele foi uma adição posterior?*

S: O Livro de Enoque é algo que nos foi transmitido pelos kaloo. Como assim, adicionado posteriormente? A quê? Não estou entendendo.

Cometi um erro, um deslize. Para mim, foi difícil lembrar que eles não conheciam nada sobre a nossa Bíblia. Por isso, referi-me à Torá porque parecia ser esse o principal livro com o qual ele estaria familiarizado, apesar de eu não saber o que ele continha. Ele disse que o Livro de Enoque não estava na Torá.

Li Os segredos de Enoque, que pode ser encontrado no apócrifo Livros perdidos da Bíblia. Não sei se esta era a versão a que Suddi se referiu, mas era bem confusa de se ler. Lida muito com astronomia e simbolismo, e aparentemente contém significados ocultos. Talvez haja outros livros que se referem a Enoque.

Eu conhecia os nomes de diversos grupos de pessoas mencionados na Bíblia. Resolvi apresentá-los para ver o que Suddi diria sobre eles.

D: *Já ouviu falar nos fariseus? (Ele franziu a testa.) Nos saduceus? (Mais uma vez, eu tive dificuldade com as pronúncias.)*

S: Os fariseus são mais ricos. São os legisladores. Ambos são membros da assembleia e ficam sentados lá discutindo o dia todo; por isso, nada se resolve. Os saduceus estão relacionados com a gestão dos templos e leis que serão aprovadas. E também discutem

com Herodes com relação a aquilo que desejam que seja feito. Estão sempre... uns estão implicando com os outros. Dizem que um deles, os fariseus – porque têm mais dinheiro e isso fica evidente – não são piedosos quanto estes outros. Dizem, "Andam por aí em cinzas e roupas de pano de saco".
D: *Já ouviu falar nos samaritanos?*
S: Da Samaria? Sim. (A palavra "Samaria" foi dita tão depressa que tive dificuldade para compreender.) Os samaritanos eram o povo dos filhos de Jacó. E, por algum motivo que não consigo me lembrar, houve uma longa disputa. E eles são considerados inferiores a seus irmãos. Eram um só grupo até certo momento, mas hoje são menosprezados porque não seriam tão bons aos olhos dos outros.

O questionamento estava indo muito bem e eu não sabia que havia pisado num solo proibido quando perguntei sobre Qumran. Só queria saber o significado da palavra. Não estava preparada para sua reação. Excitado, ele disse várias palavras numa língua diferente.

S: O que significa? Não vou falar sobre isto. Se você não conhece o significado, não precisa saber.
D: *Ouvi dizer que significa "luz".*
S: A expressão que significa "luz" tem muitas essências. E se você não sabe a que caminho ela pertence, não tem necessidade de perguntar. Se fosse importante, você teria o conhecimento.

Isso pode ser frustrante, mas ele deixou muito claro que não queria responder. Mais tarde, minha pesquisa revelou que quando os romanos conquistaram os essênios, estes se deixaram torturar até a morte em vez de revelarem as respostas a perguntas desse tipo. Aparentemente, aquilo que para mim parecia ser um tópico simples tinha proporções maiores para ele. Claro que eu não sabia disso na época e não tinha noção das perguntas que poderiam ser sensíveis.

D: *Existe uma razão para o fato de Qumran ter sido construída perto dos penhascos salinos?*
S: Não é tanto pelos penhascos salinos, e sim pela região. É um ponto de (soou como "energia ken". Isso não ficou claro.) É uma abertura. É um dos pontos de energia.

*D: As pessoas dizem que é um lugar estranho para construir uma comunidade. É muito isolado.*
S: Esse é um dos benefícios.
*D: Elas acham que ninguém seria capaz de viver lá.*
S: (Irônico) E que o homem não consegue viver no Saara. Mas vive!
*D: As pessoas disseram que é uma área isolada e que não dá para usar a água do Mar Morto.*
S: Aqui, temos água potável e usável. Temos aquilo de que precisamos.
*D: O que significa a palavra "essênio"?*
S: O sagrado.

Perguntei-me porque ele não hesitou em me responder o significado dessa palavra e recusou-se a me dizer o que queria dizer Qumran. Isso mostra como ele foi inconsistente nas coisas às quais mostrou objeção.

Harriet voltou a consultar sua lista de perguntas. "A palavra 'Midrashim' ou 'Mishna' significa alguma coisa para você?" Obviamente, a pergunta o incomodou, pois ele disparou a falar várias palavras numa língua estranha, todo excitado. Foram várias as ocasiões como esta, criando nele uma explosão emocional suficiente para que voltasse à sua língua natal. "Por quê pergunta?"

*D: Estávamos curiosas para saber se algum de seus textos fala de Midrashim.*
S: (Isso tornou a deixá-lo perturbado.) Não vou falar sobre isso!
*D: Não temos como saber as respostas se não fizermos perguntas.*
S: Por quê vocês fazem perguntas que demonstram apenas um conhecimento parcial?
*D: Ouvimos falar dessas coisas e estamos perguntando se você pode confirmá-las ou nos ajudar a ter conhecimentos mais profundos. Às vezes, temos apenas fragmentos de informação.*
S: (Interrompendo) Pode ser perigoso ter apenas parte das informações.
*D: (Isto me surpreendeu.) Você acha que não é bom sabermos dessas coisas?*
S: É preocupante, sim. Quando você fala sobre coisas que conhece apenas parcialmente e invoca palavras de poder, sobre as quais só

conhece fragmentos, pode estar mexendo com algo maior do que aquilo que será capaz de lidar.

Isso nos pegou desprevenidas, pois com certeza não havíamos nos dado conta de que era perigoso fazer perguntas simples. Dissemos que respeitaríamos seu julgamento e perguntamos o que ele sugeria que fizéssemos.

S: Não fale mais sobre isso até obter o conhecimento que pode ser adquirido. Falar sobre isso para aqueles que, de algum modo, podem levá-la a revelar o que você sabe em proveito da causa deles, pode ser muito perigoso.
*D: Como podemos obter mais conhecimentos sem fazer perguntas? É permitido buscá-los?*
S: A busca é permitida, mas com muita cautela.
*D: Nem sempre é fácil encontrar as pessoas certas para nos dar estas informações.*
S: É verdade. Mas você precisa se proteger sempre... e evitar falar demais para aqueles que começam a lhe fazer perguntas.
*D: Então, você acha melhor não buscar esse conhecimento?*
S: Não foi isso que eu disse! Isso é o que você entendeu daquilo que eu falei. Só disse para tomar cuidado. E para estudar aqueles com quem vai compartilhar seu conhecimento. E receber pouco ou nada em troca.
*D: Bem, o conhecimento é suficiente.*
S: Não! Pois o conhecimento pode ser muito danoso, você se sentiria tentada a usá-lo. E, sem ter o conhecimento completo, pode causar danos a si mesma e aos demais.

Agradeci-lhe por nos avisar. Essa explosão emocional foi muito inesperada e certamente incomum para o plácido Suddi. Ele havia se recusado a responder perguntas antes, mas nunca reagira com tanta veemência. Ainda estou curiosa para saber o que teria causado uma reação tão intensa. Voltei às minhas perguntas, agora com um pouco mais de cautela.

*D: Já ouviu falar de um livro chamado Cabal ou Cabala?*
S: Alguns de nós o leram. Há pergaminhos que contém alguns desses textos.

*D: É um livro complicado?*
S: Se você quiser, tudo pode ser complicado. Ele explica muitas das leis da natureza e do equilíbrio e mostra como usá-las em seu benefício. Como abrir-se para aquilo que nos rodeia neste mundo e noutros mundos.

Ele não sabia quem teria escrito a Cabala, mas era um livro mais velho do que os outros que eles tinham.

Mais tarde, quando consegui aprofundar minha pesquisa, talvez tenha descoberto o motivo pelo qual a pergunta de Harriet o perturbou tanto. Descobri que a teologia hebraica se divide em três partes: a primeira era a Lei que era ensinada a todos os filhos de Israel; a segunda era a Mishna, ou a alma da Lei, que era revelada aos rabinos e professores; a terceira parte era a Cabala, a alma da alma da Lei, que continha princípios secretos e que só era revelada aos maiores iniciados entre os judeus. O Midrashim referia-se a métodos usados para simplificar ou explicar melhor as leis. Aparentemente, sem querer, havíamos adentrado uma área secreta de ensino, com a qual Suddi e os outros essênios estavam envolvidos. Talvez isto explique sua reação exagerada e suas advertências sobre o emprego de palavras de poder e de se falar de coisas sobre as quais não tínhamos conhecimento.

Os tradutores dos Manuscritos do Mar Morto falam do Documento de Damasco, e creio que é provável que tenham existido outras comunidades essênias, talvez uma na região de Damasco. Mas pisei num terreno proibido quando lhe perguntei sobre isso. Ele respondeu com a expressão que se tornara familiar: "Não vou falar sobre isso". Era estranho ver como o incomodava responder certas perguntas, uma vez que respondia a outras similares sem dificuldade.

*D: Você sabe alguma coisa sobre um grupo essênio em Alexandria?*
S: (Longa pausa) Meu pai me diz que recentemente falaram sobre alguns professores que foram para o Egito, não para Alexandria. Mas eu não sei. (Teria perguntado a seu pai?) Há muitos outros. Há um que sei que fica no Egito. Há diversos na área em torno de Israel, da Judeia e (disse o nome de outro lugar que não pude compreender mas que soa como "Tode", foneticamente). Há muitos. Nós, em Qumran, devemos ser um dos maiores, mas não o único.

Estranho como ele só se recusou a falar daquela em Damasco. Pelo que sabia, as outras comunidades também eram isoladas, mas todas seguiam os mesmos princípios de Qumran: o acúmulo e a preservação do conhecimento. Estavam longe de serem um pequeno e único grupo isolado de pessoas.

S: Se quiséssemos preservar o conhecimento mantendo-nos apenas entre nós, um grupo muito pequeno, como o conhecimento seria preservado se fosse protegido por nós sem ser compartilhado? Para isso, temos de ter outras pessoas.
D: *Alguns têm a ideia de que é isso que vocês são, um grupo muito isolado que não se associa e nem transmite o conhecimento.*
S: Então, alguns são tolos.

Cientistas e árabes vasculharam as cavernas na região de Qumran à procura de mais manuscritos ou fragmentos. Numa caverna, em meio aos restos de uma parede caída, acharam algo raro, dois manuscritos de cobre. Os rolos manuscritos sempre tinham sido escritos em papiro ou em couro. Esses foram muito incomuns. Originalmente, eram uma única tira contínua, com cerca de 2,40 metros por 30 cm de largura, cortado em duas partes por algum motivo desconhecido. Os arqueólogos conseguiram ver símbolos estampados no metal, o que também era muito incomum. Mas o clima e o tempo cobraram um preço. O cobre estava tão oxidado que os manuscritos ficaram perigosamente quebradiços para serem manuseados. Estavam tão frágeis que seria impossível desenrolá-los. Durante quatro anos, procuraram encontrar um modo de abri-los em segurança. Finalmente, o professor H. Wright Baker da Universidade de Manchester, Inglaterra, idealizou um método engenhoso de cortar os manuscritos em tiras. Funcionou tão bem que não se perdeu uma única letra sequer.

E depois de tanto trabalho, valeu a pena? Depois da tradução, viu-se que os manuscritos continham o sonho de um caçador de tesouros. Eram listas de tesouros enterrados, valendo quantias fabulosas. O inventário incluía ouro, prata e outros tesouros, pesando possivelmente mais de cem toneladas. Seu valor foi estimado em mais de US$12 milhões na década de 1950, quando os manuscritos foram traduzidos. Hoje em dia, valeriam muito mais. Os pergaminhos davam a direção exata para sessenta locais diferentes onde o teriam enterrado, tanto em Jerusalém quanto perto dela e no deserto da Judeia. A descrição dos manuscritos e sua tradução foi feita em The Treasure of the Copper Scroll, de John M. Allegro.

Ele fornece um relato detalhado. Estava certo de que se tratava do inventário de um tesouro real e que os objetos estariam enterrados nos locais indicados. Sua única dúvida era que as quantidades eram incríveis. Ele achou que deveria haver um erro na tradução, tamanhas eram as quantidades. Por exemplo: "um total de mais de 3.179 talentos (uma medida de peso) de prata e 385 de ouro; 165 barras de ouro, 14 vasos de prata e 619 caixas de metais preciosos". As orientações eram explícitas: "Na cisterna sob a muralha do lado leste, num local escavado na rocha: 600 barras de prata". Todas as orientações tinham esse nível de precisão. O Sr. Allegro diz que a maioria dos locais indicados deveriam ser difíceis ou impossíveis de se encontrar depois que a guerra romana devastou a região.

    Nada desse tesouro chegou a ser encontrado. A última entrada no Manuscrito de Cobre dava instruções para se encontrar outra cópia desse mesmo inventário. Estava escondida "num poço adjacente ao norte do Grande Dreno da Bacia próxima ao templo". Essa cópia nunca foi encontrada.

    Alguns dos arqueólogos chegaram à conclusão de que os manuscritos de cobre são uma farsa e que o tesouro nunca existiu. Disseram que tinha de ser uma farsa, pois onde os essênios poderiam ter conseguido uma riqueza tão fabulosa se faziam voto de pobreza? O manuscrito teria sido mais difícil de ser escrito do que aqueles feitos em papiro. Teria sido um trabalho e tanto se a intenção fosse apenas pregar uma peça.
Outros dizem que o manuscrito não estaria falando de um tesouro real, valendo-se de simbolismo para transmitir outra mensagem que ainda não foi compreendida. Creio que seria possível para os essênios acumularem essa riqueza ao longo dos anos de sua existência, ou então terem sido nomeados guardiões de riquezas provenientes de outra fonte.

    Os beduínos da região ajudaram imensamente os cientistas porque conheciam cada recanto e cada buraco do deserto. É possível que, em mais de dois mil anos, tenham encontrado parte do tesouro. Além disso, como a cópia desse manuscrito nunca foi encontrada, é possível que alguém o tenha achado há anos e seguido as instruções. Creio que a geração atual não é a primeira a descobrir aquilo que os essênios esconderam.

Durante esta última sessão, na qual fiz perguntas sobre minha pesquisa, resolvi ver se ele seria capaz de lançar alguma luz sobre esse enigma. Mas como fazer isso sem fazer perguntas indutivas? Suddi estava na biblioteca do andar de cima estudando alguns pergaminhos, e esse seria o ambiente perfeito. Quando lhe perguntei se ele estava estudando algum pergaminho em particular, ele respondeu com a frase que já era familiar, "Não vou falar sobre isto". Ele só disse que não era a Torá. Quando ficava na defensiva sobre certos assuntos, era inútil tentar obter respostas, a menos que eu conseguisse fazê-lo por métodos indiretos.

*D: Já foram produzidos manuscritos com algum material além de peles e papiros?*
S: Há outros métodos para produzi-los. Eu não sou um copista. Não estou familiarizado com eles, mas sim, há outros meios.
*D: Você já viu manuscritos feitos de metal?*
S: Sim. (Aparentemente, este era outro tema proibido. Ele ficou desconfiado novamente.) Por quê pergunta?
*D: Imaginei que seria um material estranho para produzi-los. Daria muito mais trabalho. Não seria mais difícil do que usar a pena e os papiros?*
S: (Friamente) Sim. (Ele me perguntou desconfiado:) Por quê você está fazendo essas perguntas?
*D: Só fiquei me perguntando porque se dariam ao trabalho de produzir um em metal.*
S: Eles conteriam informações mais importantes. Há algumas coisas que precisam ser protegidas.

Ele não falou mais do assunto. Ao que parece, se alguma coisa foi escrita em metal, é porque teria um valor especial. Eles estavam tentando usar o material mais durável para garantirem que o manuscrito iria durar. Por isso, não acredito que o Manuscrito de Cobre tenha sido uma farsa. Os arqueólogos só chegaram com dois mil anos de atraso para descobrirem esse tesouro fantástico.

Os arqueólogos que escavaram as ruínas de Qumran não mencionaram nenhuma área residencial. Chegaram à conclusão de que as pessoas viviam nas cavernas em torno da comunidade, ou então em tendas ou cabanas. Encontraram cerâmica, lâmpadas e postes de tendas em algumas das cavernas onde os Manuscritos do Mar Morto foram encontrados e acharam que isso sugeria que eles viveram lá em algum momento. Eu não compreendi porque os essênios morariam em cavernas e tendas se eram capazes de criar uma comunidade maravilhosa, com um excelente sistema hídrico. Isso não fazia sentido para mim. Resolvi investigar melhor.

D: Você me disse anteriormente que, quando era criança, morou em casas que ficavam distantes da comunidade, fora dos muros, não foi? Há cavernas nas vizinhanças de Qumran?
S: Há muitas cavernas.
D: *Seu povo já viveu nas cavernas?*
S: Dizem que viveram em certa época, mas hoje não há tanta gente aqui que nos leve a fazer isso de novo. Entretanto, quando crianças, costumávamos brincar nelas.
D: *Quer dizer que em dada época a população era maior e havia mais pessoas aí? E que nessa época eles moraram nas cavernas?*
S: Sim, isso foi no começo.

Isso aconteceu nos primeiros tempos, enquanto as casas estavam sendo construídas. Imaginei que tivesse sido esse o caso. Com uma comunidade maravilhosa e avançada, não seria necessário que seu povo ficasse limitado a viver em cavernas e tendas.

Durante as escavações, encontraram muitas moedas, até sacolas cheias delas. Isso ajudou os cientistas a datarem as ruínas. As moedas pertenciam ao período entre 136 a.C. e 37 a.C., cobrindo o período da independência dos judeus e estendendo-se até Herodes, o Grande. Depois, houve uma lacuna, com poucas moedas encontradas entre este período de 4 a.C., época de Herodes Arquelau. Houve um grande número após 4 a.C. e 68 d.C., quando Qumran foi destruída.

Com base nesses indícios, os arqueólogos chegaram à conclusão de que Qumran ficou abandonada por 30 anos, pois encontraram poucas moedas desse período. Mas nessa época Suddi estava morando lá, e, segundo ele, os essênios nunca saíram. Nem os cientistas conseguiram chegar a uma razão satisfatória para que tivessem saído. Eles viram provas de que a comunidade sofreu um terremoto. (Ver o desenho da comunidade.) E presumiram que isso deve ter causado tantos danos à comunidade que seu povo a deixou durante esses trinta anos, mas trata-se apenas de uma suposição. Nem os autores antigos, que descreveram com detalhes as histórias da época, mencionam uma ausência dos essênios em sua área. Foi apenas uma teoria dos arqueólogos baseada nos fatos que conseguiram reunir durante as escavações. Concluo que se todo o tesouro do Manuscrito de Cobre desapareceu completamente, por que não essas sacolas de moedas? Sabe-se que as ruínas foram ocupadas e saqueadas pelos romanos durante a invasão. Outros povos viveram lá durante algum tempo, antes que Qumran fosse completamente abandonada. Creio que as descobertas dos arqueólogos não contrariam as minhas, apenas oferecem uma explicação alternativa.

Fiquei pensando num modo de lhe perguntar sobre isso sem colocar ideias em sua cabeça. Eu teria de formular a questão com cuidado.

D: *Suddi, pode me dizer se o povo morou na comunidade o tempo todo desde sua construção?*
S: Explique.
D: *Seu povo morou continuamente na comunidade ou houve uma época em que a deixou?*
S: Você está falando da época da ocultação. Sim, houve uma época em que eles a deixaram durante certo tempo. Isso foi mencionado.

Mas isso aconteceu antes que ele nascesse. Durante seu período lá, nunca houve um momento no qual o povo teria abandonado a comunidade.

No desenho, pode ser visto que o terremoto danificou uma extremidade da comunidade e deixou uma grande fenda, parte da qual atravessava um dos banheiros. Os arqueólogos também encontraram indícios de que os danos foram parcialmente reparados, especialmente em torno da torre. Quis lhe perguntar sobre isso, mas sem mencionar a palavra "terremoto".

D: *Sabe alguma coisa sobre catástrofes naturais que aconteceram enquanto você morou lá?*
S: (Pausa, como se pensasse.) Ah! Você se refere a... Lembro-me que quando era pequeno, minha mãe disse que os penhascos chacoalharam. Em certa época, receou-se que todo o lugar caísse

no mar. Eu devia ter dois, três anos, não tenho certeza. Não tenho lembrança disso.

*D: Isso causou algum dano à comunidade?*

S: Há um palmo de largura no lugar onde parte dela ruiu.

Aparentemente, ele se referiu a uma fenda. Perguntei onde ela aconteceu. Ela usou gestos das mãos para explicar.

S: Deixe-me pensar... fica ao longo do muro. O muro segue esta direção, a parede do penhasco e isso está nesse caminho. Naquele canto, na direção dos banheiros e do salão de reunião e nesta área. Ele segue uma diagonal. (Creio que esta última palavra está certa. Foi difícil entender.)

*D: A fenda passou pelos banheiros?*

S: Sim, mas a fenda não fez a água escapar. Ela foi consertada. As pessoas da comunidade ficaram tranquilas. Sabiam que isso iria acontecer, e assim ninguém perdeu a vida. Eles foram informados. (Será que ele quis dizer por meios paranormais?)

*D: Mas o dano não foi grave a ponto de fazer as pessoas saírem de lá?*

S: Creio que, por algum tempo, eles devem ter ficado fora enquanto os reparos estavam sendo feitos. Eles poderiam ter ido a qualquer lugar. Poderiam ter saído e ficado apenas nas casas. Poderiam ter ido para as cavernas. Como disse, eu era jovem demais para me lembrar. Só sei aquilo que me disseram. Não me lembro de ter me ausentado de lá.

*D: Ouvi dizer que seu povo abandonou a comunidade durante muitos anos.*

S: Fizemos com que pensassem isso. Se nos esquecessem, iriam nos deixar em paz.

*D: Mas com certeza as pessoas iriam saquear a comunidade se pensassem que ela estava deserta e desprotegida.*

S: Eles sabiam que não deveriam fazer isso. Ela nunca está desprotegida.

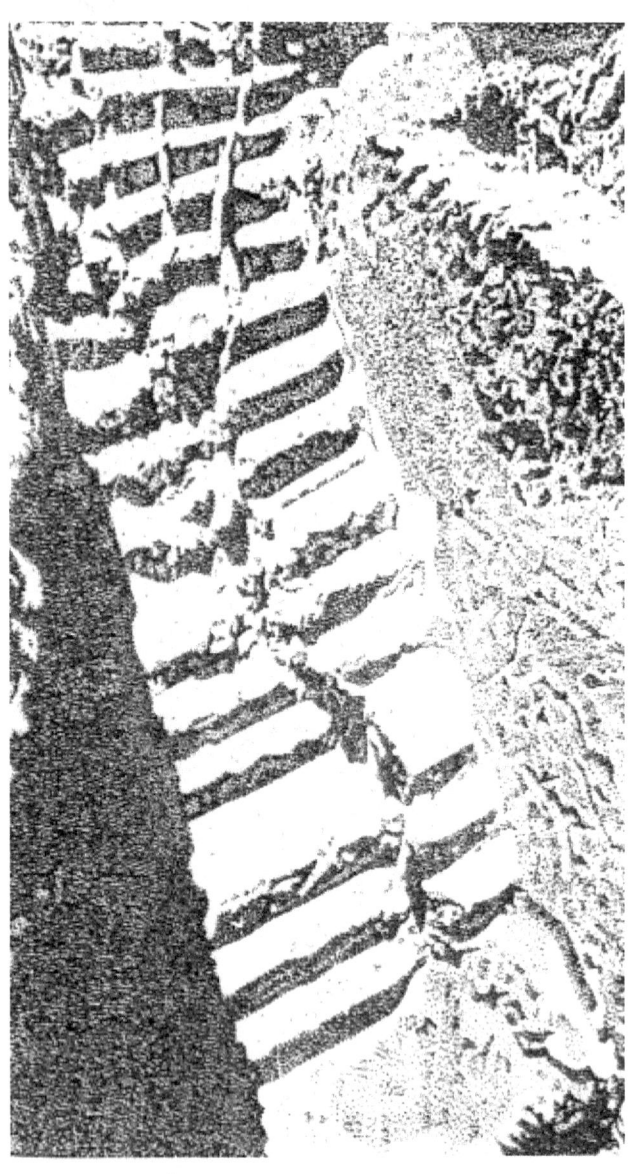

Ruínas de Qumran com a fenda nos degraus dos banheiros

Novamente, isso pareceu uma referência a algum método misterioso de proteção. Apresentei toda esta seção em detalhes para que a vida de Jesus possa ser compreendida nesse ambiente. As pessoas que viveram em Qumran estavam preocupadas apenas com um objetivo principal: o acúmulo e a preservação de conhecimentos e o ensino desse conhecimento a aqueles que se achavam qualificados para aprender. Os essênios parecem ter sido pacatos, passivos, vivendo enclausurados em seu próprio mundinho. Nessa reclusão, viviam num paraíso virtual, um lugar perfeito e totalmente autossustentável. Pelos padrões de Israel daquela época, a comunidade era espantosamente moderna. Sempre que alguém se aventurava para fora dos muros, percebia o rude contraste entre seus hábitos e aqueles do mundo exterior, o que fazia com que preferissem seu isolamento. Mas eram temidos e alvo de suspeitas por aqueles que não os compreendiam, e por isso tinham de se disfarçar. Aparentemente, a localização de Qumran também era protegida e conhecida por poucas pessoas. Pergunto-me se as caravanas conheciam o propósito real daquele assentamento. Os forasteiros também não podiam entrar em certas partes da comunidade. Mas Suddi disse que um de seus propósitos era transmitir conhecimentos para as pessoas em geral. Imagino que isso deveria ser feito sutilmente pelos alunos de testeira vermelha que estudavam e saíam da comunidade para viver em suas próprias regiões. Creio que esta seção ajuda a visualizar Jesus nesse cenário e ambiente.

Esta seção mostra a grande capacidade de Katie para fornecer detalhes precisos a respeito de uma cultura que ela não tinha maneira de conhecer. Alguns podem alegar que ela poderia ter lido sobre os essênios e Qumran nos mesmos livros que eu li, preparando-se assim para as minhas perguntas. Sei que ela não fez pesquisas; ela não se interessava por isto. Em momento algum, ela teve como saber quais as perguntas que eu iria fazer. Ao longo de toda a seção, encontram-se conhecimentos que não estão em livros. Neste capítulo, apresentei coisas relacionadas com as traduções dos Manuscritos do Mar Morto, e o próprio Suddi não estava familiarizado com eles. Isso seria normal, pois ele não havia lido todos os pergaminhos da biblioteca, ou seus nomes poderiam ser diferentes durante a vida dele. Se Katie tivesse criado um engodo complexo, certamente procuraria ser precisa em todos os seus relatos e estaria familiarizada com essas traduções. Creio que a profundidade do transe de Katie impossibilitou qualquer fraude. Ela entrou e saiu da personalidade de Suddi com grande facilidade e tornou-se literalmente essa pessoa da antiguidade em todos os sentidos nos três meses em que estivemos com ele.

Quero incluir aqui algumas citações de Josefo que, segundo creio, têm relação com nossa história. "Há também alguns entre eles (os essênios) que se dedicam a predizer eventos futuros, sendo criados desde cedo a estudar as escrituras sagradas em várias purificações e nos comentários dos profetas; e rara é a ocasião em que suas predições falham".

"Eles desprezam o sofrimento e superam a dor com sua força moral. A morte, se associada à honra, é vista como algo melhor do que uma vida longa. Da firmeza de suas mentes, em todos os casos, a guerra contra os romanos deu provas suficientes; pois, embora tenham sido torturados, atormentados, queimados, esmagados e submetidos a todas as ferramentas de tormento, para que fossem forçados a cometer blasfêmia contra o legislador (Moisés) ou a comer aquilo que era proibido, ninguém conseguiu levá-los a isso; em nenhuma ocasião, elogiaram seus torturadores ou derramaram uma lágrima, mas, sorrindo enquanto sofriam e debochando de seus algozes, abriram mão alegremente de seus espíritos, como aqueles que em breve os receberiam novamente".

Os essênios tinham de jurar que "não esconderão nada da fraternidade e nem revelarão nada sobre esta aos de fora, mesmo às custas de suas vidas. Tinham, antes de tudo, que jurar que não comunicariam a ninguém suas doutrinas de modo diferente daquele com que as receberam".

Isto explica a dificuldade que tive ocasionalmente para obter respostas, e porque tive de recorrer a métodos indiretos para obter informações. Fico surpresa por ter sido capaz de consegui-las. Estava tentando levá-lo a violar uma regra estrita e básica de sua vida, uma coisa que as pessoas hipnotizadas não fazem. Elas nunca fazem nada contrário à sua moral. Mas esta não era a moral de Katie e sim de Suddi. Isto mostra a proximidade com que Katie estava se identificando com o essênio e como havia se transformado completamente nele. Também explica porque foi mais fácil obter informações de Suddi quando ele era uma criança. Ele ainda não havia feito esse juramento e, em sua inocência, não percebeu que estava revelando coisas proibidas. Devemos ser gratas por termos sido capazes de receber quaisquer informações, por quaisquer meios necessários. Este é mais um exemplo do grande vínculo de confiança que se formou entre Katie e eu. Não creio que esta informação teria sido liberada sob outras circunstâncias.

Em seu livro The Essenes and the Kabbalah (Os essênios e a Cabala), de 1864, Ginsburg conta que esse sigilo não era incomum, "pois os fariseus também não difundiam indiscriminadamente os mistérios da cosmogonia e da teosofia, que, segundo eles, estão na história da Criação e na visão de Ezequiel, exceto para aqueles regularmente iniciados na ordem". Os essênios também conheciam tais ensinamentos. (Ver Capítulos 14 e 15.) Josefo disse, "Dedicam-se extraordinariamente ao estudo dos textos antigos, selecionando aqueles que são benéficos tanto para a alma quanto para o corpo".

Ginsburg: "Aparentemente, estudavam os livros antigos sobre curas mágicas e exorcismos das obras reputadas de Salomão, que reuniam tratados sobre curas milagrosas e o afastamento de espíritos maléficos".

Fílon: "Internamente, adotam uma regra e definição tríplice: amor por Deus, o amor pela virtude e o amor pela humanidade". Perceba a semelhança com os ensinamentos de Jesus.

Autores do século 19 disseram que o movimento essênio surgiu do significado religioso mais profundo do Antigo Testamento. Que os essênios pertenciam à escola apocalíptica e que devem ser considerados os sucessores dos antigos profetas, constituindo a escola profética. Eles adotaram algumas ideias antigas dos orientais, dos persas e dos caldeus, trazendo com elas algumas práticas e instituições que mesclaram com as visões religiosas judaicas. Os essênios buscavam conciliar religião e ciência.

# CAPÍTULO 14
# Manuscritos e histórias bíblicas

Uma das atividades da comunidade era a redação e cópia dos manuscritos para que pudessem ser repassados para outras partes do mundo. Seria um centro de publicações, digamos.

S: Estamos encarregados de preservar registros para que a palavra não se perca. É isso que fazem na biblioteca. Depois, levam os pergaminhos para muitos países e lugares para protegê-los, na esperança de que restem pelo menos alguns deles. Há muita coisa aqui. Há todas as histórias, as comunicações de várias cortes, relatos e a existência da vida cotidiana. Qualquer um ficaria bem idoso se conseguisse ler todos os manuscritos.

D: *Sabe em que os outros lugares do seu mundo são mantidos os manuscritos? Há outras bibliotecas?*

S: Suponho que sim. Não tenho como saber. (A velha suspeita reapareceu.) Por quê você quer saber?

Tentei disfarçar dizendo que estava curiosa e gostava de ler. Se houvesse alguma coisa que eles não tinham, eu queria saber onde poderia procurá-los. Meu ardil não o convenceu. Ele perguntou, "Você seria capaz de lê-los?" Tive de pensar depressa. Disse-lhe que se eu não conseguisse, sempre seria possível pedir a alguém para traduzi-los para mim. Isto também não deu certo.

S: Muito poucas pessoas têm permissão para ver os manuscritos. Elas precisam ter razões.

Isto me surpreendeu, pois achei que qualquer um poderia lê-los, como em nossas bibliotecas atuais.

S: Os vigias iriam querer saber a razão. Se todos tivessem esses conhecimentos, poderiam usá-los para causar o mal.

Durante as sessões, houve muitas referências às línguas faladas naquela época. Eu achava que a maioria falava aramaico.

S: Não, eles também falam hebraico, árabe, egípcio. A língua dos romani. Há muitas, muitas línguas diferentes.

Esta referência aos romani me surpreendeu porque eu sabia que é assim que os ciganos chamam sua língua hoje em dia.

S: Eles são os nômades. Dizem que são duas das tribos perdidas de Israel. Não sei dizer até que ponto isto é verdade.
D: Que língua falam os romanos?
S: O latim popular, a vulgata. Alguns falam grego. Há também muitos dialetos do aramaico. Em cada pequena província que você visita, ouve algo diferente. Cada uma tem sua própria maneira de se expressar. Creio que meu dialeto é o galileu (pronunciado rapidamente).

Suddi era capaz de compreender outros dialetos, Mas às vezes era difícil. Essas diferenças também afetavam a leitura do aramaico.

S: Há muitas maneiras de expressão, e a maneira de escrever também é diferente. A menos que você esteja muito familiarizada, pode ler uma coisa num texto que não está lá, de modo algum. Entenda como é: uma palavra pode significar uma coisa para mim e pode significar outra completamente diferente para você. Depende da maneira como está inserida na estrutura do texto. Além disso, se for falada, é preciso ver como soa a voz ao emiti-la. Pode significar muitas coisas. Há diversas palavras que têm cinco, seis ou sete significados. Todos são diferentes e variados.

Isto estava coerente com outra sessão, na qual ele disse que eram os sons e não as letras que formavam as palavras. Vejo isso como uma espécie de taquigrafia na qual os símbolos representam os sons. Se fossem muitos os dialetos, as palavras teriam sons diferentes segundo quem as estivesse falando. A pessoa que estivesse registrando por escrito faria os símbolos de acordo com a maneira como eram pronunciados. Perguntei sobre isso a um iraniano e ele disse que em sua língua isso era verdade: a mesma palavra poderia ter significados completamente diferentes. A mesma palavra significa, por exemplo, leão, torneira e leite, cada uma completamente diferente da outra. Perguntei-lhe como sabiam qual era a palavra correta. Ele disse que dependia da frase em que estava sendo usada. Quando levamos isto em consideração, somado ao fato de que sinais de pontuação só foram inventados no século 15, vemos claramente como o trabalho de tradução dessas línguas deve ter sido um pesadelo.

D: *Então, se alguém fosse ler seus manuscritos, poderia encontrar um significado diferente?*
S: Sim, é bem possível encontrar algo totalmente diferente do que aquilo que se pretendeu transmitir.

Embora os símbolos fossem essencialmente os mesmos, o leitor poderia obter uma história diferente se não soubesse em que dialeto o manuscrito foi redigido. Fiquei imaginando como alguém conseguia saber realmente o que o autor queria dizer.

S: Você teria de levar em conta o todo e encontrar a forma como as coisas se encaixam. Se uma palavra não faz sentido no texto onde é encontrada, então você precisa buscar outro significado para ela.

Isso explica porque algumas histórias da Bíblia poderiam ser diferentes do original. Se alguém inseriu uma palavra diferente durante as diversas traduções feitas ao longo do tempo, seria muito difícil saber como a história deveria ser lida desde o início.

D: *Alguns de seus manuscritos estão em hebraico?*
S: Sim, estão em todas as línguas da Terra.
D: *Também se cometem erros em hebraico?*
S: Sim, é quase tão fácil cometê-los em hebraico quanto em aramaico. As palavras têm muitos significados.

O hebraico usa letras mas não vogais, só consoantes, e por isso há muitas palavras possíveis.
Tudo isso dificulta muito o trabalho do escriba. Se ele cometesse um único erro, poderia mudar a história toda, até por mera ignorância.

S: Sim, ou por medo. Não sou um erudito. Não conheço as razões pelas quais as pessoas fazem as coisas.

Tendo em mente esta informação, vou apresentar as versões de Suddi para as histórias dos manuscritos e da Torá. Há muitas diferenças com relação à nossa Bíblia moderna. Devemos nos lembrar de que isso foi o que ele aprendeu com seus professores, e portanto é a verdade tal como ele a viu. Mas ele estava mais próximo dos originais em termos de tempo; quem sabe? Aceite-os como algo a se pensar.

D: *Hoje em dia, temos um livro que contém alguns de seus ensinamentos, mas que pode ter sido escrito por muitas pessoas diferentes, segundo supomos. Há nomes para cada parte do livro. Um deles se chama Isaías.*

S: Sim, há o profeta Isaías. Você está dizendo "livro", mas ele não é um livro e sim parte da Torá. Fala do profeta Isaías. E há Ezequiel, Débora, Benjamin e a história de Moisés e Rute, e muitos, muitos outros. (Débora era uma personagem da Bíblia com quem eu não estava familiarizada.) É na parte dos juízes de Israel. Ela era um deles. Era um dos legisladores. Para os israelenses, ter uma mulher acima deles era um evento incomum. E muitos deles não suportavam o fato de estarem sendo governados por uma mulher. Ela era uma pessoa muito sábia. Sua história não faz parte da Torá, está em alguns manuscritos.

Na Bíblia, Débora mal é mencionada nos capítulos 4 e 5 de Juízes. Perguntei-lhe se ele já ouvira falar de uma parte chamada Gênesis, mas ele não estava familiarizado com esse nome. Quando expliquei que falava da formação do mundo, ele disse, "Você está se referindo à fundação? Ele é apenas o Começo". Ele também não reconheceu o nome Êxodo, mas tinham a história de Moisés, que era muito importante para eles. Não conheço a Torá usada hoje na religião judaica, mas perguntei-lhe que partes foram incluídas em sua época.

S: A Torá consiste nas leis e nas profecias, basicamente desde a época de Abraão. Tem muito pouco daquilo que aconteceu antes. As histórias estão nos textos, mas não na Torá. Começa com o ponto da criação sobre Abraão e com ele como líder do povo (de Israel) e segue a partir daí.

D: *Ela termina com as histórias de Moisés?*

S: Não, termina com os profetas. Alguns deles estão na Torá, outros estão nos demais manuscritos. Mas é o trabalho de reuni-los. Estou tentando encaixar as promessas.

D: *Quem é o último profeta na Torá?*

S: Deixe-me ver. Creio que é Zacarias. Eu achava que ficaria mais fácil se todas as histórias estivessem num único manuscrito.

Sua resposta provocou o riso do grupo que nos ouvia.

S: Se todos estivessem num só manuscrito, o pergaminho ficaria muito grande. Seria pesado demais para ser manuseado.

Descobrimos quase que por acidente sua capacidade de contar histórias. Não havia me ocorrido pedir informações desse tipo a Suddi. Originalmente, as histórias a seguir estavam distribuídas pelas transcrições e apareciam aleatoriamente no período de três meses. Combinei-as nesta seção para serem lidas fora do contexto. Como é um fato conhecido que a Bíblia passou por muitas alterações ao longo dos anos, pode haver aqui mais verdade do que gostaríamos de admitir. Pelo menos, procure lê-las com a mente aberta.

## SODOMA E GOMORRA

Eu estava lhe fazendo perguntas sobre o Mar Morto ou o "Mar da Morte", como ele o chamava. A comunidade de Qumran ficava localizada em penhascos à beira desse corpo d'água. Tudo que eu já ouvira falar sobre isso é que era muito salino e não abrigava vida. Esta peculiaridade nunca fora explicada satisfatoriamente. Tendo em mente isto, perguntei-lhe se esse mar tinha alguma peculiaridade. Fui pega de surpresa por sua resposta.

S: Às vezes, sente-se o cheiro de asfalto, de resina ou de piche, sim. Dizem que mais para o sul, há poços de piche que fazem parte dele. Além disso, nada cresce no Mar da Morte. Há umas poucas plantas ao longo das margens.

D: *É por isso que vocês o chamam de Mar da Morte?*

O Mar da Morte

S: Ele é chamado assim porque foi em suas margens que Gomorra e Sodomon foram destruídas. Ele nos lembra disso.

Olhei rapidamente para Harriet e vi que ela estava tão surpresa quanto eu. Certamente, foi algo inesperado. Tínhamos ouvido falar na história da Bíblia, mas não tinha ideia de que essas duas cidades infames estavam relacionadas com o Mar Morto. Perceba a inversão dos nomes em relação à maneira como estamos acostumados a ouvi-los e a pronúncia diferente de Sodoma. Obviamente, nada daquilo estava saindo telepaticamente de nossas mentes.

*D: Puxa, sempre achamos que o nome se referia ao fato de nada crescer ali.*
S: (Interrompendo) É por isto que nada cresce ali.
*D: Como essas cidades foram destruídas?*

Suddi respondeu com indiferença, "Radiação". Novamente, fui pega de surpresa e lhe perguntei se ele poderia nos contar a história de como aquilo teria acontecido.

S: Dizem que eles estavam sendo desagradáveis aos olhos de Javé, pois haviam se desviado do caminho da verdade. E quando receberam advertências, muitas e muitas vezes, para voltarem ao caminho da retidão, riram. E dizem que Ló vivia nessas cidades e que foi visitado por dois grandes seres, que lhe disseram para pegar sua família e saírem de lá, ficando assim protegidos. E ele ficou perturbado, pois afinal era a sua cidade e, embora fossem más, aquelas pessoas eram do seu círculo. Mas disseram-lhe que estas não mereciam ser salvas, que ele precisava recomeçar novamente do nada. Ele pegou suas duas filhas e sua esposa e saíram de lá. Dizem que sua esposa olhou para trás e que, ao fazê-lo, morreu, com aquilo que viu e com o fato de contemplar a face da destruição com seus olhos.

Lembrei daquela história familiar que dizia que ela havia se transformado numa estátua de sal, mas Suddi disse que sua morte não teve nada de incomum, além de ter se virado para trás e visto a destruição. Perguntei se ele teria uma explicação para a destruição.

S: Nas áreas onde essas cidades estavam localizadas, havia bolsões de piche e asfalto, e causou-se um grande calor. Os relâmpagos caíram do céu. E quando atingiram esses bolsões, fizeram com que reinasse a destruição (ou que "chovesse destruição". Uma diferença interessante na definição). E isso fez com que... explodissem. E as cidades desmoronaram para dentro de si mesmas, afundando até não restar mais nada.

D: Então, você acha que Javé fez com que tudo isso acontecesse?
S: Foi sua escolha, sim.

Isso era algo que eu não poderia deixar de pesquisar. Ele havia despertado a minha curiosidade. Não achei que iria colocar em risco a história dos essênios se procurasse informações sobre Sodoma e Gomorra. Algumas das melhores informações estavam disponíveis prontamente em minha enciclopédia. Importante lembrar que não tínhamos tido interesse em procurar por elas antes, pois nunca imaginamos que haveria uma conexão.

Indícios arqueológicos e bíblicos dão suporte à localização das cinco Cidades da Planície (das quais Sodoma e Gomorra eram duas) no Vale de Sidim. Esta planície, outrora fértil, localizava-se na extremidade sul do vale formado pelo Rio Jordão e pelo Mar Morto. Os primeiros invasores da região descobriram que o vale estava repleto de poços de asfalto ou "poços de lodo" nas traduções mais antigas. Autores antigos e modernos confirmam a presença de asfalto (grego) e betume (latim) em torno do Mar Morto, especialmente em volta da parte sul. Na antiguidade, eram chamados de Mar de Sal e Lago Asfaltitis. No canto sudoeste, ergue-se uma montanha baixa, feita em parte de puro sal cristalino e compacto, que os árabes modernos chamam de Jebel Usdum, o Monte de Sodoma.

Investigações realizadas recentemente por geólogos revelaram a presença de petróleo e afloramentos de asfalto. Eles também suspeitam da presença de urânio, mas acham que sua mineração seria difícil demais. Autores antigos falam dos maus cheiros e da fuligem que se ergue do Mar. Eram tão fortes que manchavam metais. Os geólogos modernos dizem que isso é gás natural, uma coisa desconhecida para os povos do passado. Alegam que uma possível explicação para a destruição de Sodoma e Gomorra é que o óleo e os gases podem ter sido inflamados por um relâmpago, ou então que um terremoto derrubou o fogo de lareiras, causando uma explosão. Na Bíblia, dizem que Abraão viu fumaça erguendo-se da planície, que subiu "como a fumaça de uma caldeira", descrição adequada para a queima de óleo e de gás. Também pode ser a descrição de uma explosão atômica.

A superfície do Mar Morto, que fica 394 metros abaixo do nível do mar, é inferior a qualquer outro lugar da Terra. Depois, o mar atinge uma profundidade máxima de 400 metros e é seis vezes mais salgado do que a água salgada, tornando-o o lugar mais salino do mundo. É um fenômeno geológico único. Nenhuma outra parte do globo que não está sob água fica a menos de 91 metros abaixo do nível do mar. Nada consegue viver nessa água.

Segundo Werner Keller em The Bible As History, explorações naquela área revelaram uma coisa estranha. Embora o corpo d'água seja incrivelmente profundo, a extremidade sul é rasa, com cerca de 15 a 18 metros de profundidade. Quando o sol brilha na direção certa, podem ser vistos os perfis de florestas sob a água. Elas foram preservadas devido ao elevado conteúdo salino da água. Há indícios de que antes da destruição de Sodoma e Gomorra, a região era uma planície verdejante e fértil. Acredita-se que as cidades afundaram na água nessa área, o que explicaria sua pequena profundidade.

O sal está no ar, e tudo nessa região (inclusive as pessoas) reveste-se rapidamente de uma crosta de sal. Esta poderia ser a explicação para a história da mulher de Ló, que teria se tornado uma estátua de sal. Quando a explosão se deu, uma imensa quantidade de sal proveniente da montanha salgada próxima às cidades deve ter sido lançada ao ar.

Eu gostaria de apresentar minhas próprias conclusões acerca daquilo que teria acontecido lá. Para que as cidades afundassem e a região se tornasse sem vida e desolada perenemente, creio que deve ter ocorrido uma explosão atômica natural. Será que isto explicaria a incrível profundidade do mar? Seria possível com a presença de urânio e de outras substâncias químicas altamente voláteis na região. É interessante observar que ninguém chegou a fazer leituras de radioatividade com contador Geiger nessa área, segundo o escritor Erich Von Daniken.

Mas isso não explica a presença dos dois seres que foram avisar Ló e sua família. Se fosse um fenômeno natural, como poderiam saber dele com antecedência? Já se sugeriu que em vez da explosão ter sido provocada por um raio, talvez sua causa tenha sido feixes de laser lançados por uma nave extraterrestre. A mente aberta pode enxergar muitas possibilidades além das ortodoxas.

Foi inaugurada uma nova área de exploração deste período de tempo. Talvez Suddi pudesse nos fornecer mais histórias e gerar novos modos de pensar.

## DANIEL

Quando lhe perguntei sobre a história da fornalha ardente, ele disse que não estava familiarizado com ela. Por isso, perguntei se ele conhecia a história de alguém lançado na cova dos leões.

S: Você está falando de Daniel. Sua história está nos pergaminhos. Ele
    era um sábio, um profeta. As pessoas temiam sua influência junto
    ao rei. Como era judeu e tinha uma crença diferente deles, fizeram

com que fosse jogado aos leões. Quando ele saiu vivo de lá, temeram-no, pois viram que seu Deus era o Deus verdadeiro. Dizem que o anjo apareceu e fechou as bocas dos leões. Isto é possível. O homem pode conversar com os animais. Eles também não são criaturas de Deus?

## DAVI

Certo dia, Suddi me disse que ele descendia da casa de Davi, e assim perguntei-lhe se ele já teria ouvido a história que envolveu Davi e um gigante.

S: Você está falando de Golias. Dizem que Golias era o comandante do exército dos... creio que eram os filisteus. E o povo de... deixe-me pensar, quem era o rei? Creio que o rei era Saul, e estavam em guerra. E todos os dias, o exército de Israel saía e era derrotado, com muitos soldados mortos, por causa desse líder, Golias. Ele os desafiava e os derrotava.

D: *Ele era mesmo um gigante?*
S: Ele era maior do que a maioria dos homens. Estava com os filisteus, mas não era filisteu. Noutras palavras, teria vindo de outro lugar. E dizem que Davi resolveu enfrentá-lo e matá-lo, e assim o fez. Dizem que teria usado sua funda. Que era um pastor e era muito habilidoso com ela, matando lobos. Essa arma mantém lobos e chacais distantes das ovelhas caso você saiba usá-la bem. Com isso, você não perde muitos animais. Davi estava no limiar da vida adulta. Creio que tinha uns catorze anos. Era uma coisa que lhe disseram que ele seria capaz de fazer. Não é difícil derrotar alguém quando você está certo e o outro está errado. Nesse caso, é melhor matar um homem para interromper a matança do que permitir que esse homem mate tanta gente. É o que está escrito.

## JOSÉ

S: A história de José não está na Torá. Dizem que ele teve muitos irmãos por mães diferentes. Mas só um irmão pela mesma mãe, que era mais novo do que ele. Ou talvez ele era o caçula, não me lembro. Faz muito tempo que li isso. Dizem que ele foi vendido como escravo pelos irmãos, que tinham ciúme da atenção que seu pai lhe dava. Pois ele era... deixe-me pensar. Sim, lembrei, ele era o caçula de sua mãe e esta morreu ao dar-lhe à luz. Portanto, ele devia ser... como dizer? Mimado, provavelmente. Recebeu muitas coisas que seus irmãos consideraram injustas. Assim, seu pai deu-lhe uma túnica com mangas e ele...

Espere aí! Em nossa história bíblica, seu pai lhe deu uma túnica de muitas cores. Eu o interrompi. "Uma túnica com o quê?"

S: Uma túnica com mangas. Um casaco que tem mangas. Geralmente, a túnica não tem mangas, é apenas uma túnica aberta. Bem, ela era bonita e nova, e por isso eles ficaram com ciúmes e resolveram tirá-la dele, e ele disse, "Não! Vocês sabem que nosso pai deu-a para mim". E tiveram uma discussão a respeito, e depois jogaram-no num poço, creio, ou o desceram numa corda, não me recordo. E disseram, "Bem, não podemos deixá-lo voltar até nosso pai. Ele vai lhe dizer o que fizemos". Assim, resolveram matá-lo. Mas seu irmão da mesma mãe disse, "Não, não podemos fazer isso. Ele é nosso irmão. Vocês sabem que não podemos fazer isso". Por isso, ele decidiu vendê-lo a traficantes de escravos que o levariam ao Egito e nunca tornariam a vê-lo. E eles o venderam.

D: *O que os irmãos disseram ao pai?*
S: Levaram a túnica e a mancharam com sangue de ovelha, creio, dizendo que ele fora atacado por um leão e não estava mais vivo. Que aquilo tinha sido tudo que encontraram.
D: *E o que aconteceu depois que os traficantes o venderam?*
S: Quando seu senhor descobriu que ele era um homem inteligente, colocou-o para trabalhar como... contador, creio (estou presumindo que fosse esta a palavra, ela foi pronunciada de maneira estranha) e encarregado de suas propriedades. E sua esposa decide que quer José e ele diz, "Não, não, não". Então, ela o intriga com seu senhor e este o manda para a cadeia. E, deixe-me pensar... Havia um conselheiro do faraó que tinha caído em desgraça e que também estava na cadeia, e tinha sonhos. Como José sabia interpretar sonhos, disse-lhe o significado. Assim, quando o conselheiro do faraó foi libertado, disse-lhe para se lembrar dele. E no momento devido, ele o fez. E quando o faraó tinha um sonho, José era lembrado e levado para interpretá-lo, o que ele fazia. E com isso salvou o Egito, pois o Egito teve sete

anos de abundância e sete anos de fome. E o Egito era o único que estava preparado para isso, e as terras próximas estavam famintas. Assim, dizem que quando não havia mais comida para sua família, ele (o pai de José) enviou-os (os irmãos) ao Egito. E dizem que José teria descoberto que estavam lá e acusou-os de furto. E dizendo que deveriam deixar o filho mais novo com ele, que era o irmão nascido da mesma mãe. E eles não conseguiram identificar José porque ele havia mudado muito.

*D: Muitos anos haviam se passado?*

S: Sim, e... deixe-me pensar. Eles foram para casa e disseram a seu pai que ele deveria voltar com eles ou algo assim. Não consegui me lembrar. De qualquer modo, encontraram-se mais tarde e todos tiveram de admitir o que havia acontecido. Mas José, sendo o grande homem que era, perdoou-os, e o mesmo fez seu pai. E eles foram grandes no Egito. Foi assim que a família foi ao Egito, mudando-se para lá. É um relato muito longo e faz parte de nossa história.

## ADÃO E EVA

Suddi havia mencionado Adão e Eva antes, e por isso pedi-lhe que falasse dessa história.

S: Sim, a história da criação do homem e da mulher. Feito do barro da Terra quando esta era nova, este foi Adão. E quando Deus viu que Adão estava solitário e precisava de sua outra parte, dizem que sua costela foi retirada. Embora eu não consiga entender isto, pois o homem tem tantas quanto as mulheres. De qualquer modo, sua costela foi retirada e fez-se uma mulher para ser sua alma companheira, sua outra metade.

*D: Qual seria o significado de uma costela?*

S: A mulher que é a parceira suprema e faz parte de você e do todo.

*D: Você acha que isso é apenas uma história ou que realmente...*

S: (Interrompendo) Não sei. Eu não estava lá!

Ele disse que o nome do lugar era Paraíso. Quando lhe perguntei sobre o Jardim do Éden, ele disse que não ouvira falar nesse nome.

*D: Adão e Eva viveram no Paraíso pelo resto de suas vidas?*

S: Segundo a lenda, eles foram expulsos de lá por terem tentado tirar de Deus aquilo que Deus queria preservar para Si mesmo, que era o conhecimento da vergonha. Eles comeram da árvore do conhecimento, o que foi muito curioso. Por que você iria desejar conhecimento se tinha a opção da vida e a opção do conhecimento? Quantos não teriam escolhido a vida eterna? (Não entendi e pedi-lhe para explicar) Havia duas árvores. Uma era a árvore do conhecimento e a outra a árvore da vida. Portanto, por que disseram que comeram o fruto da árvore do conhecimento? A maioria não iria querer viver para sempre? Para mim, isto é muito curioso. Talvez eu fosse um pouco menos sábio. Se você vive para sempre, tem muito mais chances de adquirir sabedoria nesse espaço de tempo.

Sua estranha filosofia me divertiu, mas fez sentido. Perguntei-lhe sobre a aparência das árvores.

S: Eram do mesmo tipo e de tamanho gigantesco. Ouvi dizer que eram feitas de romãs, mas isto também é uma lenda.
D: *Havia alguma outra coisa nessa história de terem sido tentados a comer o fruto de uma dessas árvores?*
S: Dizem que a serpente tentou a mulher. E o fato de ser tentada e de sucumbir à tentação é parte do motivo, segundo a lenda, pelo qual as mulheres precisam sofrer para darem à luz. Não acredito nisto, pois as mulheres não precisam sofrer. Acho que foi uma coisa adicionada nessa história pelos homens. Por que trazer vida ao mundo deve causar sofrimento? É claro que elas não precisam sofrer! Há muitas maneiras de trazer um filho ao mundo sem que a mãe sinta dor. Ela pode aprender a respiração que purifica e acalma, tirando a atenção excessiva daquilo que o corpo está fazendo, desde que mantenha os movimentos. E ela se concentra naquilo que é bom e repousante. Quanto mais tranquilo estiver o corpo, mais fácil será para a criança nascer. (Parece-se muito com o moderno método Lamaze.)
D: *As mulheres são treinadas para fazer isso por conta própria?*
S: Há mulheres que aprendem a maneira de fazer isto. E, naturalmente, há outras mulheres por perto, e geralmente os maridos ficam com elas. Mas nunca assisti a um parto.

D: *Você mencionou a serpente. Quer dizer que era uma cobra de verdade?*
S: Alguns dizem que era um dos seres de luz que decaiu. Ele teria entrado com seu espírito na serpente. Há muitas lendas a respeito disso, mas não acredito nelas. Creio que o homem criou sua própria queda com sua cobiça e luxúria. Quanto mais você tem, mais você quer. E o homem criou sua própria queda do Paraíso onde estava. É mais fácil dizer que a serpente o tentou do que admitir que aquela serpente é uma parte inferior dele mesmo.
D: *O que aconteceu depois que comeram o fruto?*
S: Dizem que foram expulsos do Paraíso. E perceberam que não tinham roupas, e esta foi a introdução da vergonha no mundo. E desde então, eles têm tentado se cobrir. Ter vergonha do seu corpo, que é o seu templo, não é uma coisa boa. É algo que Deus lhe deu para que você passasse a sua vida. Devemos tratá-lo bem, tratá-lo para que dure uma vida toda. Ter vergonha de um presente de Deus é um grande pecado.

Esta referência ao corpo como templo soou como os comentários de Jesus no Novo Testamento.

D: *Mas vocês cobrem seus corpos.*
S: Mas não nos escondemos. Quando somos crianças, temos a liberdade de andar por aí como no dia em que nascemos. Isso é aceitável. Não é vergonhoso ter abertura com relação ao corpo. Você não sai correndo para se esconder se alguém o vir sem suas roupas.
D: *Em algumas comunidades, isso é malvisto.*
S: Geralmente, são as comunidades que têm mais problemas.

Isto explica o banho nu, diário e misto em Qumran. Era uma coisa aceita. Ele havia mencionado um ser de luz que tinha caído e me lembrei imediatamente das histórias de Lúcifer como anjo decaído. Mas ele nunca tinha ouvido falar de histórias sobre ele. Entretanto, ele conhecia as histórias sobre o arcanjo Miguel.

S: Conheço Miguel. Dizem que Miguel está à direita de Deus. Ele é um dos seres que nunca veio aqui. Ele sempre esteve com Deus, pois nunca se afastou dele. Portanto, ele está tão perfeito hoje quanto no dia da Criação. E ele é como um mensageiro de Deus. Se Ele quiser falar com alguém, talvez de forma indireta, às vezes Deus manda Miguel ou Gabriel (pronunciados muito depressa).

D: *Como ele conversa com você?*
S: Pensamento para pensamento. Como não?
D: *Você não chega a vê-lo?*
S: Algumas pessoas o veem. Algumas pessoas precisam vê-lo. Mas nem sempre é necessário conhecer aqueles que o ouvem. Ele aparece para você ou para mim de forma diferente. Às vezes, ele aparece como alguém envolvido por uma luz dourada, ou talvez apenas um raio de sol, ou então um jovem ou até um idoso. Tudo depende da maneira como você o vê, como você precisa ter essa imagem dele. Também podem ser outros. Há muitos que ainda não vieram. Há muitos que não decidiram que é isto que desejam fazer. Eles só observam.

Voltando à história de Adão e Eva, eu disse que tinha ouvido a história de que naquela época havia gigantes no mundo.

S: Isso foi dito. Segundo as histórias que nos foram transmitidas, Adão foi apenas a escolha final da forma que Deus resolveu usar para o homem. Houve muitos e muitos outros antes que não eram perfeitos e por isso foram mudados. E nos tempos mais antigos, havia muitas coisas que hoje não existem. Portanto, é bem possível.
D: *Há muitas lendas sobre animais estranhos. Você acha que essas lendas vieram disso?*
S: Foi o que ouvi. Há uma grande possibilidade.

Falo mais sobre isto na história sobre a criação do mundo no Capítulo 15.

## RUTE

Durante uma sessão na qual estava conversando com Suddi quando criança, perguntei-lhe qual era sua história predileta. Fiquei surpreso quando ele disse, "Gosto de Rute". Achei que era uma escolha meio estranha para uma criança. Conheço muitas histórias da Bíblia que pareceriam mais empolgantes para um jovem. Perguntei-lhe se ele poderia contar essa história e aquilo que aconteceu em seguida é um fenômeno estranho por si só. Geralmente, o hipnotizador precisa fazer muitas perguntas para que o paciente continue a falar. Ele fica tão relaxado que há sempre a possibilidade de que ele adormeça. Nunca aconteceu isso comigo, mas a possibilidade existe. Mas Katie sempre foi tagarela enquanto estava hipnotizada. Desta vez, porém, Suddi contou essa história e ficou sete minutos e meio falando sem parar. Não precisei fazer perguntas ou estimulá-lo para a história fluir. Creio que é uma espécie de recorde, se houve outros casos deste tipo. É mais um exemplo da maneira com que Katie se identificou de perto com aquela personalidade do passado.

Suddi contou-me a história com a ansiedade e o entusiasmo contagiante de uma criança que queria compartilhar seus conhecimentos.

S: Dizem que Naomi, seu marido e seus dois filhos foram à terra de Moab (pronunciado quase que numa só sílaba) para conseguirem seu sustento. E que ao fazê-lo, esses dois filhos cresceram e resolveram se casar. Dizem também nos pergaminhos que não devemos obter esposas diferentes daquilo que nós mesmos somos. Mas eles conversaram com o sacerdote a respeito e lhes disseram que, desde que elas (as esposas) aceitassem Javé como seu Deus, eles poderiam se casar. Assim, escolheram as duas mulheres com quem queriam se casar, e aconteceu de serem irmãs. Uma se chamava Rute e não consigo me lembrar do nome de sua irmã agora.

Não importa. Assim, diversos anos se passaram e uma grave doença afetou as pessoas. O marido de Naomi adoeceu e morreu, bem como seus dois filhos. E ela resolveu voltar para a sua terra, que era Israel, levando seus escassos bens e retornando para seu povo. Então, ela disse às suas filhas que elas eram jovens e deveriam ficar ali e se casarem para permanecer com seu próprio povo. E a irmã de Rute concordou em voltar à casa de seus pais. Mas Rute lhe disse que quando ela saísse da casa de seus pais, não seria mais sua filha, e que Naomi seria sua família.

Assim, onde quer que ela fosse, Rute ia junto. E Naomi ficava dizendo, "Não, não, você não pode fazer isso. É estranho. Nossos povos são diferentes". E Rute dizia, "Não sigo Javé, tal como o seu povo?" E ela dizia, "Sim". "E não respeito as leis?" E ela dizia,

"Sim". "Portanto, sou uma de vocês". E assim, ela decidiu que em vez de ir sozinha, pois a viagem seria muito difícil, elas iriam juntas. E foram juntas. E chegaram em casa. E quando chegaram lá, naturalmente todos lamentaram o fato de Naomi não ter um marido e não ter filhos para perpetuar o nome. Ela voltou à sua casa. Na verdade, eles não eram pobres, mas não tinham muito dinheiro para comprar comida e outras coisas. E foi assim que viveram durante algum tempo.

E Naomi tinha um primo chamado Boaz, um líder de sua comunidade. Ele pertencia à Casa de Davi, era muito importante e um homem justo e bom. Ele possuía muitos campos e Naomi mandou Rute aos campos para coletar as sobras das colheitas, o que era permitido. E disse-lhe que seria bom fazer isso, sabendo que assim chamaria atenção. Pois apesar de serem pobres, mostrar isso trazia vergonha para sua casa. O fato de morarem na mesma cidade que seus primos e precisarem ir ao campo coletar restos. Por isso, a atenção recairia sobre elas. Ela esperava que isso provocasse alguma coisa. Ou então, muitos diziam que ela sabia disso e fez com que isso acontecesse.

Seja como for, ela foi ao campo fazer a coleta e os supervisores tentaram desestimulá-la, e ela disse que, segundo a lei, tinha o direito de fazê-lo. Pois são as folhas que sobraram. Isso chegou aos ouvidos de Boaz, e ele descobriu que ela era sua prima, casada com seu primo. Portanto, era da mesma família. Ele, vendo seu problema, enviou muitos alimentos à casa dela para que não precisassem fazer isso. Bem, havia outro primo mais próximo e, se Rute quisesse se casar, seria a preferência. Pois diz a lei que o parente masculino mais próximo do homem que morrem sem filhos deve tomar para si a esposa, caso não seja casado. E ele não suportou a ideia de que ela era moabita (pronunciado mobita) e diferente de sua família. Porém, ele também não suportou a ideia de que talvez Boaz quisesse Rute para si. Portanto, ele ficou num dilema.

Se dissesse que a queria como esposa, teria alguém próximo mas não da sua gente. Mas se deixasse Boaz ficar com ela, sabia que era o que Boaz queria. Por isso, não conseguiu decidir. Logo, foi lançada a dúvida, a dúvida diante do juiz. Ele deveria aceitá-la como esposa ou dar-lhe sua sandália. Isso equivale a dizer que o negócio foi fechado e que decidiram dessa maneira. O negócio é legítimo e a sandália é passada. Portanto, ele foi humilhado e teve de fazer isso diante das pessoas.

Pois ele não... não havia maneira de Boaz obter uma esposa diante de tanta confusão. E ela era estrangeira, e coisas assim. Portanto, viveram e cresceram. Do encontro entre Rute e Boaz formou-se a Casa de Davi. São muito importantes. São o meu povo, a casa deles. E seu filho foi... deixe-me pensar. Davi foi neto deles, filho de seu filho. E segue a partir daí.

A narrativa demorou sete minutos e meio sem pausa.

D: *Por que essa é sua história predileta?*
S: É a história de minha família. Esse foi o começo de nossa casa (linha ancestral, árvore genealógica).
D: *Rute ficou feliz com a decisão? O que dizem os pergaminhos?*
S: Sim, ficou feliz porque se diz que ela saiu e se fez familiar para Boaz, para que ele soubesse que essa era a sua escolha. Isso também é parte de tudo. Juntos, partiram o pão e ficou decidido. Depois, foram em público cancelando direitos.
D: *Bem, se ela não tivesse voltado com Naomi, nunca o teria encontrado.*
S: Teria, sim. Seria de um jeito ou de outro.
D: *As coisas são sempre preordenadas para que as pessoas se encontrem?*
S: Se houver dívidas a serem pagas, sejam por bem ou por mal, devem ser pagas. Por isso, essas coisas vão acontecer. E precisamos aprender com elas. Aprender a não questioná-las, pois isto causa muito desgosto e dor. Se aproveitarmos o que cada situação tem de melhor, aprendendo com elas, isso será de um valor inacreditável.
D: *Basta não lutar e aceitar o que vem.*
S: Sim.

# CAPÍTULO 15
# Moisés e Ezequiel

## MOISÉS

A história de Moisés era conhecida e importante para Suddi, pois ele era um mestre e professor da Torá, que contém as Leis de Moisés. Eu reuni vários trechos dessa história ao longo de três sessões diferentes. Combinei-os e eles se encaixaram muito bem. Continham mais diferenças estranhas do que qualquer das outras histórias bíblicas que recebi de Suddi, diferentes mas bem plausíveis.

Desde o começo, foi diferente de nossa versão bíblica. Aprendemos nas aulas de religião a história do bebê Moisés, filho de uma hebreia, que foi escondido num cesto entre os juncos até a filha do faraó encontrá-lo e criá-lo como se fosse seu próprio filho no palácio. A seguir, mostro a história contada por Suddi.

S: Sua mãe era princesa do Egito.
D: *Ouvimos a história de que ele nasceu de uma mulher hebreia.*
S: Não! Ele nasceu de um pai hebreu. (Sua voz mostrou irritação.) Essa foi a história que circulou, anos depois, para protegê-la de uma criança hebreia e um pai hebreu. Moisés era o filho da filha do faraó.
D: *Por que eles precisaram acobertar esse fato?*
S: Porque nessa época os hebreus eram escravos no Egito. Embora Moisés tivesse ascendência nobre, diziam que era da Casa de José (pronunciado Iosé), escravo hebreu no Egito. Creio que a história serviu para protegê-la, dizendo que a criança foi encontrada. Dizem que ele foi encontrado no rio, numa canoa de juncos. A verdade não é essa.
D: *Ele foi criado na casa do faraó? Depois aconteceu alguma coisa que o fez sair de lá?*

Segundo a história da Bíblia, quando já estava adulto, assassinou alguém acidentalmente. Quando o faraó soube disso, quis matar

Moisés, mas ele fugiu para o interior a fim de escapar de sua fúria. A versão de Suddi discordou disso também.

S: Ninguém o fez sair. Ele descobriu que seu pai era escravo. Como seu pai era um escravo, ele também era escravo. E dizem que foi viver com seu povo. Isso foi parte do treinamento que faria bem para ele, pois assim seria capaz de suportar o que quer que acontecesse com ele.

D: *Parece que nossas histórias são um pouco diferentes. Ouvimos dizer que ele foi para o deserto.*

S: Ele foi mandado para o deserto por ter ousado amar a princesa Neferteri, que seria a esposa do faraó. Por isso, foi mandado para o deserto. Isso aconteceu depois que resolveu tornar-se escravo. Se ainda fosse o Príncipe Moisés, não teria sido mandado para o deserto. Ramsés sabia que Neferteri amava Moisés e ficou com ciúme. Por isso, resolveu mandá-lo para o deserto, o que equivalia a matar a pessoa. Achava que tinha se livrado de Moisés. Ele não sabia que a mão de Javé estava sobre ele.

D: *Como ele ficou sabendo de seu destino se estava no deserto? (Estava pensando na história de Deus conversando com ele da sarça ardente.)*

S: Não sei! Eu não estava lá! Ouvi dizer que ele foi visitado por anjos. Ouvi dizer que ele simplesmente se abriu para seu eu interior. Há muitas histórias. Creio que boa parte disso teve a ver com... ele simplesmente não conseguiu suportar isso. Ele estava livre e feliz e seu povo era escravo do Egito.

D: *Nossa história fala de uma sarça ardente.*

S: Ouvi dizer disso, que Deus o visitou como uma sarça ardente. (Suspiro) Para mim, é um pouco estranho. Por que Deus iria queimar um de seus próprios arbustos a fim de chamar a atenção de um mero mortal? Por que não dizer, "Sou Javé, você vai me escutar"? Creio que Ele falou com a alma de Moisés e ele escutou. Algumas pessoas têm muita dificuldade para acreditar que alguém consegue ouvir Deus em seu íntimo. Elas precisam de uma expressão externa para poderem dizer, "Sim, Deus conversou comigo". Para ouvir Deus, basta abrir o coração e Ele estará lá, a cada respiração, a cada momento. Basta ouvi-lo.

Naturalmente, isto parece fácil demais para que as pessoas o aceitem. Perguntei se ele conhecia a história do Mar Vermelho e se era a mesma história com a qual estamos familiarizados.

S: Quem sabe? O que você quer dizer com a travessia do Mar Vermelho? Alguns dizem que o mar se abriu, mas isso não é verdade. A verdade é que eles simplesmente o atravessaram. Eles tinham a capacidade de... como posso dizer? Pelo esforço e pelos pensamentos de todos, a energia simplesmente os levantou. Assim, dizem que nem seus pés se molharam.

D: *Quer dizer que eles caminharam na água ou flutuaram acima da água?*

S: Sim. Alguns diriam que as águas se dividiram de tal modo que, quando caminhavam, não tocavam na água. (Ele ficou frustrado por não conseguir explicar isso de modo satisfatório.) Colocar energia para caminhar sobre a água ou seja lá como você quer dizer isso é algo com a natureza. Não é contra a natureza. Você está apenas pondo em ação, aplicando a energia para que a superfície fique sólida. Percebe? Dividir o mar é completamente contrário à natureza. Quando você faz alguma coisa com as leis da energia, sempre deve ir com a natureza. Ir contra ela significa fazer com que alguma coisa saia do lugar, causando grandes prejuízos e danos. Na comunidade, aprendemos a usar a energia dessa maneira. Com fé, tudo é possível. É preciso acreditar.

D: *Mas eram muitas, muitas pessoas atravessando o mar. Você acha que todas acreditaram?*

S: Não. Mas um número suficiente acreditou a ponto de fazer isso, e os demais os seguiram depois. Mas o povo do faraó não tinha nem a fé, nem a capacidade de fazer isso; portanto, quando deram um passo, eles... foram levados para o fundo do mar.

Embora eu não compreendesse aquilo que era tão óbvio e simples para ele, resolvi indagar sobre outro mistério relacionado com Moisés: A Arca da Aliança.

S: Sim, é a arca da aliança entre Moisés e Deus. Ela... como posso dizer? É um canal para nos comunicarmos com Javé. Ela é parte da comunicação. Também é parte de uma troca de energia. Dizem que ela abriga todos os segredos do mundo e do universo.

*D: Dizem que ela contém os Dez Mandamentos.*
S: Os livros estão lá, sim, mas ela é, como disse, um canal até Javé. Ela faz parte de algo que foi muito maior noutros tempos. E tivemos a permissão de preservar parte dos segredos. Desta maneira, você pode aprender os segredos de tudo. Os levitas mantiveram os segredos da Arca. Eles são os filhos de Aarão.
*D: Onde ela está agora? Ela ainda existe?*
S: Ela está protegida. Eles (os levitas) mantiveram seus segredos entre eles. Dizem que na época da Babilônia e depois, ela foi capturada diversas vezes pelos reis e imperadores que queriam dobrar seu poder à sua vontade. Quando o fizeram, seus reinos caíram. E a arca foi escondida novamente várias vezes. Ela foi um presente. Foi dado o conhecimento a Moisés e a Aarão para construí-la. Então, Javé percebeu basicamente que o homem não estava pronto para ela. Por isso, o homem precisa ser protegido dela. A energia era grande demais.
*D: A arca pode ser destruída?*
S: Não, nunca. Só por ato ou vontade de Deus é que pode ser destruída. Ela está protegida pelos levitas.
*D: Sempre ouvi dizer que a arca é perigosa.*
S: Sim, para aqueles que não têm corações puros e intenções corretas. Ela mata. Seu nível de energia é tão grande que ela faria com que seu coração parasse ou sua mente deixasse de funcionar. Que você não habitasse mais o seu corpo.
*D: É por isso que Javé pensa que o homem não está preparado para ela?*
S: É que por muitos anos, o homem tentou submetê-la à sua vontade, para fazer aquilo que ele queria. Dizem que aquele que conseguisse fazer isso, dominaria o mundo. É por isso que ela está escondida.
*D: Algum dia, o homem estará preparado para uma coisa assim?*
S: Quem sou eu para julgar? É apenas uma esperança. Dizem que muitas pessoas foram mortas por isso. Em dada época, ela ficou no santuário interno do templo de Salomão. Mas seu poder quase destruiu o santuário interior, e ela foi levada de lá e ocultada.
*D: Você acha que a Arca da Aliança teve alguma relação com sua capacidade de atravessar o Mar Vermelho?*
S: A arca não estava lá; ela não foi construída senão... nos quarenta anos de peregrinação. Ela foi feita depois para armazenar as

tábuas e os papiros das Leis. Moisés fez o exterior e os kaloo trouxeram a fonte de energia que foi posta em seu interior.
D: *As pessoas mudaram muito as histórias. Nossas histórias não são as mesmas que as suas.*
S: Sim, dizem que sempre que um homem conta uma história, ele a enfeita um pouco.

Segundo as versões da nossa Bíblia, depois que atravessaram o Mar Vermelho, os hebreus foram guiados por uma nuvem de fumaça durante o dia e uma nuvem de fogo à noite. Suddi nunca ouviu esta história.

S: Dizem que o cajado de Moisés tinha um grande cristal no topo, e ele brilhava. Isso lhe dizia a direção a seguir.

Isso foi outra surpresa. Segundo sua história, se estivessem seguindo a direção correta, o cristal iria brilhar; quando se desviassem do caminho, brilharia menos.

S: Dizem que durante parte da viagem, quando perambularam por tanto tempo, parte desse tempo deveu-se ao fato de Moisés ter perdido a fé e começado a seguir a direção que as pessoas queriam que ele seguisse, em vez de ir pelo caminho em que estava sendo orientado. Ele teve dúvidas. Ele perdera a grande fé que lhe havia permitido fazer o que tinha sido feito. E os dissidentes diziam, "Não, não, você está nos orientando de forma errada. Você deve fazer o que nós queremos. Nós vamos por aqui". E dessa vez, perderam o caminho. Depois, dizem que ele não conseguiu mais tolerar o fato de estarem perdidos, vendo seu povo morrendo e sofrendo. E ele rezou para Javé, dizendo que iria segui-Lo novamente se Ele salvasse seu povo. E dizem que Ele voltou a guiá-lo.

Há ainda a história do povo encontrando comida e água por meios milagrosos para se sustentar enquanto perambulavam pelo deserto.

S: Dizem que o maná crescia nas árvores. Disseram que era como pão, que é maná, motivo pelo qual ganhou este nome. Há arbustos no deserto que têm as sementes. Quando elas se abrem, têm uma coisa que... como posso explicar? É muito boa de se comer, dá sustento à vida. Dizem que foi com elas que conseguiram sobreviver. Nunca vi os arbustos, e por isso não sei. E no lugar onde ficavam esses arbustos, eles podiam bater no chão com o cajado e a água brotava, e assim eles podiam beber.

D: *O cajado de Moisés tinha propriedades especiais? Ele era usado para realizar muitas maravilhas.*

S: Moisés encontrou esse cajado. Dizem que ele podia descobrir água e outras coisas, mas qualquer cajado faz isso caso seja usado corretamente. Dizem que o cristal era algo que fora dado há muitas gerações. Que Abraão o trouxe e que ele foi passado adiante várias vezes. E que José levou-o ao Egito, à terra do faraó. E que depois começou o cativeiro. Então, ele foi passado de pai para filho. Dizem que seu pai, que era hebreu, deu-lhe o cristal quando ele se tornou adulto. Dizem que ele o levou preso ao pescoço durante algum tempo. Era algo que pertencera a Javé e por isso era protegido.

D: *Você acha que Moisés sabia que ele era tão poderoso?*

S: Não sou Moisés, não posso dizer. (Rimos) Dizem que quando José foi ao Egito pela primeira vez, os hebreus se sentiram muito honrados. E eles se tornaram muitos, a ponto de muitos egípcios ficarem com ciúmes. E muitos deles foram feitos cativos. E foi este o povo que atravessou o Mar, que seguiu Moisés. Foram eles, seus descendentes, os descendentes do povo de José.

D: *Como Moisés conseguiu convencer o faraó a deixar seu povo partir?*

S: O faraó era seu irmão. Eles foram criados juntos. Ele conseguiu convencê-lo com vários métodos e, dizem alguns, feitiçaria. Ele lançou pragas sobre eles.

Tinha ouvido a história das pragas do Egito desde a infância e sempre achei-as fascinantes. Elas estão em Êxodo 7-12. Talvez fosse uma oportunidade para explorar seu significado do ponto de vista de Suddi. A Bíblia menciona dez delas:

1. A água do rio converteu-se em sangue;
2. Rãs;
3. Piolhos;
4. Moscas;

5. Morrinha, uma praga ou doença dos animais;
6. Úlceras;
7. Granizo e fogo,
8. Gafanhotos;
9. Trevas;
10. A morte dos primogênitos (que resultou na instituição do Passover, a Páscoa judaica)

*D: As pragas foram reais?*
S: Sim, mas boa parte delas... Moisés era um homem muito inteligente. As últimas pragas, nas quais dizem que o céu escureceu e as águas ficaram vermelhas... dizem que quando o céu ficou escuro, ele sabia que rio acima... ele percebeu que um vulcão havia explodido. (Ele teve dificuldade com esta palavra.) E o medo das águas vermelhas? Ele sabia que em poucos dias, isso iria acontecer, pois rio acima essa é a cor da terra. E se a terra fosse para o rio, suas águas ficariam vermelhas. Ele ficou sabendo disso. Imagina-se que apareceram gafanhotos e outras coisas. Não sei se todas aconteceram. O que sei é que alguns deles estavam sendo informados do fato de que certas coisas estavam acontecendo.
*D: Um homem muito astuto. Então, você acha que na verdade não foi a ira de Javé?*
S: Até a última, não. Aquela em que começa a Páscoa, foi, sim. Foi a promessa feita por Javé de mandar um Anjo da Morte. Esse lado vingativo não se parece com o Deus que eu conheço. Mas tampouco se parece com o Deus que eu conheço o fato de matar todos os homens da face da Terra, tal como Ele fez ao falar com Noé e dizer-lhe para construir a grande arca. Isso não se parece com o meu Deus, mas são as coisas que nos disseram. Disseram que houve a praga das úlceras. Disseram que ela fazia parte da morte levada pelos ratos. A pintura nas portas. Creio que isso tem mais relação com o fato de os israelitas se manterem saudáveis do que com os egípcios serem afetados. Acho que eles imaginaram que eram... imunes.
*D: Sim, a história diz que eles pintaram as portas e que isso fez o Anjo da Morte passar ao largo.*
S: Foi o que disseram. Também ouvi dizer que penduraram diversas ervas sobre as casas.

D: *Então, você acha que foi uma doença causada pelos ratos e que um dos sintomas foram as úlceras?*
S: Sim, foi o que me disseram. Nossos professores acham que seria uma possibilidade muito boa.
D: *Deveria afetar apenas os primogênitos.*
S: Não, não apenas os primogênitos. Afetou o primogênito e metade do povo do Egito. Dizem que quando Moisés falou com o faraó, ele teria dito que a praga afetaria o seu primogênito. Não disse que Ele mataria o primogênito de todo mundo. Disse apenas que foi isso que ele viu e que isso iria acontecer. Ele não amaldiçoou ninguém, ele apenas previu isso.
D: *Nossa história diz que Javé fez isso para que o faraó libertasse as pessoas.*
S: Creio que tinha tanta relação com Javé quanto com o homem. Mas Moisés era um homem com um pouco de premonição e por isso podia fazer muita coisa.
D: *Você disse que ele também usou feitiçaria?*
S: É o que algumas pessoas diriam. Sim. Ser capaz de ver o que vai acontecer antes que ocorra.
D: *Você já nos disse que há mestres na comunidade com essa capacidade. Será que Moisés foi um mestre treinado para fazer isso?*
S: É bem possível. Dizem que seu pai foi um sacerdote da fé e, naturalmente, sua mãe foi a princesa do Egito. Ele foi educado não só pelos sacerdotes hebreus quanto pelos sacerdotes do Egito. Ele era metade egípcio; por que não deveria ter aprendido isso?

É espantoso ver o que pode acontecer quando você apresenta uma ideia original a uma mente aberta. Subitamente, pude ver, sob uma nova luz, coisas que tinha considerado líquidas e certas a minha vida toda. A ideia era radical, mas será que poderia explicar as pragas do Egito dessa maneira? Suddi disse que o rio ficou vermelho por causa de uma perturbação correnteza acima. A Bíblia diz que a água tinha um cheiro ruim e que as pessoas não podiam bebê-la. Será que isso não foi causado pelo vulcão que lançou enxofre no rio? Qualquer morador do campo dirá que essa substância química natural torna a água dos poços imbebível. E a água sulfurosa cheira mal, com certeza.

As rãs saíram do rio e foram para a terra. Isso também pode ter sido ocasionado pelas mudanças que estavam acontecendo. Os animais são muito sensíveis à natureza. Quando as rãs morreram, os egípcios as amontoaram em pilhas fétidas. Por isso, a praga das moscas poderia ter acontecido naturalmente, graças à sua atração pelas rãs mortas. Ele disse que a escuridão foi causada pelo vulcão, e isso também poderia explicar o granizo misturado com fogo. Sabe-se que este fenômeno pode ocorrer durante erupções vulcânicas.

Suddi disse que a praga que resultou na morte das pessoas e que instituiu o Passover ou Páscoa judaica foi uma doença causada pelos ratos. Isso explicaria a praga dos piolhos, pois sabe-se que as pulgas carregavam os germes da Peste Negra. A doença dos animais e as úlceras como sintomas nos humanos poderiam estar relacionadas. A praga dos gafanhotos poderia ter sido uma ocorrência natural ou o resultado da perturbação atmosférica causada pelo vulcão. É estranho ver como tudo isso se encaixa e deve ser considerado uma possibilidade, mas nunca nos havia ocorrido antes de Suddi apresentar a ideia.

Os hebreus eram escravos e suas moradias eram separadas do resto dos egípcios. Ficando dentro de casa até que o Anjo da Morte tivesse passado, eles respeitaram uma quarentena autoimposta. Foram mantidos afastados dos ratos transmissores de doenças e das pessoas infectadas. Esta é uma ideia interessante e que poderia estar aberta a toda espécie de elaboração.

*D: Quando Moisés recebeu os Mandamentos? Foi depois da peregrinação pelo deserto?*
S: Sim, primeiro ele ouviu a voz de Javé e foi conduzido até o Monte Sinai. Ele subiu a montanha e dizem que lá teria se comunicado com Deus, recebendo as Leis de Deus.
*D: Você acha que ele realmente falou com Deus?*
S: Sim, dizem que quando desceu da montanha era uma pessoa diferente do que era antes. Creio que estava muito diferente. Estava aberto para o conhecimento e outras coisas mais.
*D: Como Deus lhe deu os Mandamentos?*
S: Não tenho certeza. Eles estavam escritos. Alguns dizem que foram escritos pelo dedo de Deus. Acho que é mais provável que alguma pessoa tenha escrito os textos. Eles vieram através dela. Quando alguém escreve nos pergaminhos, a coisa vem sem pensar. Creio que foi assim. Foram entalhados em tabletes de argila. (Tais como aqueles usados em Qumran pelos estudantes que praticavam a

escrita.) Ele veio da montanha com as leis de Deus, e dizem que estava brilhando, que até o ar à sua volta reluzia. Quando ele desceu, viu que tinham feito uma estátua de ouro para Baal e Durue (fonético), transgredindo a maioria dos Mandamentos. Dizem que ficou furioso com eles e quebrou os tabletes, e depois teve de voltar e tornar a escrevê-los. Tendo sido tocado por Deus e por sua glória, ele não conseguiu suportar a ideia de que as pessoas pudessem ser tão vis. Ele não conseguiu compreender isso e achou que elas não mereciam ouvir nenhuma palavra de Deus. Dizem que Moisés era famoso por seu temperamento, e por isso o relato deve ser verídico.

D: *Por que as pessoas fizeram uma estátua de ouro para Baal?*

S: Depois de passarem quarenta anos perambulando pelo deserto e, subitamente, terem tempo para descansar e fazer o que quisessem, elas ficaram meio alucinadas. O povo tinha Aarão. Mas Aarão não tinha tanta força de vontade quanto seu irmão, e era mais flexível.

D: *Moisés ficou muito tempo na montanha?*

S: Não me lembro. Creio que um ano, mas não tenho certeza.

A Bíblia diz que Moisés ficou tão furioso com as atitudes do povo que, além de quebrar os tabletes, causou a morte de milhares de pessoas num acesso de raiva. Suddi não concorda. Ele disse que a fúria de Moisés passou depois que ele quebrou os tabletes.

S: Ele não tinha autoridade sobre eles. Eram autogovernados. Ele tornou a escrever os tabletes. Não sei se voltou à montanha para isso. Mas desta vez as pessoas estavam mais controladas. E depois, encontraram a terra que lhes havia sido prometida. Dizem que Moisés não pôde ir a essa terra e morreu antes. Isso se deveu às suas dúvidas e a seguir os desejos dos outros. Quando houve hesitação e ele parou de seguir a orientação (do cristal) que Javé havia lhe dado. Ele mostrou-se despreparado, precisava de mais tempo. Uma nova geração apareceu. Não eram os que tinham perambulado pelo deserto. Creio que Aarão foi o único daqueles que estavam lá a ficar na terra prometida. Há muitas histórias de Moisés, ele era muito sábio.

# EZEQUIEL

Muito já se escreveu sobre Ezequiel e sua estranha visão, e por isso achei que seria uma boa história bíblica para perguntar a Suddi. Entretanto, tive a sensação de que ele pode ter confundido as histórias de Ezequiel e de Elias (Elijah), quer porque ambas são similares, quer porque os originais eram mais parecidos do que as versões atuais.

S: Ezequiel. É o nome de um dos profetas. Sua história aparece em alguns pergaminhos. Ezequiel era um profeta, um sábio e um dos professores. Era uma pessoa estranha, vivia sozinho na maior parte do tempo, com poucos alunos. E dizem que em sua velhice teriam lhe dito que ele não iria morrer, pois seria levado diretamente para Deus. Para mim, isso parece ser vaidade. Embora digam que ele foi visitado por alguns dos outros e levado, não creio que sejam pessoas de Deus.

Não entendi o que ele quis dizer com "outros".

S: Há outros parecidos conosco, mas não iguais. Foram estes que o visitaram. Eles não são da Terra, são de outro lugar, embora não nos tenham dito de onde são. Disseram-nos apenas que, desde que existe memória, temos tido visitantes. E algumas pessoas são mais abençoadas, mais escolhidas, não sei. Não tenho certeza de quais seriam as qualificações. Mas alguns são visitados e alguns, repito, são levados. Mas outros são deixados aqui para falar da experiência. Dizem que seus seguidores comentaram que ele saiu numa... creio que usaram a expressão "carruagem de fogo". Para eles, pode ter parecido uma carruagem, mas foi mais parecida com uma das máquinas voadoras do passado do que com uma carruagem. Pode ter cuspido fogo, não sei. Há vários tipos.

Talvez os autores que especularam sobre a possibilidade de a visão de Ezequiel ter sido um OVNI não estavam tão longe da verdade, afinal!

S: E ele foi. Se ele resolveu ir com eles ou eles simplesmente decidiram levá-lo, não sei. Dizem que nunca mais ouviram falar dele. Não tenho como saber. Não estou muito familiarizado com esse texto, não faz parte das Leis. Ouvi falar dele e li-o quando ainda era criança.

Fiquei curiosa com a menção a máquinas voadoras do passado.

S: Há muito tempo atrás, havia máquinas que foram construídas e que iam pelos ares como pássaros. Aprenderam aquele conhecimento e o usaram. Ele se perdeu agora, em sua maior parte, segundo sei. Ainda há algumas pessoas, os mestres, que têm esse conhecimento, mas ele não é usado. O conhecimento está na biblioteca. Faz parte dos ensinamentos dos mistérios. É melhor não usá-los.

D: Sabe como essas máquinas conseguiam voar?

S: Não, não sei. Usavam alguma coisa como foco central. Além disso eu... bem, repito, não é minha área de estudo. Só conheço um pouco porque conversei com outras pessoas sobre isso. Dizem que os babilônios tinham esse conhecimento nos primeiros tempos. Não sei até que ponto isso é verdade. As pessoas que nos deram esse conhecimento foram os kaloo. Os kaloo aprenderam a fazer isso antes que fosse cortada a capacidade de falar com os outros. Eles tinham muitas coisas importantes, mas a capacidade de usá-las se perdeu. Ou, se não foi perdida, decidiram que era melhor não utilizá-la, pois ela havia causado muitos danos e destruição.

D: Se o seu povo tem o conhecimento, poderiam construir essas máquinas voadoras, se precisassem fazê-lo?

S: Se fosse necessário, provavelmente sim. Não sou engenheiro. Não sei.

Ele descreveu as máquinas: "Eram de materiais diferentes. Algumas eram de madeira, outras de metais, bronze, ouro, estranhas misturas de metais. Algumas eram muito pequenas e algumas eram bem grandes".

Presumi que fossem usadas para transporte, mas fiquei novamente surpresa quando perguntei qual era seu propósito. Ele respondeu tranquilamente.

S: Usavam-nas nas guerras. Também eram usadas para viajar. Mas a maior capacidade delas era a de derrotar um inimigo através de grandes distâncias, usando-as. Tinham armas que eram postas nessas máquinas.

D: Os inimigos tinham máquinas desse tipo?

S: Nem todos. A maioria não tinha.
*D: Seus registros dizem o que aconteceu para que levassem o conhecimento embora?*
S: (Com muita tranquilidade) O mundo foi destruído. Um cataclismo. Não sei dizer bem de que tipo. Foi como se as forças da natureza se rebelassem e a Terra explodiu.

Ele nunca deixou de me espantar e de me maravilhar com essas declarações inesperadas.

*D: Você acha que isso foi causado pela guerra que estava acontecendo com essas máquinas?*
S: Não sei. Eu não estava lá.

Ele disse que os kaloo eram um dos povos envolvidos nessa guerra, mas não conseguiu se lembrar de quais eram os outros. Fiquei curiosa para saber se os combates se limitaram apenas a uma região do planeta.

S: Não, a guerra se espalhou por diversas regiões. Havia grande agitação.

Isso me deu uma sensação muito desconfortável. Era muito parecido com aquilo que está acontecendo hoje no mundo. Será que a história estava se repetindo? Ele disse que após essa destruição, os kaloo começaram a vagar, portanto nem todos foram destruídos.

S: Não, mas aqueles que restaram eram muito mais sábios. Pois tinham adquirido conhecimento e puderam preservá-lo, com a capacidade para fazê-lo. Só não deveriam usá-lo novamente para se destruírem e levarem os outros junto. Isso era proibido. O conhecimento foi preservado na esperança de que algum dia possa ser usado com segurança.
*D: Como essas pessoas escaparam?*
S: Não sei. A história não está clara. Sabiam que isso iria acontecer. Saíram antes que a destruição começasse. Fugiram do lugar onde a destruição começou.
*D: Você acha que alguém vai encontrar uma dessas máquinas voadoras algum dia?*

S: É possível. O metal dura muito. Ainda deve haver algumas delas em algum lugar.

D: *Você acredita que alguém descobrirá suas cidades?*

S: Não sei. Não nos disseram que existe um lugar específico que foi a origem deles.

Bem, perguntar sobre a história bíblica de Ezequiel deu-me um bônus para o qual eu não estava preparada.

# CAPÍTULO 16
# Criação, catástrofe e os Kaloo

## A CRIAÇÃO

Quando ele estava me contando a história de Adão e Eva, mencionou a história da Criação do mundo. Resolvi me aprofundar nela.

S: A Formação, sim. Ela não está na Torá, ela é anterior. Dizem que no começo havia apenas a escuridão. Tudo estava escuro e havia um vazio. E Deus, vendo isso, resolveu fazer alguma coisa para preencher esse vazio. Não havia nada lá, só o vazio. E Deus disse que deveria haver alguma coisa lá, pois isso está vazio e eu estou vazio. Portanto, foi Dele que tudo isso veio, pois quando foi decidido... instantaneamente, houve alguma coisa lá, as massas. Como se grandes nuvens estivessem se formando e se unindo, trazidas à essência. E isso levou algum tempo. A formação dessas coisas que seriam, mais tarde, as estrelas e os planetas, sim. Eram parte de Deus. Havia corpos bem definidos sendo formados, planetas, estrelas e coisas diferentes. E viu-se que isso era bom. Porém, aqui também havia um vazio, a sensação de não se estar inteiro. Então, Ele resolveu colocar seres nesses lugares. E muitas decisões foram tomadas quanto à sua aparência. Muitas tentativas e mudanças até que, finalmente, Ele resolveu quais seriam os animais que queria colocar lá.

D: *Alguém O ajudou a tomar essas decisões, ou Ele fez tudo sozinho?*
S: Houve os outros. Os Elori, o todo, todos. Não estou conseguindo transmitir isto muito bem. (Suspiro) Não é Elori, são os Elorhim, são todos. Em essência, tudo, todos juntos.
D: *Sempre pensei em Javé como sendo um indivíduo...*
S: (Interrompendo) Javé é. Ele é nosso, Ele está para nós como os outros estão para os outros. Ele é o indivíduo interessado em nós, preocupado conosco. Há outros... deuses, como você os chamaria. Outros seres que ajudaram Javé, que trabalharam com Ele. Eles

são total, eles estão juntos. Eles fazem parte de um todo. Como um só, mas separados. Cada um tem seus afazeres, mas quando precisam fazer coisas juntos, fazem-nas como um só. Quando estão juntos, há inteireza, completude. Ocasionalmente, permite-se que trabalhem juntos. Mas depois que se tomam decisões quanto a aquilo que divide cada área, eles ficam mais reservados do que antes.

O conceito do Deus Único é persistente. Suddi disse que Javé fazia parte dos Elorhim mas não estava acima deles. Eles não precisavam de ninguém acima deles, "Eles são". Cada um tinha sua própria área, por assim dizer, mas também trabalhavam juntos, coletivamente, se fosse necessário.

D: *Javé ocupa-se principalmente de nosso planeta, de nosso sistema solar ou apenas de nosso povo?*
S: De tudo. Nossa galáxia.

Este conceito difícil que ele estava tentando me transmitir ainda era confuso, e por isso mudei de assunto e lhe perguntei sobre as decisões que foram tomadas sobre o que colocar nos planetas.

S: Muitas coisas precisaram ser mudadas. Muitas coisas foram postas lá e resolveu-se que não estavam completas. Não estavam completas e fizeram mudanças. Assim, não existiam mais. Tiveram de ver o que se ajustava, o que ficaria íntegro e completo lá.

Tive a impressão de que fizeram experimentações. Tentaram várias coisas e, se não funcionassem, destruíam-nas.

S: Sim, ou mudavam-nas. Algumas eram as ideias corretas, mas não estavam perfeitas. Portanto, mudaram-nas e fizeram-nas de maneira diferente. E quando Ele viu que eram boas, Seus filhos desejaram muito descobrir como seria a experiência aqui.
D: *Como assim, Seus filhos?*
S: (Ele teve dificuldade para encontrar palavras para explicar) Os... anjos (pronunciado "an-jos"). Os espíritos que foram formados no momento em que... Sabe, no momento em que não existia nada e

então existiu, havia partes deles formadas e seres menores de luz e essências. Isso foi formado naquele momento.

Quando tudo foi criado a partir do vazio, houve uma explosão tão intensa de energia que pequenas centelhas saíram voando, e essas pequenas centelhas tornaram-se as almas individuais ou, como ele as chamou, "anjos". Nesse sentido, todos nós fomos criados ao mesmo tempo.

S: E havia alguns que eram curiosos e resolveram ver como era viver nesta existência. A Terra não era estéril, tinha vida e coisas. As árvores tinham sido criadas, a água e as terras haviam se assentado e... poderíamos ficar para sempre com aquilo que tinha sido feito nesse período, antes de eles aparecerem. Tudo estava na época em que "Vamos ver o que podemos criar e quão belas podemos fazer as coisas". E isso continuou por um longo tempo.

Aparentemente, isto aconteceu depois que a Terra havia se desenvolvido e a vida fora estabelecida. O reino animal já estava bem formado e os humanos primitivos já existiam quando os espíritos tiveram a curiosidade de tentar esta nova experiência.

S: Havia seres na Terra. Eram neles que as almas tinham entrado para existir aqui. Corpos similares a estes quando tudo estava pronto, quando tudo estava feito, era assim que seria. Primeiro, vieram alguns, os ousados e os curiosos. Depois, vieram outros. Em pouco tempo, a Terra estava bastante povoada e esse foi um dos períodos em que houve um grande mal aqui. Pois a existência nesses corpos os deturparam, e por isso não eram mais perfeitos e tinham problemas, vícios e coisas.

D: *Bem, quando os Elorhim estavam pondo esses espíritos na Terra, eles permitiram que...*

S: (Ele interrompeu enfaticamente) Os espíritos não foram postos aqui. Permitiu-se que tivessem esta experiência. Foi escolha deles. Nunca foram forçados. As coisas ficaram bem por algum tempo, enquanto eles não estavam presos à matéria. Durante um longo tempo, eles podiam sair do corpo à vontade, impedindo-o de se distorcer. Quando tinham permissão para deixar o corpo, este ficava respirando e continuava existindo, geralmente com uma forma definida. E quando eles comungaram com os outros espíritos que não tinham tido estas experiências na existência terrestre, viram o que eram e como era belo aquilo que existia e se tornaram novamente isto, a beleza e as coisas. Foi quando perderam esta comunicação e esta capacidade de se comunicarem com os outros, de saber o que eram na realidade, que eles mudaram. Quando perderam esta capacidade, começaram a mudar e a ficarem disformes.

*D: Se o corpo é disforme, indica uma força negativa com que esse corpo precisa lidar?*
S: Não, não. Não tem relação com isso. Algumas pessoas disformes são muito bonitas. Talvez elas queiram se aprimorar porque têm limitações. Talvez não possam usar um braço e precisem compensar isso, sendo maiores do que são. E aquelas pessoas que são maiores por isso, são muito mais bonitas e próximas da perfeição do que aquelas que se sentam e dizem, "Puxa, eu tenho este braço! Por favor, ajudem-me, ajudem-me!" Compreende?
*D: Sim, elas estão tendo de se esforçar mais, mas estão crescendo por causa disso.*
S: Crescendo muito mais, sim, caso consigam fazer isso.

Agora, tínhamos compreendido: ele não estava falando de um corpo físico disforme, mas de um espírito disforme ou pervertido.

*D: As pessoas viviam mais nessa época?*
S: Como não? Sempre que você saía do corpo, este se recarregava e mais energia podia entrar nele, e por isso só saíam do corpo quando decidiam fazê-lo. (Morriam?)
*D: Esta saída do corpo se assemelha a nossos períodos de sono?*
S: De certo modo. São pessoas que, quando dormem, conseguem fazer essas coisas. Há algumas que ainda fazem isso à vontade. É um grande talento. Não é exatamente a mesma coisa. É diferente. É preciso ter mais controle.

Isso se pareceu com as experiências fora do corpo. Nesses primeiros tempos, isso rejuvenescia o corpo e assim este vivia muito mais tempo do que o nosso atualmente.

*D: Quando Javé e os Elorhim estavam criando, eles puseram vida apenas num planeta, no nosso?*
S: (Ele me interrompeu indignado) Não! Há muitos em sua área, segundo dizem. Eles colocam a vida de maneiras diferentes. Dizem que em certa época a lua teve atmosfera e vida, e hoje está destruída e morta. Não sei muito sobre isto, só ouvi falar.
*D: Se existe vida, há visitas entre um planeta e outro?*
S: Se para seus conhecimentos for benéfico fazer isso, eles têm permissão de fazê-lo. Na maior parte, se forem perigosos para os outros, não lhes será permitido... como dizer? Sim, comunicarem-se.
*D: Que povos seriam considerados perigosos?*
S: Os povos que se destroem seriam perigosos para os outros. A humanidade fez isso! O homem destruiu-se várias vezes por métodos diferentes. Deus quase eliminou tudo que já existiu por conta dos horrores feitos pelo homem. Os homens matam. Os animais não matam animais, exceto por alguns motivos. É o homem que mata outro homem sem motivo.
*D: Sempre ouvimos as histórias sobre Javé destruindo a humanidade. Você acha que foi coisa do homem?*
S: Deus será tão crítico a ponto de Ele destruir até os inocentes? Não. Isso é uma coisa que aconteceu por causa do homem. Não é mais fácil culpar Javé do que assumir a culpa?
*D: Pode nos dar um exemplo de uma ocasião em que a humanidade destruiu seu mundo?*
S: Dizem que foi por isso que os kaloo vagam pelo mundo, que se ergueu e mudou. Há muitos métodos para usar o poder e forças que não compreendo, mas que nem por isto são menos reais. Quiseram usar o poder para suas próprias finalidades egoístas. Eram pessoas que buscavam o self e aquilo que não era necessariamente bom para elas, prazeres e coisas diferentes como estas. Elas se destruíram e fizeram com que fossem destruídas.

Usaram mais energia do que seria prudente, usaram-na em coisas que não eram boas e abalaram o equilíbrio da natureza. Sei que foi criado um vazio, e onde há uma ação, alguma coisa deve se seguir. Portanto, depois de tirarem, tirarem e tirarem, deveria haver um recuo. Quando a Terra puxa de volta sua força, isto causa imensos danos. E foi essa força que causou a destruição.

D: *Então, você acha que foi uma coisa natural em vez de algo que eles provocaram?*
S: Sim, mas algo que eles haviam criado. Eles fizeram isso, embora tivessem sido avisados. Disseram-lhes que isso iria continuar, e portanto provocaram a tragédia.

Faz pensar se isso teria alguma relação com a ecologia e problemas ambientais.

## NOÉ

O relato bíblico de Noé e sua arca sempre foi um de meus prediletos, e estava curiosa para saber o que ele diria sobre o caso.

S: Sim, sobre o dilúvio que aconteceu? Ele está repleto de esperança, e talvez seja por isso que é um dos preferidos. Ele mostra que devemos prosseguir, por mais sombrias que pareçam as coisas. Dizem que Noé era um grande indivíduo, um homem muito bom. E Deus viu isso e ficou satisfeito, pois Ele sabia que ele havia preservado o que era bom e justo, e todos os seus filhos seguiam os caminhos de Javé.
D: *Por que Javé causaria um grande dilúvio?*
S: Uma vez mais, creio que foi um caso de luta contínua contra a Terra. Além disso, ouvi dizer que isso deve ter acontecido na época antes que tudo estivesse assentado. Ou aproximadamente na mesma época em que houve a explosão de força. Talvez isso o causasse. Se os mares mudaram, as águas não iriam tender a ir para todos os lugares, a chover e coisas como essas?

Não acho que tudo isso tenha sido uma chuva de quarenta dias e quarenta noites. Isto não poderia acontecer. Pode ter chovido esse tempo todo, mas creio que teve algo a ver com as mudanças da terra, fazendo os mares se elevarem em alguns lugares e abaixarem noutros. Creio que nesse período, houve outras mudanças, bem como a chuva que causou as enchentes. E dizem que Noé levou, deixe-me pensar, sete dos limpos e... dois dos impuros. Os animais levados eram sete dos puros e dois dos impuros. Se um animal não fosse... se você não pudesse comê-lo, então só se levava um casal, para que pudessem haver outros depois.

Pedi para que explicasse os animais puros e os impuros.

S: Deixe-me pensar. Dizem que os puros são aqueles com cascos fendidos e que ruminam. Se têm uma coisa mas não a outra, não são puros. O suíno tem casco fendido mas não rumina, portanto é impuro. Os bovinos, sendo ambos, podem ser mortos e comidos. As ovelhas, que também é as duas coisas, podem ser comidas. Mas o camelo, embora rumine, não tem os cascos fendidos; tem almofadas. São divididas, mas totalmente diferentes, e por isso não são comidos. O cavalo não tem casco fendido e por isso é impuro, bem como o asno. Disseram a Noé para levar sete dos puros para que pudesse haver alimento e os animais que fossem comidos pudessem continuar (a se reproduzir), para que não passassem fome. Ele preparou uma grande... (teve dificuldade para encontrar a palavra) arca, para a qual recebera as dimensões. Não me lembro destas. Os animais foram chamados, vieram e alguns foram escolhidos e levados a bordo. E todos riram, claro, pois ele estava construindo um barco enorme no meio do deserto. E diziam, "Você está louco". Mas ele lhes diz, ele diz que eles deveriam ficar avisados, pois Javé falou e Ele fará conhecer Sua ira. Por isso, claro, riram dele por falar em contos de fadas e coisas assim.

Veja, eles não podiam entender que eles estavam fazendo isso. Que isso iria acontecer por causa deles. E eles nem quiseram entender que isso iria acontecer caso Deus assim decretasse. Eles preferiram ignorar isso, embora tivessem sido avisados. Noé levou seus filhos, sua esposa, as esposas dos filhos e os filhos destes. Levou tudo que podia para lá, com provisões. Foram armazenados grãos e coisas como estas. Dizem que ele ficou lá por duas voltas da lua. Sessenta dias... não, cinquenta e oito. (Mostrou novamente o uso do calendário lunar.) Houve sinais. Primeiro, a pomba foi enviada e voltou para casa. Depois, soltaram um corvo e ele não voltou, e com isso deduziram que ele havia encontrado alguma coisa. Então, mandaram novamente a pomba e ela voltou trazendo parte de um arbusto, não sei ao certo qual, e voltou para seu companheiro com isso. Portanto, souberam que tinham encontrado terra. E conseguiram descobrir esse lugar, era um monte muito alto, e chegaram à terra. Então, começaram a construir a civilização. A primeira coisa que fizeram foi agradecer a Javé por terem sido poupados, pois havia destruição à volta deles.

Fiquei imaginando porque o arco-íris, tão importante, ainda não tinha sido incluído na história.

*D: Aconteceu alguma outra coisa importante nessa época?*
S: Os filhos de Ham foram expulsos por algum motivo. Não me lembro, ele fez alguma coisa e desagradou Noé.

Onde está o meu arco-íris? Mencionei um sinal dado por Javé, como promessa de que Ele nunca tornaria a fazer aquilo, mas Suddi não disse nada em sua versão da história. Finalmente, eu fui clara com ele.

*D: Acho que nossas histórias são um pouco diferentes. Temos a história do arco-íris. Quando a arca encontrou terra, Javé colocou um arco-íris no céu e disse, "Esta é a minha promessa. Nunca mais farei isso".*
S: É muito bonito, mas não sei de nada disso.
*D: Então, vocês não têm uma história sobre a origem do arco-íris?*
S: (Ele riu.) Ele apareceu! Não sei, nunca questionei. Alguns dizem que é um sinal de que Deus está satisfeito, que Javé está sorrindo. É muito bonito.

Lembro-me, porém, da razão para ter havido o dilúvio. Foi na época em que o homem ficou tonto, ele não conseguia mais falar de mente para mente com qualquer um. Esse conhecimento se perdeu e foi encerrado. Portanto, houve grande confusão no mundo. Eles conversavam com os outros como se fossem um só, o ato de pensar já fazia o outro saber. E isso se perdeu, essa capacidade, por causa de suas ações. Eles pensaram, disseram uns aos outros, "Se fizermos esta grande coisa, seremos tão grandes quanto Javé e encontraremos o caminho para sermos ainda maiores, para termos mais poder". Por causa disso, a capacidade se perdeu e a confusão se instalou. Javé tirou essa capacidade e o homem se tornou idiota, pois ele nunca tinha tido de se comunicar com os outros de outro modo e a perda foi grande. Então, ele aprendeu a falar com a boca, com palavras. Antes, isto não era necessário.

Esta história me pareceu familiar. Talvez tenha sido a origem da história da Torre de Babel e do que ela significava. A perda dos poderes telepáticos por causa de abusos.

*D: Antes da perda dessa habilidade, eles podiam se comunicar com outras pessoas a longas distâncias?*
S: Sim, como se estivessem ali com você. Ela foi retirada porque o homem se tornou arrogante e estava fazendo muitas coisas que não... ele estava subvertendo a lei da natureza. E assim, causou grande destruição. E aquilo foi perdido. Dizem que a própria Terra explodiu, como se estivesse expulsando o homem de sua superfície.

Fiquei pensando se essa catástrofe teria sido a mesma mencionada antes por Suddi, relacionada com a peregrinação dos kaloo.

S: Não sei. Sabe, nosso conhecimento chega a nós em pedaços, fragmentos e fiapos, e precisamos juntar tudo e dizer, "Bem, o que é isto?" E nem todos os pedaços estão inteiros. E é isso que estamos tentando fazer. Estamos tentando deixar tudo inteiro e juntar tudo.
*D: Reunir todas as peças para ver se consegue obter a história completa. É por isso que estou interessada. Sabe, quando os livros passam de uma língua para outra, muitas coisas são adicionadas e removidas.*
S: Às vezes, é intencional.
*D: É por isso que estamos curiosas, pois nossos livros foram escritos de forma diferente.*
S: Como assim? Esses livros... o que são? Por que seriam muito diferentes, se deveriam ser como a Torá, que é obra de Deus? Por que seriam diferentes?
*D: (Mais uma vez, tive de pensar depressa.) Sabe, na época em que vivo, falam-se diversas línguas. E sempre que mudam alguma coisa de uma língua para outra, as palavras mudam e o significado muda. Em nossa... como você diria...? tradução? Isto significa ler uma coisa em uma língua e...*

S: (Ele me interrompeu) e passá-la para outra, sim, sim. Talvez tenha alguma relação com a pessoa que está escrevendo?
D: *Pode ser. Você compreende porque também há outras línguas em seu tempo.*
S: Sim, as pessoas não falam mais uma única língua. Isto se deve ao grande mal feito pelo homem.
D: *Algumas pessoas do meu lugar têm ideias erradas.*
S: Dizem que cada vez que alguém conta um conto, aumenta um pouco a história.
D: *E quando tornamos a contá-la, cometemos muitos erros. Temos muito a aprender, não?*
S: Parar de aprender é morrer.

## OS VIGILANTES E OS KALOO

Suddi já tinha dito que boa parte dos conhecimentos deles tinham sido transmitidos pelos misteriosos kaloo. Mas eu fiquei curiosa para saber se ele também poderia ter vindo de outras fontes. Era um assunto pelo qual Harriet tinha grande interesse. Levando em conta as reservas com que Suddi tratava certos aspectos da comunidade, havia a possibilidade de não obtermos mais informações, mas achei que valeria a pena tentar.

Estávamos conversando com ele já como idoso.

*Harriet: Você e sua comunidade já tiveram contato com seres de outro mundo ou de outro planeta?*
S: Sim.

Foi uma surpresa, pois a pergunta foi um chute no escuro. Quando a mesma pergunta foi feita para o menino Suddi, ele não entendeu como seria possível alguém vir de pontos de luz.

S: São os Vigilantes que observam aquilo que fazemos. Eles estão satisfeitos com nossos esforços para preservar o conhecimento, para trazer a paz.

Suas respostas foram evasivas. Ele disse que eram contatados de diversas maneiras. Às vezes, pessoalmente. Sua cautela tornou a aflorar com vigor quando perguntei se eles visitaram a comunidade. "Não vou falar mais sobre isto! Não é assunto para conversas!"

Sempre que isto acontecia, era inútil prosseguir naquela linha de questionamento. Sua necessidade de proteger sempre suplantavam as respostas de Katie às perguntas. Às vezes, era possível obter respostas usando um fraseado diferente ou contornando totalmente a questão. Mas ele nunca tornaria a falar desse assunto. Pelo menos, não enquanto estava vivo.

Quando um paciente se encontra no estado espiritual, o suposto estado da "morte" entre vidas, consigo obter muitas informações. A maior parte delas será apresentada noutro livro. Aqui, vou apresentar apenas o que for relevante. Enquanto Katie estava nesse estado posterior à morte de Suddi, achei que seria um bom momento para descobrir mais sobre os Vigilantes. Ele nunca foi tão reservado nesse estado. Eu disse que queria tentar descobrir as respostas para coisas das quais ele não tinha permissão para falar porque sua cultura não permitia.

K: Ainda há muitas coisas que não podem ser conhecidas agora.
D: *Que nunca poderão ser conhecidas?*
K: Não, só no presente. Muitos conhecimentos estão sendo obtidos, mas há coisas que também precisam ser protegidas.
D: *Sim, entendo isto. Mas creio que há coisas que são importantes o suficiente para serem transmitidas para outras pessoas.*
K: (Enfático) Mas não cabe a você decidir o que é importante. Porém, se for permitido, eu responderei.

Entendo que ele fosse reservado e sigiloso enquanto estava vivo, pois havia coisas que ele tinha jurado proteger. Mas não esperava encontrar também uma atitude protetora no outro lado.

K: Há mais perigo no conhecimento que todos compartilham neste lado do que nas mãos dos maus no seu lado.
D: *Você já ouviu falar na expressão "os Vigilantes"?*
K: Sim, os Vigilantes são aqueles de fora, de outros mundos, que têm estado aqui desde que existe memória nesta Terra. Eles têm estudado a humanidade como um todo e esperam... Querem nosso sucesso. Eles querem que encontremos o caminho certo. Porém, estarão aqui, caso não o encontremos.

*D: Então, existe vida noutros mundos?*
K: E por que não? Você seria presunçosa a ponto de achar que o universo está dizendo que este é o único ponto onde Deus colocou vida? Que ele criou o firmamento e tudo que existe e resolveu que este planeta diminuto, insignificante, seria o único lugar onde ele queria criar vida? Esta é a ideia mais arrogante que poderia existir.

Depois que se acalmou, pedi-lhe que continuasse a falar dos Vigilantes. Ele falou com muita clareza.

K: Os Vigilantes são imbuídos das melhores intenções. Não querem machucar ninguém. Não estou dizendo que não haja aqueles que não têm a mesma mentalidade. Há outros. Mas os Vigilantes são nossa própria proteção e, por assim dizer, nossa válvula de segurança. Se fôssemos nos destruir completamente, eles tentariam impedir isso por quaisquer meios disponíveis. Pois se destruíssemos esta Terra, não haveria repercussões pelo universo inteiro? Você não pode destruir um corpo e não ter ecos disso... para sempre.

*D: Os Vigilantes chegam a encarnar em algum planeta?*
K: Sim, eles têm assumido formas que seriam consideradas humanas. Fizeram isso várias vezes em nosso mundo. Mas é preciso ser um indivíduo muito especial para percebê-los. Muito aberto a influências, às emanações que vêm deles. Pois as réplicas, digamos, são muito boas. Os seres, as formas que assumem, são réplicas. Eles não são exatamente humanos. Mas também há aqueles que assumem as formas que os humanos considerariam mais normais. Eles têm corpos, sim. Eles não chegam ao ponto de serem apenas seres de energia. Há alguns que são, mas esses não são dos Vigilantes.

*D: Então, eles não nascem num corpo como bebês, tal como os humanos?*
K: Já houve espíritos de Vigilantes que nasceram em corpos, mas eles são tão humanos quanto você, talvez com uma alma mais elevada.

*D: Você mencionou seres de energia, eles são diferentes?*
K: Sim, eles já não necessitam mais de corpos físicos.

Eu já vi a expressão "seres de luz" em muitos livros. Ele disse que poderia ser outra expressão para eles.

K: Alguns deles são almas que nunca saíram do lado de Deus na Formação. Alguns são aqueles que atingiram novamente aquela perfeição. Alguns são de outros mundos que estão além da capacidade de compreensão humana. São tão avançados que olham para nós, humanos, como nós olhamos para uma ameba.
*D: Você acha que chegaremos algum dia a esse grau de desenvolvimento?*
K: (Suspiro) Não se seguirmos os caminhos atuais.
*D: Esses outros também reverenciam Javé?*
K: Todos reverenciam Javé! Deus é todos e todos são Deus!
*D: Os Vigilantes nos ajudam de alguma forma especial?*
K: Se eles influenciam uma pessoa, ela poderia influenciar... até um país. Então, eles fizeram o bem. Cumpriram seu propósito. Dessa maneira, estão ajudando a manter a paz. Ajudando-nos... como direi?... a manter o equilíbrio intacto.
*D: Eles têm espíritos, como você e eu?*
K: Todos os espíritos são a mesma coisa.
*D: Você sabe de que mundos eles vêm?*
K: Eles são de diversos grupos, mas esse não é um conhecimento que eu esteja autorizado a transmitir.

Aparentemente, ele também estava sendo censurado do lado de lá. Contudo, admitiu que eram de nossa galáxia, mas não de nosso próprio sistema solar. Eles têm vigiado a Terra desde que os humanos foram postos nela. Perguntei sobre outras possíveis formas de vida em nosso sistema solar.

K: Sim, há vida diferente da nossa, mas talvez não com as formas que você espera. Alguns são espíritos. Mas há lugares aqui que contém o início da vida.

Tentei levá-lo até o ano 70 d.C. para que ele pudesse chegar a observar e me contar o que aconteceu com Qumran. Acredita-se que ela foi destruída no ano 68 d.C., e eu achei que poderia descobrir seu destino. Porém, quando o levei lá, ele estava no lugar de descanso, tentando esquecer-se de tudo.
  Quando as pessoas vão para o outro lado, geralmente procuram as escolas de lá. Mas se passaram por uma série de vidas particularmente

difíceis e não querem ir à escola dessa vez, elas vão para o lugar de descaso e passam algum tempo lá. Quando a pessoa está lá, parece muito sonolenta e não se comunica. Este lugar também foi mencionado em meu livro Entre a morte e a vida. O espírito quer apenas descansar e dormir, sem ser incomodado sobre coisa alguma. Já encontrei pessoas que ficaram lá por alguns anos e outras que ficaram alguns séculos. Depende de quão agitada foi a vida anterior ou do que estão tentando se esquecer. Lá, o tempo não tem significado, assim como o tempo que passam na escola. Mas quando estão no lugar de descanso, é inútil fazer-lhes perguntas.

Por isso, tentei uma tática diferente desta vez, pois estava curiosa para saber o que teria acontecido com Qumran. Levei Katie a um momento anterior à sua ida para o descanso. Às vezes, quando a pessoa vai para o lado de lá, consegue ver eventos futuros, caso deseje. Quem sabe, ela poderia antever as coisas para mim.

*D: Do seu ponto de vista, você será capaz de ver muitas coisas que vão acontecer. Você esteve intimamente envolvida com a comunidade durante muito tempo. Será que você pode ver o que vai acontecer com Qumran?*
K: Muitos serão mortos, ela será tomada pelos romanos e saqueada. Pois sua necessidade já passou.
*D: Os essênios sabem que isso vai acontecer?*
K: Sim, e escolheram ficar. A difusão dos conhecimentos começou há muitas gerações. Muitos dos conhecimentos foram ocultados. Os conhecimentos que não devem cair nas mãos erradas enquanto não chegar o momento de serem encontrados, mais tarde. Então, serão desenterrados quando for a hora de se tornarem conhecidos.

Isso aconteceu quando os manuscritos foram encontrados em diversas cavernas. Literalmente "desenterrados", como ele disse que seriam. Mas, e as outras coisas importantes que não foram encontradas? os misteriosos objetos da biblioteca, como o modelo, as lunetas e o cristal? Ele disse que possivelmente o modelo foi levado e escondido, mas não tinha certeza.

Imagino que se alguém chegou a encontrá-lo, não saberia para que servia. Aparentemente, eram apenas varetas e esferas de bronze. Deve ter sido uma decisão dificílima desmontar o modelo, pois sabiam que se o fizessem, ninguém saberia como tornar a acioná-lo. Porém, deve ter sido melhor escondê-lo do que vê-lo cair nas mãos dos romanos. Esta era uma das coisas que eles haviam jurado proteger, desde que os kaloo o deram a eles, éons atrás. Todas essas decisões devem ter sido muito difíceis, pois sabiam que estavam chegando ao final de uma era, que estavam fechando uma porta. A única solução em que puderam pensar foi esconder os objetos valiosos na esperança de que, algum dia, em algum lugar, alguém iria encontrá-los e conseguiria entender coisas que foram tão preciosas para eles. Eles deviam saber que estavam correndo o risco de ver o tempo, os elementos e os saqueadores cobrarem seu preço.

Quando lhe perguntei sobre o cristal, subitamente o corpo de Katie começou a sacudir descontroladamente. Não entendi essa reação física, mas ele disse, "Ele se foi! Foi levado. Não está na área. Foi posto noutra fonte de luz". Na época, nem pensei em lhe perguntar o que ele quis dizer com isso, mas agora fico imaginando se ele poderia ter sido levado para outro planeta. Perguntei-lhe porque a pergunta o havia incomodado. Ele fez uma pausa, como se estivesse ouvindo alguém falar.

K: Eles dizem que não chegou a hora para isso.
D: *Bem, eu gostaria de dar um palpite. Você acha que os Vigilantes podem vir e ajudar a levar embora algumas coisas?*
K: É possível.
D: *Sim, essa seria uma maneira dessas coisas nunca mais serem encontradas. Se todas foram embora, no futuro as pessoas nunca saberão como a comunidade foi tão avançada.*
K: Saberão quando o mundo estiver pronto para ouvir isso.
D: *Depois da destruição de Qumran, haverá sobreviventes?*
K: Sim, eles irão para outro lugar. Alguns vão sobreviver com conhecimento. Outros sobreviverão apenas com lembranças que serão reavivadas quando for necessário.

Fiquei pensando se ele estaria se referindo ao tipo de lembranças que estávamos recordando com nosso experimento.

Mudei meu questionamento para ver se conseguia descobrir mais alguma coisa sobre os misteriosos kaloo.

K: São aqueles que você imagina. São daquela região que você chamaria de "Atlântida" em sua época. Parte da diferença de nome se deve ao fato de que quando as pessoas falam daquela que hoje é chamada Atlântida, não percebem que, em vez de ser uma coisa só, ela era formada por muitos governos, muitos países naquele continente. Os kaloo não eram todo o povo. Eram parte dele.

*D: Sabe o que aconteceu com eles?*

K: Ainda há alguns deles vivos na Terra. São guardiães de alguns dos segredos que estão sendo protegidos. Eles guardam muitas coisas. O conhecimento sobre eles deve tornar a aflorar.

*D: O que aconteceu com seu país?*

K: Houve uma grande destruição, pois não seguiam as leis da natureza. Mas aqueles que eram prudentes sabiam que isso iria acontecer e procuraram proteger os conhecimentos, para que a centelha que era a humanidade não se apagasse.

*D: A catástrofe foi um fenômeno natural?*

K: Combinada com o choro da natureza contra aquilo que a humanidade havia feito com ela.

*D: Enquanto estava vivo, Suddi disse que teria havido uma grande explosão.*

K: Em parte, houve uma explosão, foi parte disso. Eles abusaram do equilíbrio da natureza. Quando você retira muita coisa da natureza e não faz a reposição, causa desequilíbrio, e portanto foi isso que aconteceu. Muitos foram advertidos desde cedo de que isso iria acontecer e deixaram a região. Alguns saíram em naves voadoras e alguns pelo mar, na esperança de que pelo menos alguns deles sobrevivessem.

*D: Haveria um cristal envolvido de algum modo na destruição final? (Outros autores tinham sugerido isso e eu quis conferir.)*

K: Sim, um deles. Havia vários. Parte disso teve a ver com sobrecarga, abuso, orientação errada da energia. Foi tão grande que, em última análise, ela teve de voltar para seu ponto de origem. Para cada ação, há uma reação. Foi isto que eles não levaram em conta.

*D: Suddi me disse que houve uma guerra e que usaram as naves aéreas.*

K: Houve, foi parte do final. Mas a guerra de que ele falou ainda não aconteceu.

Foi um choque que não estávamos esperando. Fez os cabelos da minha nuca arrepiarem. Quando eu estava transcrevendo a fita sobre a guerra, senti-me inquieta. As condições mundiais descritas por

Suddi eram semelhantes demais às nossas. Deu tanto a impressão de que a história se repete que me senti desconfortável. Esta frase só reforçou essa sensação.

D: *Por que Suddi achava que já teria acontecido?*
K: Confusão entre informações.
D: *Ele disse que tudo chega a eles em fragmentos e pedaços. Mas ele comentou sobre naves aéreas do passado.*
K: Havia naves aéreas no passado, sim. Mas a guerra de que ele falou ainda não aconteceu. Por um lado, ele estava falando das belonaves aéreas do passado, que existiram de fato, e, por outro, de uma profecia feita sobre uma que iria existir. Isso é o que acontece quando você tem fragmentos de informação. Aqueles que acham que estão num lugar em que podem conhecer e analisar as coisas, encaixam-nas mal. Ajustam as ideias e por isso acreditam que estão certos.
D: *Não sei se você tem permissão para nos dar esta informação, mas poderia nos dizer quando a guerra vai acontecer?*
K: A guerra de que ele falou, a profecia, o que muitos não entendem é que ela não precisa acontecer. É uma profecia, e as profecias podem ser mudadas. Se um número suficiente de entidades orientar a energia certa nessa direção, então ela não precisa acontecer. Nada está determinado enquanto não acontecer.
D: *Ele disse que os Vigilantes poderiam tentar ajudar.*
K: Eles estão tentando ajudar, mas não podem fazer o trabalho de milhares de pessoas apenas com um punhado deles. Isso precisa brotar do desejo das pessoas de evitar esta catástrofe. Elas precisam estar cientes daquilo que pode acontecer. Elas precisam saber o que aconteceria caso se permitisse que as profecias se cumpram. Se for apresentado corretamente, no mínimo vai alimentar as sementes.
D: *Por que é tão difícil obter informações de Suddi? Se isto é tão importante, ele deveria cooperar mais.*
K: Cada entidade tem sua personalidade em sua época. Por isso, tem hábitos que se tornaram enraizados nela. Se alguém lhe dissesse, tal como você é hoje, para fazer uma coisa contrária a tudo que você aprendeu, você não conseguiria fazê-lo. Portanto, não exija isso dele. Você iria magoá-lo se abusasse de sua confiança.

# SEÇÃO DOIS

# A VIDA DE JESUS

# CAPÍTULO 17
## As Profecias

Este material obtido em regressão poderia ter sido apresentado de diversas maneiras. Na verdade, os incidentes da vida de Cristo foram dispersados ao longo dos três meses em que trabalhamos nisto. Eu poderia tê-los deixado no contexto, escrevendo a vida de Suddi em ordem cronológica. Mas achei que a história de Jesus ficaria diluída, perdida em meio à tremenda riqueza de material. Achei que a vida de Cristo é importante demais para permitir isso. Acho que ela deve ser destacada, e por isso resolvi combinar todo esse material numa única seção.

Sozinho, ele teria dado um livro, mas neste caso não teria a base que procurei apresentar. Eu quis mostrar como era a vida naquela comunidade desolada e deixar o leitor conhecer a personalidade e a sabedoria de um dos essênios. Assim, com a vida de Jesus apresentada contra este pano de fundo, podemos ter uma ideia melhor do ambiente no qual ele viveu e estudou, vendo algumas das crenças e conhecimentos aos quais foi exposto na época mais vulnerável de sua vida. Desta maneira, as partes faltantes de sua vida assumem nova ênfase. Só assim ele pode ser visto sob uma nova luz. Espero que assim ele seja compreendido como o grande ser humano que foi.

Já foi mostrado, nos capítulos anteriores, que algumas das crenças e rituais cristãos vêm diretamente dos essênios, especialmente o rito do batismo e a passagem do cálice. Quando os Manuscritos do Mar Morto foram traduzidos, esses dois rituais foram mencionados como parte da vida cotidiana dos essênios. Muitos autores comentaram sobre isso após estudarem as traduções. A semelhança entre esses fatos e aquilo que Katie relembrou me surpreendeu, e foi uma coisa da qual eu nunca teria suspeitado. Novamente, fiquei surpresa pela precisão que ela mostrou ao reviver a vida de Suddi.

Em seu livro, Ginsburg diz que quando o essênio progredia nos diversos estágios de desenvolvimento da comunidade, acabava atingindo o nível mais elevado que poderia atingir. "Nesse ponto, ele se tornava o templo do Espírito Santo e podia profetizar. Acima de todas as coisas, o dom da profecia era considerado o fruto mais elevado da sabedoria e da piedade. Depois, ele tornava a avançar até aquele estágio no qual conseguia realizar curas milagrosas e ressuscitar os mortos".

Creio que este trecho deixa poucas dúvidas sobre onde Jesus aprendeu essas habilidades. Para mim, dá a impressão de que elas seriam ensinadas pelo Mestre dos Mistérios. Suddi, que aprendeu principalmente sobre a Torá, a Lei, teve pouco aprendizado noutras áreas. Mas Jesus precisou aprender tudo com todos os diversos mestres.

Os manuscritos ainda estão sendo estudados hoje, mas os relatos cessaram logo depois do início das traduções. Por quê? O que teriam descoberto nesses textos antigos que não quiseram que o mundo soubesse? Descobriram as mesmas coisas que eu descobri? Ficaram com medo de que o mundo cristão ficasse chocado com a descoberta de que o cristianismo não foi criado pelo ministério de Jesus e sim pelos ensinamentos desses homens e mulheres que parecem ter se anulado para dedicar a vida a amar a humanidade e a preservar o conhecimento para as gerações futuras? Não fui a primeira a apresentar esta ideia. Fiquei surpresa ao saber que outros autores chegaram à mesma conclusão depois de examinar os indícios.

Um dos primeiros foi o reitor Prideaux, que escreveu The Old and New Testaments Connected ("O Antigo e o Novo Testamento conectados") no século 17. Ele disse que, em sua época, as pessoas inferiram da semelhança entre a religião cristã e os documentos dos essênios, que Cristo e seus seguidores não eram mais do que uma seita derivada do essenismo.

Em 1863, Graetz escreveu, em sua segunda edição do terceiro volume de History of the Jews ("História dos judeus"), que Jesus simplesmente se apropriou das características essenciais do movimento essênio, e que o cristianismo primitivo nada era senão um desdobramento desse movimento.

Uma vez mais, cito o livro de Ginsburg de 1864: "Aqueles que se denominam os verdadeiros cristãos evangélicos estão muito ansiosos para destruir qualquer aparência de afinidade entre o essenismo e o cristianismo, para que não se diga que um deu origem ao outro".

Cada vez mais, os autores de livros sobre os Manuscritos do Mar Morto apresentam essa ideia de que a conexão é muito evidente e muito real. Um autor declarou que a maioria dos teólogos sabe disso e que só os leigos a ignoram.

A edição de dezembro de 1958 da revista National Geographic apresentou um artigo profundo sobre a descoberta e as traduções dos Manuscritos do Mar Morto. Cito-o: "Certos paralelos notáveis existem entre as crenças e práticas dos essênios e aquelas dos primeiros cristãos... Estudiosos de todas as religiões reconhecem esses paralelos. São fatos".

Todavia, tudo que se conhece sobre esse grupo maravilhoso foi obtido através dos escritores antigos e das escavações de Qumran. Espero que aquilo que descobri abra outra porta e permita, pela primeira vez, um vislumbre de seu modo de vida e de suas crenças. Um vislumbre que seria impossível de se obter por meio das escavações e datação dos vestígios e artefatos encontrados numa ruína silenciosa. Espero que os cientistas usem este livro como uma ferramenta valiosa para se compreender essas pessoas misteriosas e a associação entre Jesus e eles. Quem sabe, finalmente, a história completa tenha sido revelada e Jesus emerja ainda mais maravilhoso e glorioso do que antes. Podemos apreciá-lo como um ser humano vivo e que respira, tal como foi visto pelos olhos de um de seus amorosos professores.

*D: Você disse que passou algum tempo com as definições das profecias. Pode explicar o que significa isso?*
S: Ao longo da Torá, foram apresentadas muitas profecias. Mais da metade delas fala de seu nascimento. Dizem que o Messias está vindo. Para nós, é preciso saber quando e mostrar que podemos conhecê-lo. Cabe a nós manter este conhecimento para que no futuro ele possa ser compartilhado com outros que obtiveram sua compreensão. Estamos estudando como isso... dizem que ele virá de determinada Casa. Ele será da minha casa. Ele será da Casa de Davi. E nascerá na cidade de Davi, que é Belém. Dizem que ele será desprezado pelos outros porque ele vem de Nazaré. E nada de bom sai de Nazaré.

*D: Por quê? O que há de errado com Nazaré?*
S: Em certa época, o lugar era adequado para assassinos e vagabundos. Dizem que nada de bom sai de lá.

*D: Então, por que você acha que ele virá de lá?*
S: Porque as profecias dizem isso.

*D: Suas profecias dizem quando isso vai acontecer?*
S: Dizem que em breve, muito em breve.
*D: Ele vai nascer ou vai aparecer, apenas?*
S: Ele nascerá de uma mulher.
*D: Sabe-se alguma coisa sobre os pais?*
S: Dizem que eles a conhecerão quando a virem.
*D: E o pai?*
S: Só que ele será da tribo de Davi.
*D: Mais alguma coisa que você pode compartilhar conosco?*
S: Dizem que Elias terá de vir antes para abrir o caminho.
*D: O que quer dizer isso?*
S: Ele vai renascer. Ele vai abrir o caminho. Vai dizer a aqueles que estão prestando atenção que o Messias virá.
*D: Você sabe qual será seu novo nome?*
S: Não sei.
*D: E o Messias será a reencarnação de quem?*
S: Ele é Moisés ou Adão, são o mesmo.
*D: Pode me dizer há quanto tempo a seita essênia está aqui? Há quanto tempo ela se formou?*
S: Dizem que os primeiros não eram judeus, eram conhecidos como os homens de Ur. Foi num passado remoto. Eles trouxeram o conhecimento de algumas das profecias e o símbolo da cruz.
*D: Este é um dos símbolos usados pelos essênios?*
S: Sim.
*D: Como é essa cruz? Já vi várias, todas com formas diferentes.*
S: Ela tem dois braços curtos, um laço à guisa de cabeça e a parte de baixo.
*D: Algumas cruzes têm os braços do mesmo tamanho.*
S: Esta não. (Pareceu-me ser o ankh, o símbolo egípcio da vida.)
*D: O que ela simboliza?*
S: É o símbolo da salvação.
*D: Pode explicar isso?*
S: Dizem que ele será entendido quando as profecias tiverem se cumprido.
*D: Para mim, salvação indica ser salvo de alguma coisa. O quê ou quem deve ser salvo?*
S: De algum modo, está relacionado com o destino do Messias. Não tenho certeza disto.

# CAPÍTULO 18
## A Estrela de Belém

Já houve muitas discussões e controvérsias sobre a Estrela de Belém. Muitos acham que ela nunca existiu, que foi apenas um mito ou uma lenda. Outros acreditam que pode ter sido uma conjunção extremamente rara de estrelas ou planetas. Dá-se uma conjunção quando dois ou mais planetas cruzam seus caminhos no céu, dando a impressão, para nosso ponto de vista na Terra, que se fundiram numa única grande estrela. Isto já aconteceu muitas vezes através da história, mas raramente com a magnitude descrita na Bíblia. Segundo Werner Keller em seu livro E a Bíblia tinha razão, muitos especialistas situam a ocorrência em 7 a.c., quando uma conjunção entre Saturno e Júpiter foi observada na constelação de Peixes. Os registros chineses também se referem a uma nova (clarão súbito de luz de uma estrela distante que explodiu e que pode levar milhões de anos para chegar até nós) muito brilhante vista em 6 a.C.

Além disso, há registros antigos de cometas brilhantes aparecendo na área do Mediterrâneo nessa época: o Cometa de Halley, por exemplo, visitou-nos em 12 a.C. Muitas, muitas explicações foram apresentadas, até a sugestão de que a estrela tenha sido uma nave espacial alienígena. Sabe-se que Jesus não nasceu no ano 1 d.C., no início do calendário cristão, por conta de muitas imprecisões no antigo sistema de datação. A única coisa certa em toda essa controvérsia é que ninguém tem certeza do que foi a Estrela de Belém e nem de quando ela ocorreu.

Certamente, eu não estava pensando em nada disso, e essa era a última coisa que eu esperava que viesse à tona enquanto trabalhei com Katie. Este episódio aconteceu durante nossa primeira sessão, quando tínhamos acabado de conhecer Suddi e eu estava tentando descobrir mais sobre quem ele era. Senti-me extremamente honrada por termos podido participar desse evento tão glorioso. Tinha apenas pedido a ele para avançar até um dia importante de sua vida. É uma instrução rotineira que visa impedir que o paciente se detenha nessas coisas monótonas e mundanas que compõem a vida de todo mundo. Avançar até um dia importante é um modo de levar a história de sua vida para a frente. Aquilo que é importante para uma pessoa não é necessariamente importante para outra, e isso aumenta a validade do relato. Por isso, era a última coisa que eu esperava quando lhe pedi para ir até um dia que ele considerava importante, posicionei-o lá e perguntei o que ele estava fazendo.

Ele disse que estava com seu pai e que estavam observando as estrelas. Não era uma coisa incomum de se fazer, mas havia alguma coisa diferente em sua voz. Uma empolgação discreta, uma sensação de encanto e reverência que me alertou para o fato de que aquela não era uma noite normal.

Ele respirou fundo diversas vezes e disse, "Isto é o começo de tudo. Ser capaz de ver isso pessoalmente. É tudo que eu poderia pedir. Saber que a profecia está sendo cumprida". Katie (como Suddi) juntou as mãos à sua frente e seu corpo parecer ganhar vida com a empolgação. Suddi prosseguiu, "Esta noite, os quatro se juntam".

Ver Capítulo 3. O pai de Suddi havia lhe dito que um sinal seria visto no céu quando o Messias estivesse chegando. "Dizem que dos quatro cantos, estrelas se levantarão juntas e, quando se encontrarem, será o momento de seu nascimento".

Havia muitos essênios com Suddi e eles estavam observando tudo desde o "ponto de espera das colinas", que provavelmente ficava acima de Qumran. Ele mal conseguiu conter sua empolgação, "Nunca, nem em minhas expectativas mais alucinantes!" Sua voz continha tanta reverência que era quase um sussurro. Pedi-lhe para descrever o que ele estava vendo.

S: É como se os céus tivessem se aberto e toda a luz estivesse brilhando sobre nós. É como o sol do dia! É tão brilhante! Elas estão... elas se encontrarão. Ainda não o fizeram, de modo que é maior do que será.

Ele formou um grande aro unindo os polegares e indicadores para mostrar a aparência das estrelas enquanto se moviam para se fundir. Estava claro que ele estava vendo alguma coisa muito incomum.

Sua excitação era contagiosa, e sua voz me deu arrepios. Esta foi apenas uma dentre as muitas vezes em que desejei poder ver aquilo que ele estava vendo, mas teríamos de nos contentar com a segunda opção: a descrição de Suddi como testemunha ocular. Ao que parece, quatro estrelas estavam se reunindo num só ponto.

S: E dizem que quando elas ficarem como se fossem uma só, nesse momento ele vai respirar pela primeira vez.
D: Você sabe onde ele vai nascer?
S: Ele está em Belém. É uma das profecias.
D: Qual a reação das outras pessoas que estão com você?
S: Todos estão radiantes. Ninguém consegue se conter. Estão alegres, e... a energia está toda à nossa volta. É como se o mundo todo prendesse a respiração, aguardando.

Sua voz vibrava de emoção. Para mim, não havia dúvidas de que ele estava testemunhando alguma coisa extremamente fora do comum.

D: O que você planeja fazer? Vai tentar encontrar o Messias?

Presumi, naturalmente, que qualquer um que tivesse conhecimento do significado desse estranho fenômeno astral nessa época iria querer visitá-lo. Seria um avanço e tanto conseguir essa história. Na época, não sabia que depois teria muito tempo para conhecer o Messias.

S: Não vamos. Eles é que virão.
D: As profecias dizem quem irá descobri-lo?
S: Dizem que ele será encontrado por outros, que depois irão embora.
D: Então, você não vai a Belém para tentar encontrá-lo?
S: Não, pois teremos anos sombrios em breve. Depois, ele deverá vir até nós. Devemos estar preparados para ele.
D: Foi profetizado que ele viria ao seu povo?
S: Sim, isso é sabido.
D: Ele vai aprender com seu povo?
S: Não que ele vá aprender conosco; ele vai despertar para aquilo que está em seu íntimo.
D: E vocês têm capacidade para ajudá-lo a despertar?
S: O que podemos fazer é tentar.

Esta foi a primeira indicação de que Suddi poderia ser capaz de nos fornecer informações sobre Jesus em primeira mão. Percebi plenamente a importância disto e resolvi segui-lo onde quer que fosse. Ela estava respirando fundo enquanto Suddi observava as estrelas que se reuniriam. Perguntei se ele sabia em que época do ano estavam.

S: É o começo do ano. O ano... acabou de começar.

É interessante fazer uma conjectura sobre aquilo a que ele se referiu, talvez Rosh Hashanah (ou "Rosh Shofar", como ele o chamou), o começo do Ano Novo judaico, que agora acontece no outono. Os especialistas dizem que houve três conjunções entre Saturno e Júpiter no ano 7 a.C., e, levando em conta muitas outras variáveis, acreditam que a Estrela pode ter sido a conjunção havida em 3 de outubro, pouco depois do começo do ano novo deles. Naturalmente, quando eu estava fazendo essas perguntas, não tinha nenhuma ideia de que seu ano era diferente do nosso, e perguntei se foi durante a estação que chamamos de primavera. Ele respondeu, "Sim, a estação do crescimento está chegando".

D: *Qual é o ano de Herodes?*
S: Creio que é o vigésimo sétimo, eu não...

Ele me deu a impressão de que gostaria que parássemos de falar e fôssemos embora, deixando-o sozinho. Ele estava tão envolvido com aquilo que observava que pareceu incomodado com minhas perguntas. Ele mostrou sua impaciência. "Não percebe? É tão... lindo!" Suas palavras continham muita emoção. Ele pareceu surpreso por não podermos perceber isso.

D: *Vocês vão fazer alguma coisa específica quando as estrelas se encontrarem?*
S: Vamos observar... e prestar-lhe homenagem, pois ele é nosso rei.

Isso poderia levar algum tempo, pois obviamente as estrelas se moviam lentamente, e por isso resolvi acelerar as coisas levando-o adiante até o momento em que as estrelas estavam juntas. Então, perguntei o que ele estava fazendo.

S: Louvamos Javé por ter nos permitido estar aqui. E sabemos que é a grande Ya (?) honra estarmos vivos na época em que todas as profecias estão se cumprindo. Estamos dizendo a ele que nos esforçamos para fazer o melhor e para estarmos preparados. Pois é uma grande honra que estamos recebendo. E embora saibamos que não somos dignos, esperamos corresponder à altura.

Suas mãos estavam entrelaçadas e aquilo que ele disse pareceu-se com uma prece. Pedi-lhe outra descrição das estrelas, agora que as quatro estavam juntas.

S: Há um feixe... é como uma cauda. Ele desce com toda aquela luz. É como um foco que vem diretamente da estrela. E dizem que nesta luz ele vai nascer. (Ou a palavra em inglês não seria born, "nascido", e sim bore, "transportado"? Há uma diferença interessante na definição, gerando especulações.)

Suddi disse que estavam a cerca de oitenta quilômetros de Belém, e por isso não podiam ver o local exato em que o feixe de luz tocava o solo.

D: *Agora que estão todas juntas, a luz está mais intensa?*
S: É como se a maior parte da luz estivesse sendo focalizada. Não está mais dispersa e sim num ponto preciso. Ela tem o brilho aproximado de uma lua cheia bem grande.

Estava me preparando para lhe fazer outra pergunta quando percebi que os lábios de Katie estavam se mexendo silenciosamente, como se estivesse rezando. Dava quase para ver Suddi de joelhos, com as mãos juntas na direção da estrela, rezando com uma imensa e sincera emoção.

D: *Pode falar em voz alta. Gostaríamos de compartilhar este momento com você.*
S: Não! (Enfaticamente) Devo abrir minha alma para os outros? Abro minha alma para Javé.

Fiquei em silêncio e reverência por alguns instantes e deixei-o prosseguir até ele dar a impressão de haver terminado. Não o apressei para ir para outra cena. Deve ter sido um momento tão sublime que eu quis deixá-lo saborear cada segundo dele.

*D: Elias também já nasceu de novo?*
S: Ele também nasceu. Faz alguns meses. Seu pai é conhecido, pois ele é dos nossos.
*Portanto, esta profecia também se cumpriu.* O Novo Testamento tem muitas referências a esta profecia, que confirmam que o povo daquela época aceitou o fato de que João Batista era a reencarnação de Elias. Quando Jesus estava falando de João para a multidão em Mateus 11:10, 14: "Este é aquele a respeito de quem está escrito: Enviarei o meu mensageiro à tua frente; ele preparará o teu caminho diante de ti... E se vocês quiserem aceitar, este é Elias que havia de vir".

Quando o anjo estava dizendo a Zacarias que ele teria um filho chamado João, vemos em Lucas 1:17: "E irá adiante do Senhor, no espírito e no poder de Elias, para fazer voltar o coração dos pais a seus filhos e os desobedientes à sabedoria dos justos, para deixar um povo preparado para o Senhor".

*D: Deve ter sido um momento muito emocionante. Agradeço-lhe sinceramente por compartilhá-lo conosco. Poder ver algo dessa beleza é uma coisa que só acontece uma vez na vida.*
S: É mais do que uma vez na vida, é uma vez na eternidade.
*D: É verdade. E é algo que nunca teríamos podido compartilhar se você não tivesse falado disso conosco.*

Foi uma experiência tão fantástica que achei que Katie certamente preservaria a lembrança ao despertar. Quando a trouxe de volta ao momento presente e a acordei, fiquei um pouco triste por ela não se lembrar daquilo que Suddi vira. Senti-me muito tentada a sugerir que ela evocasse esta recordação. Porém, no começo de nosso trabalho juntas, tínhamos decidido que seria aconselhável deixar que essas experiências ficassem no passado, que é o lugar delas. Dá para imaginar como seria confuso para sua vida atual levar consigo as memórias conscientes de tantas vidas diferentes? Creio que seria extremamente difícil dar continuidade aos afazeres da vida cotidiana. Em alguns casos, Katie disse que se recordou de lampejos rápidos de algumas cenas. Mas seriam como fragmentos de sonhos que se esmaecem logo que acordamos de uma noite de sono, algo que todos nós vivenciamos.

# CAPÍTULO 19
## Os Magos e o Bebê

Avançamos pela vida de Suddi e chegamos a um momento em que ele estava visitando seus primos em Nazaré. Ele estava sentado na praça, observando as crianças brincando na fonte. Eu quis lhe fazer mais perguntas sobre o fenômeno da Estrela de Belém na esperança de compreendê-lo melhor. Tive ainda a esperança de obter mais informações sobre o nascimento de Jesus.

*D: Antes, quando conversamos, você disse que conhecia todas as profecias sobre a vinda do Messias e que estavam esperando por ele. Por que o Messias é tão importante?*
S: Ele é importante porque é quem vai trazer a luz ao mundo. Ele vai falar e vai dar esperança a aqueles que não a têm. Vai mostrar a nós e aos outros como podemos conquistar nossas almas.
*D: Então, ele será uma pessoa muito especial.*
S: Ele é uma pessoa muito especial, embora ainda seja uma criança.
*D: Você já o viu?*
S: Uma vez, quando seus pais nos procuraram e pediram ajuda. Eles sabiam dos planos de Herodes e tiveram de fugir. Eles ficaram abrigados conosco durante muitos dias, enquanto as coisas eram reunidas para que eles pudessem viajar em segurança.
*D: Você sabe qual era o plano de Herodes?*
S: Mandar matar todas as crianças nascidas num período de dois anos. Fora dito que o Messias tinha nascido e ele achou que assim iria capturá-lo em sua rede para livrar-se dessa preocupação.
*D: Como Herodes ficou sabendo que o Messias tinha nascido?*
S: Quando os magos vieram, pararam no palácio. Pensaram, equivocadamente, que se um rei fosse nascer, certamente nasceria no palácio real. Conversaram com Herodes e este ficou sabendo por meio deles que o Messias havia nascido e que seria chamado Rei dos Judeus. E Herodes não gostou disto. Assim, depois que os reis magos saíram, ele ordenou que seu édito fosse cumprido. Pois

se havia nascido um Rei dos Judeus, então, como ele era conhecido como Rei dos Judeus, ele não seria mais o rei.

*D: Imagino que se os magos soubessem disso, provavelmente não teriam ido ao palácio.*

S: (Suspiro) Era seu destino. Não estava escrito que isso iria acontecer? Fora predito há muitos e muitos anos, e portanto todos sabiam disso e deveriam estar preparados para isso. Estavam seguindo seu destino, assim como todos devem seguir os seus.

*D: Algumas pessoas disseram que quando os reis magos foram ver Herodes, um longo tempo havia se passado após o nascimento do Messias.*

S: Não, pois quando os magos vieram até o Messias, ele ainda estava no lugar onde nascera. Ainda não havia saído de lá.

*D: Sabe quantos eram os magos?*

S: Eram três. Eram homens de Ur.

*D: Não é uma cidade da Babilônia?*

S: Barchavia (fonético.) É outro nome daquela que você chama de Babilônia. Ur refere-se mais a um povo do que a um país ou lugar. Eles eram de Ur. São descendentes destes.

*D: Entendi. Ouvi muitas histórias diferentes. Se você estava lá, sabe a verdade.*

S: Eu não estava com eles quando conversaram com Herodes. Mas ouvi falar disto e sei que é verdade.

*D: Como os magos souberam que deveriam viajar?*

S: Isso foi predito nos céus. Foi a reunião dos planetas e das estrelas, e eles usaram isto para guiá-los. Viram a estrela e sabiam o que ela representava.

*D: Certa vez, quando conversamos, você disse que viu a estrela na noite em que o Messias nasceu.*

S: (Emocionado) Sim.

*D: Você acha que os magos viram a mesma estrela?*

S: Todos viram a mesma estrela!

Tentei descobrir, se possível, quais eram os corpos celestes envolvidos na formação da Estrela de Belém. Achei que talvez ele conhecesse os nomes desses corpos.

S: Há nomes diferentes para eles, e as diversas... (ele procurou a palavra certa) constelações têm nomes. O fato de terem esses nomes é mais importante do que se fossem estrelas isoladas com certos nomes. Dizem que cada uma das estrelas que se juntaram tinha um nome, mas não os conheço. Não é minha melhor área de estudos.

D: *Eram estrelas que estão normalmente no céu?*

S: Sim. A diferença é que se juntaram. Que seus caminhos no céu se cruzaram, por assim dizer.

D: *Algumas pessoas disseram que pode ter sido uma estrela estranha, nunca vista antes no firmamento (referência a uma possível nova).*

S: Não foi uma estrela criada naquela ocasião para isso. Muitos tentam explicá-la de diversas maneiras diferentes. Tentaram dizer que foi um aviso dos deuses de que Roma estava prestes a cair. Que era um cometa. Disseram que havia pontos de luz nos quais o céu se abriu e brilhou. Deram muitas explicações para ela. Mas Deus mostrou que era seu filho e nos deu uma maneira de saber disso.

Há muitas pessoas que dizem que essas coisas são impossíveis, e todas as coisas são impossíveis sem fé. Mas quando a pessoa acredita, todas as coisas são possíveis. Não tenho como duvidar disto, pois a vi com meus próprios olhos. Tudo que sei é que quando elas se reuniram, a luz foi forte o suficiente para projetar sombras. E foi forte o suficiente para não conseguirmos ficar olhando para ela por muito tempo. Era algo que nunca tinha sido visto na memória conhecida das pessoas que nasceram antes. Quem sou eu para julgar a maneira como Deus faz as coisas? Os magos – dizem que teria havido um quarto deles. Dizem que cada um dos magos acompanhou uma estrela e se encontraram naquele ponto.

D: *Você está dizendo que eles não se encontraram antes de chegar à região de Belém?*

S: Estavam, no mínimo, dentro de uma curta distância de viagem. Os magos se encontraram quase no momento em que as estrelas se reuniram. Vieram de várias direções. E dizem que um deles não chegou, pois havia um para cada estrela.

D: *Eles sabem o que pode ter acontecido com o quarto mago?*

S: Se sabem, isto eu não sei.

D: *Acham que teriam vindo de quatro países diferentes?*

S: Podemos dizer que vieram de terras muito distantes, sim, quatro pontos de origem diferentes.

*D: Sabe que países eram?*
S: Não, isso não foi dito.
*D: As pessoas dizem que se os magos vissem a estrela desde países distantes, seria difícil ver a mesma estrela, e quando chegassem em Belém, a estrela teria desaparecido.*

Esse foi um dos argumentos. Se a estrela fosse uma única luz brilhante, não poderia ter sido vista por causa da curvatura da Terra.

S: Isso é verdade. As histórias aumentam a cada novo relato. Mas eles acompanharam as estrelas que estavam se aproximando, pois sabiam o que iria acontecer. Eles ficaram aguardando esse acontecimento por séculos e séculos. Quando aquelas estrelas se tornaram uma só, esta foi vista... em toda parte.
*D: Os magos também deveriam conhecer as profecias, ou, no mínimo, sabiam ler as estrelas.*
S: Dizem que foram os homens de Ur que nos deram muitas de nossas profecias. Eles também nos deram Abraão.

A estrela combinada originalmente ficou extremamente brilhante naquela noite e pôde ser vista no céu por quase um mês depois disso, mas a luz não pôde mais ser vista durante o dia.

S: Foi apenas um foco durante uma noite. Foi... como explicar? A luz não foi mais a mesma. Foi como se depois que se reuniram, estivessem se separando e seguindo seus caminhos, ficando cada vez menos brilhantes. Sim, deve ter levado um mês, mais ou menos, até a luz se apagar totalmente.

Volta e meia, as pessoas se perguntam porque Herodes teria ordenado que todas as crianças do sexo masculino com dois anos ou menos fossem mortas. Alguns dizem que isso prova que os magos levaram todo esse tempo para viajar de seus países até Belém. Mas, segundo a versão de Suddi, isso não teria sido verdade. Ele disse que os magos encontraram o bebê enquanto ele ainda estava em seu local de nascimento.

Entendo que a Bíblia esteja aberta a muitas interpretações, mas creio que Herodes esperou um pouco para que os reis magos voltassem a ele com informações sobre o paradeiro daquela criança.

Depois, acho que ele deve ter mandado soldados para encontrá-los. Tudo isso teria levado tempo. Quando ele descobriu que os magos haviam deixado o país, proclamou irado que todas as crianças com dois anos ou menos deveriam ser incluídas para que a Criança não "escapasse de sua rede".

*D: Como você chama o Messias?*
S: (Ele hesitou.) Nós não o chamamos.
*D: Ele ainda não tem nome?*
S: Ele tem nome, mas dizer seu nome é como sentenciá-lo à morte e ele precisa ser protegido.

Eu não esperava isso. Aparentemente, se as pessoas soubessem seu nome, este poderia chegar aos ouvidos de Herodes ou de seus soldados, e eles então saberiam quem deveriam procurar. Ao que parece, Herodes se sentiria seguro de tê-lo matado em sua matança das crianças e não teria mais que se preocupar com ele. Mas os essênios achavam que ele deveria se manter anônimo até chegar a hora de revelar sua identidade. Esta cautela poderia ser um problema para minha coleta de informações. Perguntei-lhe se ele teria ouvido alguma história sobre seu nascimento, na esperança de obter alguma coisa parecida com a versão da Bíblia.

S: Conhecemos a história de seu nascimento. Ele nasceu em Belém, e isto é tudo que se precisa saber. Ele cumpriu a profecia. Num momento posterior, ele vai tornar a cumprir outra profecia na qual se saberá como ele se sai. E haverá descrença sobre isto. Mas seria tolice dizer mais.

Aparentemente, ele estava se referindo à profecia que tinha mencionado antes, ou seja, nada de bom sai de Nazaré. Tentei continuar a pressionar para obter mais informações e achei que Suddi poderia ter ouvido falar da Virgem Maria. Certamente, ele não iria colocar o Messias em perigo se me dissesse se houve acontecimentos incomuns relacionados com seu nascimento.

S: Ele nasceu numa caverna, se é que isto deve ser considerado incomum.

Isso pareceu estranho, mas há muitas referências nos Livros perdidos da Bíblia dizendo que o local de nascimento de Jesus foi uma caverna. A antiga Igreja da Natividade, em Belém, foi construída em cima da gruta ou caverna sagrada que é reconhecida como o suposto local de nascimento. Naquela época, as cavernas também eram usadas como estábulos.

S: Há muitas histórias sobre seu nascimento. Haverá muitas mais nos próximos anos. Mas isso deve ser conhecido num momento futuro. Saber exatamente onde ele nasceu equivaleria a dizer os nomes de seus pais. As pessoas podem ser localizadas. Você pode procurar por elas e, se souber o suficiente a seu respeito, vai encontrá-las.

Naturalmente, isso fazia sentido. Eu ainda estava buscando informações quando presumi que, se tivessem procurado os essênios para se esconder, provavelmente nem estariam mais no país. Aparentemente, a coisa mais segura a se fazer seria deixar para trás a terra de seu nascimento. Mas ele só repetiu meu comentário, como um papagaio: "Seria a coisa mais segura". Logo, era óbvio que eu não conseguiria fazê-lo revelar nomes. Quem sabe, a próxima coisa a fazer seria tentar obter uma descrição dos pais.

S: Sua mãe era quase uma criança. Teria uns dezesseis anos, não mais. Com sua beleza e calma, era encantadora. O pai era mais velho, um homem muito piedoso. Amava muito sua esposa: isso podia ser visto até de relance. Eles tinham estado juntos muitas vezes em outras vidas.
D: *Havia alguma coisa incomum no bebê?*
S: (Sua voz revelava grande adoração) Seus lindos olhos. E o fato de ser uma criança muito calma. Ele olha para você e é como se conhecesse todos os segredos do universo e se regozijasse com eles.
D: *Então, ele era diferente das crianças normais?*
S: Como vou saber das crianças normais? (Uma resposta natural: Suddi era solteiro) Todas choram, mamam e precisam de fraldas secas. O que posso dizer? É como se ele observasse tudo... para aprender com as coisas, experimentar tudo de uma só vez.

Presumi que se Suddi o tivesse visto, a experiência teria sido tão emocionante que ele se lembraria de cada detalhe.

*D: Você disse que seus olhos eram lindos. De que cor eram?*
S: Não eram nunca os mesmos. Uma hora eram cinzentos, na outra azuis, talvez verdes. Nunca tínhamos certeza.
*D: E de que cor eram seus cabelos, se é que já os tinha?*
S: Aqueles que ele tinha eram de um tom claro de vermelho, ruivos com tons de areia.

Essa resposta foi estranha, pois não bate com a imagem que as pessoas costumam ter do Menino Jesus. Elas sempre presumem que seus cabelos eram escuros ou, no mínimo, castanhos. Entretanto, essa descrição confere com aquela feita por Taylor Caldwell no livro de Jess Stearn, Search For A Soul ("A procura por uma alma") e os textos de Edgar Cayce sobre Jesus.

Quando o Messias foi até os essênios para ser protegido, ele era um bebezinho, mas Suddi sabia que estava em seu destino tornar a vê-lo. Esta é outra indicação positiva de que poderíamos conseguir mais em sua história.

Mudei de tática e resolvi perguntar sobre João Batista. Talvez ele não fosse tão reservado a seu respeito e assim eu poderia conseguir informações por meio indireto.

*D: Você me falou da profecia da volta de Elias, que teria nascido novamente poucos meses antes do Messias. Você disse que o pai dele era conhecido porque era um de vocês. (Suddi estava assentindo com a cabeça.) Ouvi dizer que seu pai era sacerdote, mas não sei de que religião.*
S: Há sempre as religiões romanas, mas dizem que os romanos acreditam naquilo que é conveniente. Ele era um sacerdote de Deus. Não existe outra religião além desta. Ele não era rabino. Ele servia no templo.

Na verdade, eu não sabia que havia uma diferença entre o templo e a sinagoga. Na Bíblia, há referências a ambos, mas não aprendemos que são lugares diferentes, com funções diferentes. Sempre achei que se referiam ao mesmo lugar. Isto foi visto no Capítulo 5, quando Suddi explicou a diferença.

D: *Pode me dizer o que aconteceu com aquela criança?*
S: O menino e sua mãe estão conosco. Ele corre perigo, pois também se enquadra na categoria que Herodes quer eliminar. Seu pai foi morto. Infelizmente, esse édito foi promulgado logo após a realização do censo e por isso eles conheciam todos os bebês que haviam nascido. Quando chegaram à casa dele, perguntaram, "Onde está seu filho?" Ele lhes disse, "Eu não sei". E eles não acreditaram nele.
D: *O bebê estava lá?*
S: Não. A mãe está muito triste, pois acha que deveria ter sido mais firme com ele, fazendo-o ir com ela. Mas ele falou com ela e disse, não, ele era idoso e iria morrer cumprindo seu dever com Deus. Foi o desejo dele.
D: *Ele sabia aonde ela tinha ido?*
S: Ele sabia com quem ela iria, mas não sabia aonde iam.
D: *Seja como for, provavelmente ele não teria dito.*
S: Não, ele teria morrido, e foi o que aconteceu.

Presumi que a constatação ou anulação dos relatos de Katie estariam na Bíblia, pois é o registro mais completo que temos da vida de Cristo. Mas fiquei surpresa por encontrar muitas lacunas e histórias incompletas nos relatos bíblicos. Um desses casos é o que trata de Zacarias. Ele é mencionado na Bíblia como pai de João, mas a história de seu destino não é. Descobri que a história de seu assassinato está registrada fielmente no The Aquarian Gospel of Jesus the Christ ("Evangelho aquariano de Jesus, o Cristo") e num dos Livros Perdidos da Bíblia, o apócrifo chamado O protoevangelho, supostamente escrito por Tiago.

Quando leio nessas histórias que Isabel tinha fugido com o bebê para as colinas, foi como se uma luz brilhante se acendesse na minha mente. "É claro que ela foi para as colinas", pensei. "Que mulher com um bebê no colo ficaria perambulando pelo deserto? O tempo todo, ela sabia aonde devia ir. Ela se dirigiu para a comunidade essênia nas colinas, onde sabia que estaria em segurança". Foi incrivelmente espantoso ver como a história narrada através de Katie em transe profundo fez tanto sentido e estava elucidando muitas dúvidas que ficaram pendentes na Bíblia.

Até então, Suddi não mencionou nomes; disse apenas que esse bebê era a reencarnação de Elias. Perguntei-lhe se ele sabia o nome do seu pai. Eu disse que queria saber porque considerei-o um homem muito corajoso.

S: A hora para isso ainda não chegou. Não disse que este bebê também estava em perigo? Portanto, dizer o nome de seu pai é dizer o nome do filho.

Uma nota de medo e de sigilo sempre parece aflorar quando me aproximo demais de assuntos proibidos. Havia muitas coisas cuja proteção era uma questão de honra para ele. Eu teria de descobrir maneiras de levá-lo a liberar informações. Essa reserva estava muito entranhada, como foi possível ver nos capítulos anteriores. Mas agora, a proteção do Messias e de João de quaisquer perigos tornara-se quase obsessiva.

D: *Mas eles não são mais bebês, são?*
S: São crianças. Já têm vários anos.
D: *Você disse que esse menino (João) está com vocês. Ele parece diferente das outras crianças?*
S: (Sorrindo) Ele é feroz como um leão. É forte e deixa claro para todos aquilo que está pensando. Os outros não precisam concordar, mas certamente ficam sabendo o que ele pensa.
D: *(Eu ri.) Ele é travesso?*
S: Não, ele é um bom filho. Parece-se muito com seu primo (Jesus). Só que é mais esquentado e lembra a força de seu pai. Seu primo, por sua vez, é mais calmo e discreto.
D: *Os cabelos deles são da mesma cor?*
S: Este é claramente ruivo, seus cabelos são bem vermelhos. Brilham como fogo em sua cabeça.
D: *Alguns pensam que aqueles que vivem no seu país têm pele escura e cabelos pretos.*
S: Aqueles que lhe disseram isso só devem ter conhecido habitantes do sul ou de outra área. Aqueles que vivem aqui (em Nazaré) são, em sua maioria, de pele clara, cabelos claros e olhos claros. Há muitos casamentos com gente do sul. Portanto, essas características estão se perdendo. Há menos crianças com cabelos

ruivos ou loiros. Nascem mais crianças com cabelos castanhos ou pretos.
*D: Bem, sabe me dizer se há outras profecias sobre aquilo que vai acontecer com essa criança, o Messias, em sua vida?*
S: Dizem que ele vai difundir a palavra e que tomará o sofrimento do mundo em seus ombros. E que por meio de seu sofrimento, seremos salvos.

Ouvimos essa expressão, "seremos salvos", a vida toda. Mas fiquei pensando em seu verdadeiro significado, especialmente na época de Suddi. Seríamos salvos de quê?

S. De nós mesmos. Do modo como as coisas estão, do jeito que estão, a pessoa precisa sempre se esforçar para subir um degrau, digamos assim. Mas com a intercessão divina e um pedido de assistência ou de bênção, podemos tornar a subida pela escada mais suave. Não estou explicando isto muito bem. Meu pai sabe explicar isso de maneira bem melhor.
*D: Bem, salvos, subindo a escada... isso está relacionado com a reencarnação, o renascimento?*
S: Renascer, sim. Atingir a perfeição da alma, sim. Dizem que o homem precisa nascer de novo. Isso está em algumas profecias.
*D: Para atingir a perfeição?*
S: Para atingir o céu.
*D: Bem, deixe-me dizer uma coisa que ouvi e você pode me dizer o que pensa sobre isso. Algumas pessoas dizem que quando você é salvo, isto significa que você foi salvo de seus pecados e que não irá para o inferno.*
S: (Interrompendo) Não existe inferno, exceto aquele que você mesma cria. É a imagem que você projeta, que você antevê. Isto sempre foi sabido. Que o sofrimento que ocorre, em sua maior parte, está aqui. Por isso, quando você morre, aquilo que você sofre vem de sua própria necessidade ou desejo de sofrer. Por que Deus, que cria todas as coisas perfeitas, iria criar algo tão horroroso para alguém? Para mim, isto não faz sentido.
*D: Dizem que ele nos manda ao inferno para nos punir.*
S: Ninguém nos pune, exceto nós mesmos! Somos nossos próprios juízes. Não está escrito, "Não julgue para não ser julgado"? Diz,

não julgue os outros, não diz julgar a si mesmo. Você é seu próprio juiz. (Ele pareceu muito enfático ao falar disso.)

D: *Bem, sempre acreditei que Deus era um Deus bom e amoroso. Ele não faria coisas assim, mas nem todos concordam comigo.*

St Mary's Well in Nazareth

legend: Poço de Santa Maria em Nazaré

# CAPÍTULO 20
# Jesus e João: Dois Estudantes em Qumran

Durante outra sessão, encontrei Suddi enquanto ele estava dando aulas. Repito, esta situação não teria sido incomum, mas sua hesitação em responder me alertou, sugerindo que estava acontecendo alguma coisa especial. Senti a mesma reserva que tantas vezes esteve presente. A pergunta era sempre a mesma: como contornar essa vigilância tão entranhada? Ele só admitiu que tinha dois estudantes, e suas respostas cuidadosamente elaboradas sugeriram quem poderiam ser eles. Eu teria de prosseguir com cautela para encontrar as respostas. Pergunteilhe o que ele estava ensinando.

S: Ensino a Lei. (Ele fez uma pausa e sorriu ternamente.) Para mim, isto é muito estranho. Como posso ensinar a Lei a alguém que a conhece melhor do que eu? (Ele riu com delicadeza.)
D: *Você está falando de seus estudantes?*
S: Sim, estou falando de um deles.

Agora, eu sabia com certeza de quem ele estava falando. Mas como poderia fazê-lo admitir isso?

S: Ambos são muito inteligentes. Um tem o temperamento mais impetuoso, e o outro fica sentado olhando para você. Às vezes, você se sente incrivelmente estúpido porque ele faz um comentário e é como se você estivesse vendo aquilo pela primeira vez. Você vê a questão sob nova luz e novos olhos.

Eu lhe disse que estava surpresa e fiquei me perguntando o que uma criança poderia ensinar a um professor.

S: A criança pode ensinar muitas coisas aos adultos. A amar, a ser aberto, a amar os outros sem levar em conta o que ela pode conseguir da outra pessoa.

Pedi-lhe um exemplo de algo que ele lhe tivesse mostrado e Suddi me apresentou o seguinte.

S: Ele é muito observador. Observa tudo como se aprendesse com tudo. Disse que quando a planta cresce, ela sabe onde deve colocar os novos galhos, sabe quando florir e quando produzir sementes. E sabe quando deve fazer essas coisas a partir do nada, digamos. Assim, no coração das coisas, o homem pode conhecê-las a partir do nada, tal como as plantas fazem com as coisas mais básicas. Como o homem é uma criatura mais avançada, ele poderia conhecer coisas mais avançadas do nada, usando-as para orientar sua vida e suas ações. Não vou conseguir dizer isso do modo como ele disse. Ele tem um jeito muito bonito de lidar com as palavras.

D: *Você nunca tinha pensado antes nessas coisas que ele lhe disse?*

S: Não que eu nunca tenha pensado nelas. Mas é como uma brisa de primavera limpando a poeira e as teias de aranha para você poder ver com clareza. Quem sabe, pela primeira vez.

D: *Ele deve ser uma criança incomum. Qual a idade desses seus estudantes?*

S: Ainda não fizeram seus Bar Mitzvás. Eles têm doze anos e meio.

Como eu não conhecia os costumes judeus, achava que o Bar Mitzvá era comemorado quando o menino chegava aos doze anos, mas Suddi disse que era aos treze. Eu queria um pouco mais de informação sobre aquilo que ele estava lhes ensinando. Ao dizer lei, ele estava se referindo à Torá?

S: Ela faz parte da Torá, mas a Lei são aquelas leis que nos foram passadas por Moisés. As coisas que devemos fazer no dia a dia para sermos considerados santificados, seguidores do caminho correto. São parâmetros, digamos. É uma parte da Torá. É apenas umas das seções, por assim dizer.

D: *Pode me falar, em resumo, de algumas das leis mais importantes?*

S: Temos todas as regras alimentares. Temos as leis... claro, os Mandamentos. Como respeitar pai e mãe, observar o sabá como dia santo, não pecar ou cometer adultério, não roubar, não se entregar à luxúria e coisas assim. São parte da Lei. Como tratar as pessoas que trabalham com você. Como você deve lidar com... digamos que o marido morre: de quem a viúva deve se tornar esposa. São leis assim. Tudo que lida com a existência cotidiana está na lei. E há a lei que lida com... digamos, por quanto tempo você pode ter um escravo em sua posse. As leis sobre escravos e libertos e coisas inúteis como essas.

D: *Como assim, coisas inúteis?*
S: Se não temos escravos, por que devemos ter leis sobre eles?

Verdade. Não havia escravos em Qumran. Mas Suddi disse que apesar de serem inúteis, aprender essas coisas fazia parte da tradição. Claro que seriam importantes para alguém que morasse fora dos muros. Pedi-lhe para explicar a lei do escravo e do liberto.

S: Bem, após sete anos, o hebreu não é mais escravo. Você se obriga pela lei a libertar esse escravo, tornando-o liberto. Exceto em algumas circunstâncias. Há algumas diferenças nisso tudo, mas são poucas. É muito complicado e abrangente, mas esta é a base de tudo isso.
D: *As leis essênias são diferentes da Torá?*
S: Você não as considera leis essênias. São leis da natureza. A lei da manifestação. Segundo ela, deseje e saiba que o desejo será satisfeito, e a necessidade será satisfeita. Estas leis são as leis básicas da natureza. Elas também são ensinadas, mas há outras pessoas ensinando-as. Como usar cada parte de nós mesmos, qual é o propósito de nossas vidas. Qual a meta que devemos atingir, em última análise. Essa meta que nos realiza nesta vida.
D: *Essas crenças essênias não são encontradas na Torá?*
S: Não que não estejam lá. As leis estão lá para que todos as vejam. Só que não são objeto de muita atenção.
D: *Bem, para muita gente, são apenas palavras mesmo. Elas não precisam compreender isso.*
S: Mas são palavras do Senhor nosso Deus. Quer dizer, são sagradas, elas precisam... não compreendo como os homens, e são muitos, passam sua existência diária negando a existência de Deus. Sinto muita pena deles, pois estão passando pela vida mais cegos do que

aqueles que nasceram sem olhos. Pois eles fecharam os olhos de suas almas.

Pensei em tentar obter novamente os nomes dos estudantes. Ele hesitou mas acabou respondendo, "São os jovens Ben José e Ben Zacarias". Finalmente, eu tinha vencido a barreira. Ele não percebeu que eu o havia enganado. Ele não me dizia os nomes do Messias e do Preparador do caminho, mas podia revelar os nomes de seus estudantes, pois achou que eu não seria capaz de associar os dois. Ele não tinha como saber que esses nomes bastariam para que eu os identificasse. Ao que parece, "Ben" na frente de um nome significa "filho de", e os nomes José e Zacarias deixaram claro que ele estava falando de Jesus e de João. Ele não tinha como saber que eu conhecia os nomes de seus pais e seria capaz de somar dois e dois. Agora, eu teria nomes para usar e, com isso, superar a barreira de proteção. Ele poderia falar à vontade de seus estudantes sem perceber que estava revelando tudo.

Ele disse que esses eram os nomes de seus pais. Eles tinham dois nomes: "Esse é o seu segundo nome, como você os chamaria". Ele ainda se recusava a me dizer seus primeiros nomes. Mas não havia problema. Ele não percebera que já havia me dito o suficiente.

D: *Esses alunos estudam com você há muito tempo?*
S: Desde que tinham uns oito anos. Sim, faz uns cinco, quatro ou cinco anos.

Agora, eu sabia que podia fazer perguntas sobre Ben José e ele me responderia, sem perceber que eu sabia que Ben José e o Messias eram a mesma pessoa. Este método mostrou-se muito eficiente.

D: *Onde Ben José morou antes de vir até vocês?*
S: Durante algum tempo, ele permaneceu no Egito, e também longe de lá, estudando.
D: *Há quem diga que a criança não consegue pensar sozinha ou aprender alguma coisa quando é jovem assim.*
S: É que elas não são tratadas como se tivessem inteligência, e por isso não precisam mostrar que têm o poder de pensar e de assimilar. Dizem que os primeiros sete anos de vida da criança é que fazem o homem. Ele é um estudante muito incomum. Portanto, sim, eu

diria que eles o ensinaram. Dizem que ele foi visitar muitos lugares distantes com seu primo. Não sei disto, eu não lhe perguntei a respeito. Sinto que não tenho o direito.

*D: Sabe que primo era esse?*
S: Um dos primos de sua mãe. Não tenho certeza, creio que é seu primo. Ele também se chama José.

Fiquei surpresa por saber que sua mãe deixava que ele fosse tão longe, mas Suddi disse que ela também ia com ele nessas viagens.

*D: A mãe dele está morando agora com vocês?*
S: Não, eles moram na casa deles. Em certa época, eles moraram na comunidade, mas eles têm outros filhos para cuidar. E há muitas coisas que precisam ser feitas para a vida cotidiana. Eles acharam que nossos conhecimentos e ensinamentos farão bem ao menino. Eles vêm aqui com frequência para visitá-lo. E ele vai para casa com a mesma frequência. Eles moram em Nazaré. Fica a poucos dias de viagem. Creio que eles vêm aqui uma vez por mês, e ele também vai visitá-los. Portanto, o contato não se rompeu.
*D: A Lei é a única coisa que você ensina a esses meninos?*
S: Sim, mas eles estudam com todos os nossos professores. Aprendem matemática, o estudo das estrelas, o estudo das profecias, os mistérios. Tudo que poderíamos lhes ensinar.
*D: Você diria que eles são bons alunos?*
S: Sim, eu diria que são.

Sempre que falava deles, percebia-se afeto em sua voz. Eles eram os únicos alunos de Suddi. Ele estava dedicando seu tempo exclusivamente a ensiná-los, e portanto os anciões em Qumran devem ter considerado a educação deles um projeto muito importante.

# CAPÍTULO 21
# Jesus e João:
# Concluindo seus estudos

Quando Jesus e João estavam com catorze anos, encontrei Suddi redigindo um certificado para eles. "Eles precisam sair, e este certificado diz que eu lhes dei aulas e os examinei, e para mim eles têm conhecimentos suficientes sobre a Lei para serem considerados formados nela. Bons o suficiente para que possam dar aulas".

Neste momento, peguei um caderno e uma caneta e lhe pedi para que escrevesse para mim um pouco daquilo que ele estava colocando no certificado. Queria, em especial, que ele escrevesse os nomes de seus estudantes. Mas ele disse, "Os estudantes vão escrever seus nomes. O documento precisa ser assinado por eles". Ele abriu os olhos, pegou a caneta e olhou-a com curiosidade. Ele a pegou com a mão direita, embora habitualmente Katie seja canhota. Obviamente, era um objeto estranho para Suddi e ele ficou apertando as extremidades, tentando descobrir que lado deveria usar. Então, escreveu alguma coisa da direita para a esquerda no papel, mas para mim pareceram rabiscos. Perguntei o que era aquilo.

S: Basicamente, escrevi, para alguém a quem isso pode ser importante, que para mim esses estudantes tiraram o primeiro lugar em Lei. O texto continua, mas isso é parte do texto.
D: *Eles foram bons alunos?*
S: Na maior parte do tempo. Tivemos algumas discussões acaloradas, às vezes. Na maior parte, porém, foram ótimas crianças.
D: *Essas discussões se deram entre eles ou com você?*
S: Muitas foram entre os dois.
D: *Eles não concordavam com os ensinamentos?*
S: Não que não concordassem com os ensinamentos. Talvez um não estivesse de acordo com as interpretações (ele teve dificuldade com esta palavra) do outro para os ensinamentos.
D: *E você, chegou a discutir com eles?*

S: Não que eu me lembre. (Ele sorriu.) Ben José nunca precisava discutir. Ele simplesmente olhava para mim. Se ele achasse que você não tinha entendido o ponto de vista dele sobre determinada coisa, mesmo depois de ele repeti-lo várias vezes, ele ficava me olhando com aqueles olhos profundos. Era como se ele estivesse dizendo, "Embora eu saiba que você não entendeu, eu o perdoo mesmo assim ". E isso encerrava o caso. Quem iria discutir?

Durante todos esses anos, eles foram os únicos estudantes de Suddi. "As turmas são bem pequenas para que tenhamos certeza de que os alunos aprenderam tudo que foi ensinado. Se tivéssemos mais, a atenção se dispersaria muito". Suddi não fez tantas viagens quanto antes para Nazaré pois seu trabalho com eles tinha prioridade sobre qualquer outra coisa. Ele não teria mais alunos depois que eles saíssem.

*D: Achei que você precisava ficar dando aulas o tempo todo.*
S: Não, damos um tempo entre estudantes. Podemos ter tempo para estudar, para fazer outras coisas. Chegou a minha vez de sair um pouco. Ver o que está acontecendo no mundo. É hora de... uma pausa. Preciso sair e falar com os outros, para que saibam das grandes coisas que estão acontecendo. E também para dar-lhes esperança e a compreensão de... de suas vidas, talvez, e da razão para as coisas.
*D: Você vai fazer isso visitando as pessoas em suas casas ou falando num lugar público em cada cidade?*
S: Às vezes, ambos. Vamos nos tornar seus professores. Se houver apenas um, então vou ensiná-lo. Se houver vários dispostos a aprender, vou ensiná-los... todos que estiverem dispostos.

A maior parte dos ensinamentos seria transmitida verbalmente, pois "a maioria das pessoas não é capaz de ler um texto ou de fazer algo desta natureza". Isso se parece muito com o que Jesus orientou seus discípulos a fazer no Novo Testamento. Muito provavelmente, a ideia veio dessa prática dos essênios.

*D: Permite-se que as mulheres aprendam com você?*
S: Claro! São assuntos compreendidos pelas mulheres e pelos homens. Por que não?

*D: Porque ouvi dizer que os judeus não permitem sequer que as mulheres entrem nas sinagogas.*
S: Eles têm uma visão muito estreita da existência.
*D: As mulheres essênias saem para ensinar?*
S: Geralmente, elas dão aulas apenas na escola, a menos que devam ir a uma comunidade na qual são aceitas, tal como seriam aqui. É que pode ser mais perigoso para elas darem aulas fora do que seria para mim, digamos.
*D: Você espera encontrar alguma oposição?*
S: Sim. Há pessoas que nunca retornam. Os romanos não vão gostar daquilo que tenho a dizer. As pessoas no poder nem sempre gostam de profetas. Estes não são muito populares. Dar esperanças às massas pode romper seu controle sobre elas. E eles acham que estão perdendo o controle da questão e isso os assusta, e isso é parte do problema.
*D: Para onde você irá ao sair?*
S: Isso ainda não é do meu conhecimento.

Pedi mais informações sobre Jesus, ou Ben José, como Suddi o chamava.

*D: Ben José tem irmãos ou irmãs?*
S: Ele tem – deixe-me pensar – seis irmãos e acho que três irmãs. Ele é o mais velho.
*D: Além de seus estudos, ele foi treinado em algum tipo de trabalho?*
S: Ele é carpinteiro, como o pai dele.
*D: Que tipo de carpintaria se faz em sua comunidade?*
S: Há pessoas que constroem casas. Há aquelas que fazem os móveis de seus interiores. Há aquelas que ajudam a construir os templos. Há vários tipos. Mas aquilo que ele mais faz são móveis, ele faz coisas muito bonitas. Há muitas madeiras disponíveis aqui. E há essas coisas que precisam ser trazidas. Depende do uso que você quer dar. Há madeira para móveis. Esta não seria uma madeira boa para... digamos, para construir um templo, isso não seria feito. Ele seria construído com tijolos ou mármore.
*D: Como você descreveria as personalidades dos dois garotos?*
S: Eles têm personalidades bem diferentes. Ben Zacarias é muito exuberante, é muito animado. Ele está cheio de vida, celebra a vida. Ben José é... ele também desfruta a vida, mas de forma

discreta. É como comparar o lírio de tigre, selvagem, exótico e vistoso, com o lírio, o lírio comum do campo, que é bem discreto e pequeno. Mas, a seu modo, tão belo quanto o exótico lírio de tigre.

Creio ter sido importante essa comparação feita por Suddi, pois Jesus foi chamado muitas vezes de Lírio do Vale. Presumo que fosse o pequeno lírio dos campos a que Suddi se referiu.

D: *Ben José parece ter uma natureza tristonha?*
S: Não, ele é uma criança alegre. Ele se encanta com tudo. É como se ele visse com olhos que acabam de despertar e visse a glória de tudo.
D: *Sabe se ele conhece seu destino?*
S: (Suspiro) Ele tem conhecimento. É uma coisa... ele aceita isso com muita calma. (Suspiro mais profundo) Mas é... como se pode explicar? Talvez ele saiba o que ele vai ser, mas sua atitude é do tipo "Vamos esperar para ver", vivendo, até agora, um dia de cada vez.
D: *Então, saber o que pode acontecer no futuro não o incomoda?*
S: Não sou a consciência dele, não posso dizer se isso realmente o incomoda.

Ao que parece, esse assunto era incômodo para Suddi, e por isso resolvi tentar obter informações sobre o lugar para onde os garotos iriam depois que saíssem de Qumran.

S: Não tenho certeza. Eles vão seguir seus caminhos. Estes foram determinados pelos professores. Os anciões sabem. Eles os conhecem, mas são os caminhos deles.
D: *Bem, eles vão para outro país ou vão ficar pela região?*
S: É bem possível que viajem para outros países.
D: *Acha que seus pais os acompanharão?*
S: É possível que a mãe de Ben José vá, mas eu duvido. A mãe de Ben Zacarias mora conosco. Mas ele vai viajar com seus primos. Provavelmente, eles irão de novo com o primo da mãe de Ben José.

Foi a mesma pessoa com quem Jesus fez suas primeiras viagens quando criancinha.

*D: Eles vão ficar fora por muito tempo?*
S: Quem sabe dizer? Cabe a Javé decidir.
*D: Você acha que vai tornar a ver os meninos?*
S: (Triste) Nunca tornarei a ver um deles. O outro, sim. Ben Zacarias e eu não tornaremos a cruzar nossos caminhos. Acabei de saber disto. Sinto-me um pouco triste, mas ele tem seu destino e eu tenho o meu.

Talvez minha pergunta tenha provocado a premonição. Sempre mantive a esperança de seguir um pouco mais a história de Jesus, sem perdê-lo de vista depois que ele saísse da escola. Agora, parece que isto seria possível, pois Suddi soube instintivamente que iria tornar a vê-lo.

# CAPÍTULO 22
## As Viagens de Jesus, e Maria

Quando tornei a encontrar Suddi relacionado de algum modo com Jesus, este estava com dezessete anos e estudava novamente em Qumran. Ben Zacarias não tinha voltado à comunidade, mas estava com seus primos. Não sei ao certo o que isto queria dizer, talvez que ele estava morando com Maria e José em Nazaré, uma vez que os irmãos e irmãs de Jesus também eram seus primos. Achei que depois de Jesus receber seu certificado e sair, ele não iria precisar de mais lições dos essênios.

S: Isso é verdade, ele não precisa. Na verdade, não estamos ensinando nada, mas discutindo questões e conversando sobre algumas coisas. Durante vários anos, ele ficou viajando e agora voltou. Ele deseja instruções sobre certas questões que nos apresentou. Há questões até sobre algumas profecias, sobre seus significados. Ele também quer conhecer algumas das interpretações. Há muitas leis abertas a interpretações, e estamos analisando diversos pontos de vista sobre essas coisas. Assumindo uma posição, analisando a questão e decidindo se ela também poderia ser vista de outro modo. E quais seriam as ramificações de se fazer isso.

D: *Isso é bom, você o está ensinando a pensar por si mesmo.*

S: E a questionar as coisas. Sim. A nunca aceitar nada pelo que aparenta ser. Ele disse que em suas viagens, percebeu que muitos professores falam de maneiras que o povo não compreende. Ele está preocupado com isso. Ele acha que deve haver um modo de falar com as pessoas para que entendam o que se está dizendo. Comparando a informação com as coisas que elas conhecem e veem em seu cotidiano; talvez, dessa maneira, entendam a mensagem. Ele observa a natureza e vê lições nas coisas mais simples, coisas que nunca consegui ver. (Pedi-lhe um exemplo.) Há uma planta que cresce e que se espalha de maneira estranha. Ela produz um único caule a partir da raiz e outras plantas podem subir pela raiz. E os galhos que crescem se vergam, e quando tocam novamente o solo, criam raízes e iniciam uma nova planta. Ele disse que era um bom exemplo do ciclo das vidas dos homens. Que a planta que gera novas plantas a partir da raiz era como um homem passando por seus renascimentos. E os galhos que se vergam e criam novas plantas dessa maneira seriam a família do homem e seus filhos, descendo enquanto ele volta para viver novas vidas e começar novas famílias. Ele usa os ciclos em muitos exemplos. Ele usou outra planta como exemplo, uma planta composta por muitas camadas (como a cebola). Ele disse que ela mostra os diversos planos da existência. Mostrou que no centro da planta as camadas são muito finas e próximas. Se considerarmos cada camada como um plano diferente, podemos ver que no centro, onde é menor e mais limitada, é como o mundo físico. À medida que vamos para cima e para fora nesses planos, o horizonte de compreensão da pessoa se expande e podemos ver e compreender mais.

Outro exemplo que deu relaciona-se com a observação da água. Ele falou que quando vem uma onda do mar e lambe a praia, recolhe vários detritos. Quando estes detritos são postos de volta, ficam quase na mesma posição em que estavam antes, mas movem-se levemente. Assim, pouco a pouco, a pilha de detritos vai viajar pela praia, sendo colhida e novamente depositada pelas ondas. Ele disse que isso é como o seu ciclo de vidas. Você passa por um ciclo da vida, começa num dado ponto e, quando morre, é como se a onda a tivesse recolhido e tornado a depositá-la numa vida. Seu espírito torna a ser depositado e avança um pouco ao longo do caminho que você deseja seguir.

D: *Isso faz sentido. Também mostra como o processo é lento.*
S: Sim, é um processo bem lento. E precisamos ter muita paciência, trabalhando nele com diligência.

Parece que Jesus estava começando a desenvolver o conceito das parábolas. Pergunto-me se algumas delas não seriam muito complicadas para a compreensão das pessoas medianas de sua época. Elas não são mencionadas na Bíblia, provavelmente porque se referem à reencarnação e a igreja primitiva opunha-se fortemente a este conceito. As parábolas incluídas na Bíblia mostram que ele continuou a simplificar seus ensinamentos e que costumava usar as coisas da natureza como referência.

D: *Ele tende a seguir a Lei ao pé da letra ou sua interpretação é ampla?*
S: Ele a interpreta de forma ampla, pois sente que o amor é a única lei que precisa ser obedecida. E que todas as outras se tornam insignificantes. Não lhe ensinamos isso. Ele chegou a esta conclusão através de... como vou dizer...? discussões íntimas com sua alma, decidindo como se sente a respeito de algumas coisas. O amor não pode ser ensinado. É uma coisa que precisa simplesmente crescer. Repito, não estou me explicando com clareza. As únicas restrições de que falou referiram-se a ferir outros seres humanos e outros seres vivos. Não ferir fisicamente outros seres vivos e também tentar não feri-los mentalmente. Ele conhece o poder do pensamento. Se você pensar em alguma coisa com força suficiente, as vibrações emitidas farão com que aquilo aconteça, e ele tem consciência disto. É importante não abrigar nenhum mal em seu coração.
D: *Para onde ele foi em suas viagens?*
S: Para onde ele não foi? Ele percorreu a maior parte do mundo que conhecemos. Dizem que José (de Arimateia), seu tio, foi com ele.

Antes, quando perguntei a Suddi quem acompanhava Jesus em sua infância, ele disse que era seu primo, José, embora não parecesse muito seguro do relacionamento. Talvez não fosse uma contradição, mas um engano honesto. Talvez Suddi não tivesse certeza da relação com José, exceto pelo fato de ser parente de Maria. A partir deste ponto, ele passou a se referir a ele como tio de Jesus.

D: *Sua mãe foi com ele?*
S: Em algumas viagens, mas depois ela precisou ficar em casa com os irmãos e irmãs dele. Seu pai ficava trabalhando. José é bem centrado neste mundo. É um homem muito bom, mas muito prático.
D: *Isso parece estranho, essa diferença entre a mãe e o pai.*
S: Por que seria estranho? Dá uma visão equilibrada das coisas. Um deles vive principalmente noutra dimensão e outro vive aqui, agora. Isso dá a ele uma visão dos dois lados.
D: *Algum irmão ou irmã de Ben José se interessa pelas mesmas coisas que ele?*

S: Talvez, mas não com a mesma intensidade dele. Interessam-se na medida que amam seu irmão e se interessariam pelas coisas que ele é. Mas ele foi além deles. Os irmãos não são diferentes uns dos outros?

Numa sessão anterior, Suddi tinha dito que antes do Messias nascer, sua mãe já era conhecida dos essênios. Fiquei intrigada e quis saber como eles sabiam quem ela iria ser.

S: Ela foi escolhida pelos anciões para ser instruída e para que ela conhecesse seu destino. Desde seu nascimento, sabia-se quem ela iria ser. E os pais dela eram dos nossos.

Eu havia lido num livro de Edgar Cayce que Maria fora escolhida em meio a muitas outras jovens. Fiz-lhe a pergunta com isso em mente.

D: *Eles a escolheram entre outras?*
S: Como podemos escolher a mãe do Messias? Isso não cabe a nós. Cabe a Javé. Mas ele nos permitiu saber, de modo que pudemos instruí-la e talvez orientá-la em seu caminho. Os anciões sabiam, mas não escolheram. Dizem que havia outras cujos mapas astrológicos poderiam ser adequados, mas houve estudos e ficou decidido que... esta foi a única decisão básica tomada de que consigo me lembrar. O mapa foi interpretado e finalmente se compreendeu o que significava. Não estou explicando isto muito bem.
D: *Ora, acho que você está fazendo um excelente trabalho. Como é feito o mapa?*
S: Dizem que tem uma relação com os pontos onde as estrelas se situam quando você nasce e com o caminho que seguem enquanto você está vivo. Mas não os faço, e por isso conheço muito pouco sobre mapas. O mestre disso é Bengoliad (fonético; seria Ben Goliad?). Lembro-me quando fomos às aulas e tentaram me ensinar a acompanhar as estrelas. Não sou muito bom nisto, não é minha área de estudos.
D: *Mas foi assim que ela foi escolhida, pelo mapa dela?*

Ele estava ficando frustrado. Estávamos tendo um problema de comunicação para entender exatamente o que ele estava querendo dizer.

S: Você ainda não entendeu! Nós não a escolhemos. Tivemos a permissão de ter uma informação sobre como saber quem era ela, a fim de podermos ajudá-la neste caminho. (Falou pausadamente, como se estivesse falando com uma criança.) No que diz respeito à decisão de alguém, a única coisa foi a interpretação desses mapas. Havia várias moças nascidas aproximadamente na mesma hora possível. Logo, a interpretação final foi feita. Foi quando se descobriu que ela seria a mãe do Messias.

Achei melhor deixar o assunto de lado e por isso voltei a Ben José.

*D: Você sabe o que ele vai fazer na vida?*
S: (Triste) Sim. Ele é muito especial.
*D: Pode compartilhar isso?*
S: Não cabe a mim compartilhar. Isso será conhecido com o tempo.
*D: Você acha que ele vai tornar a viajar?*
S: Não tenho como saber. Ele está aqui hoje, ele mora conosco. Ele disse que suas viagens abriram seus olhos para muitas coisas para as quais ele estava cego antes. E nisso elas lhe fizeram muito bem.
*D: Por que ele viajou a outros países?*
S: Para aprender com as pessoas. Dizem que muitas eram comerciantes. Mas também aprendiam muito, ele conversava com elas e descobria suas opiniões sobre a vida e as coisas.
*D: Você acha que ele pode ter procurado os líderes religiosos de outros países?*
S: Não me cabe dizer. Eu não perguntei isso a ele.

A próxima menção a Jesus deu-se cinco anos depois, quando conversei com Suddi enquanto ele viajava para visitar sua irmã em Betesda, antes da morte dela (ver Capítulo 12).

*D: Você teve notícias recentes de Ben José?*
S: Muito recentes, não. Dizem que está viajando. Não sei. Se tiver voltado, não parou muito.
*D: E Ben Zacarias? Alguma notícia dele?*

S: Dizem que ele saiu pelo mundo e está atraindo seguidores.
D: E ele deveria mostrar o caminho, prepará-lo, estou certa?

Ele franziu a testa profundamente. O fato de eu saber disso pareceu incomodá-lo. "Eu não lhe falei sobre isso!"

D: Bem, alguém me falou. Você não se lembra de ter falado sobre isso?

Ele ficou rapidamente na defensiva e respondeu friamente, "Eu não me lembro".

D: Bem, eu sei que deveria ser um segredo, mas não vamos contar a ninguém. Suponho que ele ainda não esteja pronto para que as pessoas saibam, é isso?
S: Não, ele está reunindo seguidores, conhecimentos e força para preparar tudo.

Legend: O tanque em Betesda

# CAPÍTULO 23
# Começa o ministério de Jesus

Levei Suddi novamente até outra data importante de sua vida. Ele estava passando alguns dias com seus primos em Nazaré. Fazia meses que não voltava para Qumran. Sua voz parecia cansada. "Estou ficando velho demais para ir a todos esses lugares". Ele e seus primos estavam na sinagoga de Nazaré. Tive uma surpresa agradável quando lhe perguntei se ele tinha alguma notícia sobre Ben José. "Estamos justamente esperando por ele para ouvi-lo", disse Suddi. Jesus havia voltado de suas viagens fazia seis meses, mas Suddi ainda não tinha sido informado de seu roteiro. Como Suddi era apenas um membro da grande congregação da sinagoga, ele não sabia se iria conseguir falar com ele ou não. Pedi-lhe para descrever o que estava acontecendo.

S: Ele está apenas lendo a Torá. Está falando das Escrituras para (procurando a palavra certa) defini-las em termos que podemos entender. Está lendo sobre as promessas feitas por Deus sobre o Salvador. Também está lendo sobre Ezra e as promessas de que Israel voltaria a ser uma grande nação.
D: *Ele já fez isso antes?*
S: Tem feito. Desde o momento em que você atinge o Bar Mitzvá, tem permissão para falar na sinagoga, para ler a Torá. Mas isto é incomum. Muitas vezes, na sinagoga, acontecem grandes discussões. Nesta noite, não há discussões. As pessoas estão em silêncio. Ele tem uma voz bonita, fácil de ser ouvida. Ele também está tentando explicar um conceito difícil sobre os diversos universos e como todas as nossas vidas estão interconectadas. Ele está usando o exemplo de uma tapeçaria para exemplificar aquilo de que está falando. Quando você olha uma tapeçaria por trás, vê que ela é tecida como um pano. Quando a olha pela frente, vê figuras e ação. O lado de trás, que é como um pano, é como a estrutura dos universos. O lado da frente, no qual se pode ver um padrão, mostra nossas vidas sobrepostas aos universos. Ele está

tentando fazê-los entender isto, embora alguns entendam e outros não.

Estava pensando se ele já teria começado a fazer seus milagres. Perguntei se as pessoas tinham percebido alguma coisa incomum ou diferente sobre esse homem.

S: A maioria sabe apenas que ele é muito gentil e calmo. Que se elas têm necessidades ou problemas, podem procurá-lo e ele as escutará.

A voz de Suddi ficou muito discreta enquanto ele falou sobre essa cena. Ben José não sabia que Suddi estava no meio das pessoas. Dava quase para ver o professor envelhecido nos fundos ou na lateral da sinagoga mal iluminada, ouvindo em silêncio com os outros. E de todas as pessoas lá, talvez ele fosse a única que sabia quem era aquele homem e que extraordinário destino o aguardaria ao iniciar seu ministério.

A descrição física de Jesus era de um homem com olhos cinzentos, cabelos claros, entre loiros e avermelhados, e barba curta. Ele era levemente mais alto do que o homem médio da época, bem magro, "com traços finos". Trajava um manto azul-claro e o manto de oração, um tecido longo que os homens judeus usam até hoje enquanto estão na sinagoga. Ele fica drapeado sobre a cabeça e os ombros, como um xale. "Seus olhos são muito penetrantes. Eles o contemplam desde seu rosto como se fossem uma coisa viva".

*D: O que você acha dele?*
S: (Havia orgulho e amor em sua voz) Estou muito contente. Creio que ele é um bom homem. Acho que vai se sair bem.
*D: Você acha que ele aprendeu direito as lições que você lhe ensinou?*
S: Não ensinei nada para ele. Só abri seus olhos para aquilo que estava lá.
*D: Você acha que ele mudou desde a última vez que você o viu?*
S: Ele está mais em paz. Ele é como um rio que desliza lentamente e é muito fundo. Não dá para saber o que há sob a superfície.

Achei que talvez Suddi pudesse me dizer agora o outro nome de Ben José. Se ele havia percorrido o mundo, não haveria mais necessidade de protegê-lo tão rigidamente.

S: Yeshua, este é seu nome.

Pedi que repetisse várias vezes para que eu pudesse registrá-lo corretamente. Foneticamente, era "Ie-xua", com forte acento na primeira sílaba.

*D: Você vai conversar esta noite com Yeshua antes que ele saia?*
S: (Suavemente) Creio que não. Creio que saber dele foi suficiente. Só queria ouvi-lo, ouvir suas palavras. Ele cresceu bem, e posso sentir em meu íntimo que talvez eu tenha ajudado.

Depois que terminei de escrever este livro, topei com um livro pouco conhecido chamado The Archko Volume, dos Drs. McIntoch e Twyman, publicado originalmente em 1887. Esses homens tinham encontrado na Biblioteca do Vaticano relatos escritos que haviam sido enviados a Roma na época de Cristo. Então, foram traduzidos de sua língua original. Um deles continha uma descrição de Jesus que se encaixa espantosamente com tudo que Suddi disse a seu respeito.

"Embora não seja nada além de um homem, existe algo nele que o distingue de todos os outros homens. Ele é o retrato de sua mãe, exceto por não ter seu rosto liso e redondo. Seus cabelos são um pouco mais dourados do que os dela, embora isso seja devido ao sol. Ele é alto e seus ombros são um pouco caídos; seu rosto é magro e de tez morena, mas devido à exposição ao sol. Seus olhos são grandes e de um azul suave, um pouco baços e pesados. Os cílios são longos e as sobrancelhas bem grandes. Seu nariz é de judeu. Com efeito, ele me lembra os judeus às antigas em todos os sentidos da palavra. Não é de falar muito, a menos que alguém mencione o céu e as coisas divinas, com sua língua movendo-se fluentemente e seus olhos tomados por um brilho peculiar. Embora haja esta peculiaridade sobre Jesus, ele nunca discute uma questão; ele nunca entra em polêmica. Ele começa a falar e apresenta fatos, com base tão sólida que ninguém tem a ousadia de discordar dele. Apesar de ter esse domínio do julgamento, ele não gosta de refutar seus oponentes, e sempre parece sentir pena deles. Eu o vi sendo atacado pelos escribas e doutores da Lei, e eles pareciam garotinhos aprendendo suas lições sob a orientação de um mestre".

Após o culto, Jesus saiu da sinagoga e estava indo para a casa de seus pais. Como Suddi não tinha planejado conversar com ele, provavelmente não teríamos conseguido descobrir muita coisa. Por isso, resolvi avançá-lo cinco anos no tempo até um dia importante de sua vida. Ele estava em Nazaré e conversava com um amigo.

S: Ele diz que ouviu sobre Yeshua e que ele está começando a pregar para as pessoas, e que a palavra está sendo difundida. Dizem que nos primeiros meses em que falou, grandes multidões foram ouvir o que ele tem a dizer, na esperança de que faça um milagre. Sabe-se que os poderes que fluem através dele são muito fortes. Dizem que curou um leproso que apenas tocou em seu manto. Ele diz que foi a fé desse homem que o curou. E que como uma fé tão grande pode ser parte de um homem, ele conseguiu se curar. Também dizem que havia pessoas que não conseguiam enxergar nada e passaram a ver. Dizem que têm havido muitos milagres. O único do qual tenho certeza é o do leproso. Um amigo meu viu isso acontecer. Ele disse que o fato de acreditar que o mero gesto de tocar o manto dele o curaria, que sua fé fez isso.

D: *Foi porque a fé dele em Yeshua era muito grande?*

S: Porque sua fé em Deus era muito grande.

D: *É assim que você explica o que aconteceu ou você tem outra explicação?*

S: Eu sei como isso é feito, mas explicar isso já é outro problema. A doação da energia de cura... parte disso está na aceitação dela. Ela precisa ser aceita, e também é preciso ter fé no processo. Portanto, a fé daquele homem permitiu que ele se curasse.

D: *Isso aconteceu porque o homem estava aberto a aceitar a energia. Então, você não acha que foi uma coisa que o próprio Yeshua fez?*

S: Ele foi um canal. Não posso explicar melhor. Volta e meia, ele meditava com a pessoa que seria curada e, durante o estado meditativo, ele transferia parte de sua energia para ela. Às vezes, as pessoas que estavam observando conseguiam ver a energia sendo transferida.

D: *Qual a aparência dessa energia quando a viram?*

S: Parecia-se com um brilho de luz que ia, digamos, da mão dele para a parte afetada do corpo da pessoa. E suas auras começavam a brilhar mais, a ponto de pessoas que normalmente não viam auras conseguirem ver as deles.

Isto explicaria os halos vistos em torno de Jesus nas antigas pinturas. Nas primeiras delas, ele aparece com um halo ao redor do corpo todo, e nas posteriores ele é mostrado com um halo que envolve apenas sua cabeça. Isso pode se dever às histórias das pessoas que viam sua aura brilhar durante essas trocas de energia na realização de seus milagres.

S: É por isso que meditam antes. A pessoa dizia que queria ser curada e ambos entravam num estado mental meditativo, ficando assim receptiva à energia. Se ela resistisse, a cura não acontecia. Não posso explicar de maneira melhor.
*D: Yeshua está encontrando alguma oposição?*
S: Dizem que algumas pessoas estão descontentes porque ele vai por aí pregando o amor. Os zelotes estão muito insatisfeitos. Eles querem que ele diga, "Eu sou o Messias. Sigam-me, serei seu Rei". Eles pegariam em armas num minuto, num piscar de olhos. Mas ele nunca dirá isso.
*D: Você diz que ele prega o amor? O amor pelos outros, o amor por Deus?*
S: Ele fala muito do amor entre vizinhos, o amor entre irmãos e o amor pelos estranhos. Amar alguém, compartilhar o amor com os outros, é compartilhar Deus com os outros. Deus é amor. Ele é tudo que preenche o vazio interior. Compartilhar o amor com outra pessoa é a maior coisa que você pode fazer, porque é o mesmo que compartilhar Deus. Você está se doando livremente para outra pessoa, sem pensar no retorno. Isso é parte da mensagem. As pessoas aceitaram que o Senhor Deus tem um lugar na existência cotidiana. E estão aprendendo a compartilhar isto com os demais, a se aproximarem, com esta mensagem.
*D: Você disse que as pessoas pensam que ele iria dizer, "Eu sou o Messias". Você acha que ele é o Messias?*
S: (Enfaticamente) Ele é!
*D: Ele sabe disso?*
S: Sim. Isso lhe foi ensinado desde que ele era bem jovem, quem ele era e o que iria acontecer. Mas anunciar tal coisa não seria bom,

iriam dizer que ele era louco ou blasfemo. Ele lhes diz que é Filho do Homem.

*D: O que significa isso?*

S: Que ele é, como todos nós, filho do homem e de Deus. Não consigo explicar isto muito bem. Ele é filho de Deus e eu sou filho de Deus, mas seu destino é trazer a luz de uma maneira maior do que eu poderia. Ele está mais próximo de seu destino final do que eu. Eu estou bem distante, mas ele está quase no ponto que todos nós almejamos. Ele está muito perto da perfeição.

*D: Se somos todos filhos de Deus e também filhos do Homem, o que ele tem de diferente?*

S: Ele aprendeu suas lições e seguiu seu caminho até completá-lo.

*D: Então, você diria que isso significa que ele é perfeito?*

S: Ele será. Foi sua escolha voltar novamente para dar essa luz às pessoas. Ele não precisava voltar.

*D: Depois desta vida, ele ainda irá retornar?*

S: Assim foi dito, mas não sei para que propósito.

*D: Você tem alguma notícia de Ben Zacarias?*

S: Dizem que ele está no Jordão e que muitos o ouvem. E ele é, como ele mesmo diz, uma voz clamando no deserto, talvez para abrir os corações e os ouvidos dos homens para a notícia de que aquele grande homem está aqui. Há muitos, como os zelotes, que são atraídos por ele, pois ele é feroz. Ele é como um selvagem. Seu caminho foi diferente e eu não o vejo há muitos, muitos anos.

*D: Você acha que ele mudou?*

S: Não, ele sempre foi muito intenso.

Ele já estava massageando seu cotovelo esquerdo por algum tempo enquanto conversávamos, e eu lhe perguntei o que era. Ele disse que aquela junta estava doendo. "Sou um homem bem velho", disse, suspirando. "Dizem que me resta muito pouco tempo". Ele disse que estava com a "doença da tosse" e que se mudara permanentemente para a casa de seus primos, em Nazaré. Dei-lhe instruções para que seu braço não o incomodasse e ele não sentisse desconforto físico.

*D: Bem, você viu muitas coisas em sua vida. Foi maravilhoso ter podido ensinar Ben José e Ben Zacarias.*

S: Sim, foi muito bom.

Perguntei como se chamava o rei nessa época. Ele disse que o primeiro Rei Herodes tinha morrido e que agora o rei era Herodes Antipas, mas as coisas não tinham melhorado. "Pelo contrário, ele é muito pior". Ele não gostava de falar de nenhum deles; o assunto o desagradava.

Livros de referência falam de Arquelau como o sucessor de Herodes, não mencionam Antipas. Suddi mencionou outro irmão, Filipe, mas nunca mencionou Arquelau. Achei isso conflitante e curioso. Com certeza, deveria haver alguma coisa na Bíblia a respeito. Agora, tanto Harriet quanto eu estávamos lendo a Bíblia mais do que nunca, compreendendo-a muito melhor graças ao reviver dessa história através das recordações de Katie. Mas Antipas não é mencionado na Bíblia, enquanto se diz que Arquelau foi o sucessor de Herodes. Os reis na época do nascimento de Cristo e por ocasião de sua morte eram chamados Herodes. Durante a época de Cristo, o rei é chamado apenas de Herodes, o tetrarca, na Bíblia. De onde Katie teria tirado o nome de Antipas? Novamente, a pesquisa revelou que ela estava com a razão.

Herodes, o Grande, seguia a religião judaica, mas era cidadão romano de sangue árabe, o que pode explicar parte do ressentimento do povo por serem governados por ele. Como disse Suddi, "Ele não consegue resolver se quer ser grego ou judeu, e por isso não é muito bom como nenhum deles". Ele também era extremamente cruel. Tornou-se rei em 36 a.C., com 37 anos, e morreu em 4 a.C. Assassinou membros de sua própria família, mas dentre os que viveram, três de seus filhos foram nomeados para dar continuidade a seu domínio. Foram Arquelau, Antipas e Filipe. O governo romano decidiu que o país seria regido pelos três. Eles seriam aquilo a chamam de "tetrarcas".

Às vezes, alguma província romana era dividida em seções, e um tetrarca ou "rei trivial" governava cada seção. Sendo o mais velho, Arquelau recebeu a maior área da Judeia e foi nomeado etnarca ou governador. Antipas e Filipe foram nomeados tetrarcas sobre o resto do reino. Mas Arquelau desagradou Roma, e foi banido do país no ano 6 de nossa era. Então, a Judeia tornou-se uma província romana de terceira classe, a ser administrada diretamente por procuradores romanos (oficiais que cuidavam de questões financeiras ou atuavam como governadores). O mais famoso deles, naturalmente, foi Pôncio Pilatos. Nessa época, Filipe governava o norte da Palestina. Como ele não estava causando problemas, permitiram-lhe continuar. Após o banimento de Arquelau, Antipas tomou seu lugar e se tornou tetrarca sobre a maior parte da Judeia. Adotou o nome de Herodes e era quem estava no poder na época da decapitação de João Batista e da morte de Cristo. Para mim, foi espantoso ver como Katie poderia ter conhecido esses nomes pouco comuns, envolvidos com a história daquela época – a menos que estivesse lá.

Suddi pareceu muito velho, cansado e triste durante a parte final desta sessão. Eu esperava que ele estivesse vivo durante toda a vida de Jesus. Queria obter mais informações sobre sua vida. Quantas vezes uma oportunidade destas iria surgir? Mas agora, tive a impressão de que Suddi poderia morrer justamente quando Jesus estava começando seu ministério. Eu esperava conseguir a história da crucificação. Mas, como? Suddi estava em Nazaré, cansado demais para viajar, e Jesus foi crucificado em Jerusalém, a uma boa distância dali. Mesmo que Suddi vivesse, era muito duvidoso supor que conseguiria viajar até lá. Por isso, parecia que ele iria morrer antes que a história terminasse. Torci para que houvesse alguma saída. Mas, se não, teríamos simplesmente de ser gratos por quaisquer informações que tínhamos recebido.

Levei Suddi até um momento posterior, quando ele estava com cerca de 50 anos. Ele estava sentado numa das colinas próximas a Nazaré, provavelmente não muito distante da casa de seus primos. Sua voz revelava cansaço.

S: (Suspiro) Estou muito cansado. Estou com cinquenta e um... alguma coisa, cinquenta e dois? Estou muito cansado. Sou um homem muito velho.

Para mim, era difícil aceitar que essa idade já fosse a de um idoso, mas creio que em sua cultura era assim. Disse-lhe que não o considerava um idoso.

S: Mas sou! Tenho idade, muitos homens morreram antes disso. Sou um idoso. (Suspiro)
*D: O que você está fazendo nas colinas?*
S: Não estou muito longe. Não posso caminhar muito. Estou em comunhão. Tentando me manter em contato com o universo e meditando sobre minha vida. Vou morrer em breve. Sei disso.

Talvez ainda tenha um ano. Não consigo mais... obter o... ar para respirar. Meu peito dói... e tusso muito. É por isso que sei, e pelo fato de estar simplesmente cansado.

*D: Incomoda-o pensar que seu tempo está quase acabando?*
S: Por que deveria? Isto não faz muito sentido. É tolice. Por que não ir embora, aprender com esta experiência e começar outra?

Ele estava parecendo tão deprimido que resolvi mudar de assunto, mas acabei escolhendo outro que também era deprimente.

*D: Teve notícias do Ben Zacarias?*
S: Ele morreu. Foi preso por Herodes... e decapitado. (Ele não gostou de falar sobre isso.)
*D: Por que ele foi preso?*
S: Por pregar a sedição. (Esta era uma palavra que eu desconhecia.) Ele pregou que aquilo em que acreditavam estava errado e era contrário aos profetas. É como... traição contra o Estado, só que é contra Deus.

Ela começou a tossir profundamente. Dei-lhe sugestões para que não sentisse mais nenhum desconforto físico real.

*D: Não acho que Herodes era um homem religioso. Por que ele iria se preocupar com aquilo que Ben Zacarias estava pregando?*
S: Herodes não sabe em que ele acredita. Esta é sua fé, são seus julgamentos.
*D: E foi por isso que Herodes mandou prendê-lo?*
S: Isso e o fato de ter medo dele, do que ele iria fazer. Ele tinha muitos seguidores.
*D: Exatamente o que ele pregava?*
S: As coisas de que falava eram sobre o Messias, sua vinda. Que todos os pecados precisam ser enfrentados. Que precisam confessar para si mesmos que erraram. Fazer isso já é vencer metade da batalha pela liberdade. A ideia de Herodes foi aprisioná-lo para que este pudesse falar com ele, mas dizem que foi sua meretriz que mandou decapitá-lo.
*D: Por que uma mulher teria algo a dizer sobre uma questão dessa importância?*

S: Ele pregava a verdade e a verdade precisa acabar chegando aos outros (ver a referência a Herodias no Capítulo 6). Dizem que Herodes começou a acreditar. Por isso, como Ben Zacarias falava muito contra ela e sua vileza e a vida que viviam, ela estava com medo de perder poder. Herodes acreditava no que Ben Zacarias dizia e em ver o que ele teria feito de errado. Se ele analisasse isto, será que não a teria largado? Com isso, ela perderia o poder.

Katie fez uma pausa. Suddi parecia estar desconfortável. "Tenho grande dificuldade para... respirar. Falta de ar". Resolvi levar Katie para frente no tempo, aliviando seus sintomas físicos.

Por falar nisso, nunca tive um caso em que a experiência dessas reações físicas tenha causado qualquer efeito sobre a personalidade consciente. O paciente sempre acorda sentindo-se bem, sem se lembrar de qualquer doença associada com sua morte noutra vida. Tudo isso é deixado totalmente no passado, com a outra personalidade.

# CAPÍTULO 24
## Preparação para a crucificação

Eu havia avançado Suddi no tempo para aliviar os perturbadores sintomas físicos de Katie. Quando terminei de contar, ela estava sorrindo, e quando ela falou sua voz não pareceu mais cansada e fraca.

S: Estou com meus amigos. Estou com a minha irmã.
D: *É? Sua irmã não tinha morrido?*
S: Você fala de morrer. A morte não existe. Há apenas outras formas de existência.
D: *Onde você está?*
S: Vejo-os preparando o meu corpo.

Quando comecei a trabalhar com regressões e descobri que conseguia conversar com alguém depois que a pessoa morria, fiquei bem espantada. Mas já fiz isso tantas vezes que agora é corriqueiro, se é que uma coisa tão estranha pode ser chamada de comum. Tenho percebido que durante as sessões a pessoa hipnotizada não se perturba quando descobre que morreu. Geralmente, isso incomoda muito mais os observadores que estão no recinto do que a pessoa em si. As testemunhas esperam que ela tenha uma reação violenta, que proteste porque morreu ou, no mínimo, que sinta repulsa ao ver seu corpo morto. Mortes naturais e pacíficas não mostram trauma algum. A personalidade, porém, costuma querer ficar por perto pelo menos até descobrir o que aconteceu com o corpo. Afinal, a gente se acostuma com aquela coisa. Depois de assistirem ao enterro ou seja lá o que for, elas estão prontas para seguir em frente.

Para os observadores, também é uma surpresa ver que a personalidade continua intacta após a morte, com poucas mudanças. Agora, já estou acostumada a conversar com os mortos depois que foram para o outro lado, mas para as outras pessoas no recinto é difícil entender isto. Descobri que posso obter muitas informações dos espíritos. Mas a qualidade dessa informação depende da evolução ou do desenvolvimento desse espírito. Novamente, eles só vão lhe dizer aquilo que sabiam naquela época.

Suddi contava cerca de cinquenta e três ou cinquenta e quatro anos quando morreu em Nazaré, morando com seus primos. Fiquei curiosa para saber porque preferira ficar lá com eles em vez de voltar à sua querida Qumran.

S: Meu dever tinha sido cumprido. Eu não tinha mais um propósito importante para ficar lá. Não tinha uma família para ficar comigo.

Entendi errado sua frase. Achei que ele quis dizer que não havia ninguém para mantê-lo, para cuidar dele. Claro que, sendo humanitários, os essênios teriam cuidado dele em seus últimos dias.

S: Não, quando disse que não tinha família para ficar comigo, quis dizer que minha família não estava mais aqui. Portanto, meus vínculos estavam quase rompidos.

Isto era verdade; sua única irmã havia morrido. Ele havia aplicado tanta energia para ensinar Jesus e João que talvez não desejasse voltar para ensinar outros alunos.

S: Viajei durante algum tempo. Conversei com as pessoas e ouvi o que tinham a dizer sobre as profecias. Disse-lhes que havia chegado a hora pela qual estiveram se preparando a vida toda. E espero que, nos ensinamentos que transmiti, tenha iluminado algumas pessoas. Plantei algumas sementes e espero que cresçam.
*D: Bem, às vezes isso é tudo que podemos esperar.*

Antes, quando perguntei a Suddi qual era a sua doença, ele disse que era a "doença da tosse". Agora, após sua morte, ele sabia muito bem o que o afligiu.

S: Havia uma área cancerosa nos pulmões que praticamente os consumiu.

Obviamente, isso teria causado muita tosse, dor e dificuldade para respirar, e por isso ele a havia definido corretamente em termos de sua época como a "doença da tosse".

*D: Você sabe o que a ocasionou?*
S: Quem sabe? A areia? Foi... tinha sido decidido antes que esta seria a minha forma de morrer. Foi para ajudar no meu crescimento.
*D: É? Morrer de certa maneira é importante?*
S: Sim. Aprender a lidar com ela no dia a dia. A conviver com ela e a morrer com ela.

Ele sentiu muita dor antes de morrer, mas conseguiu controlá-la "usando a mente e manipulando as energias".

*D: Isso é bom, você não precisou sofrer, pois sabia como fazer essas coisas. Muita gente não sabe usar esses processos mentais.*
S: Muita gente sabe, lá no fundo. É que elas se fecharam para esses conhecimentos, o que é uma grande tragédia. Eles podem ser recuperados mediante a prática da meditação. Abrindo-se para o conhecimento que está lá. Ele está lá para você pegá-lo, mas é preciso abrir-se. Você precisa começar de dentro. Deve tomar a decisão que você deve se abrir, depois isso vai começar e vai crescer.
*D: Noutras palavras, a própria pessoa precisa querer?*
S: Sim, assim como toda cura precisa vir do interior. Chegou a hora de passar adiante este conhecimento. Se as pessoas estiverem prontas para as sementes, elas vão crescer. Depende delas.

Ele estava vendo seu corpo sendo preparado. Perguntei o que seria feito com ele.

S: Ele deverá ser queimado, tal como pedi. Deve ser queimado do lado de fora dos muros de Nazaré e minhas cinzas devem ser levadas à comunidade. Lá, serão espalhadas pelos quatro ventos.

Fiquei muito desapontada por Suddi ter morrido antes que nossa história terminasse. Como ele havia morrido antes de Jesus, será que isto queria dizer que nossa história havia acabado? Sinceramente, queria conhecer o resto da vida de Cristo. Esta havia sido uma oportunidade única na vida, mas eu não tinha ideia de como obteria mais informações. Pelo menos, poderia perguntar o que Suddi soube sobre ele logo antes de sua morte.

*D: Você teve alguma notícia sobre Yeshua antes de morrer?*
S: Ele estava ensinando e ainda está tentando levar a luz às multidões. Muitos o ouvem. Ele está ministrando às pessoas. Fala com elas sobre o amor e espera transmitir o conhecimento aos demais.
*D: Como as pessoas estão recebendo isso?*
S: Há sempre aqueles que acreditam em qualquer coisa, não importa o que foi dito, só porque alguém disse. E há aqueles que acreditam porque analisaram. E também há aqueles que duvidam em função de quem ele é. E dizem, "Como é que este homem tem tanta sabedoria?" Falam de sua família. Que ele não é um príncipe entre os homens. Que ele é apenas um pobre homem, não tem bens. Dizem, "Onde estão seus trajes finos?" E eles ainda não entenderam que as posses não fazem o homem, mas o homem faz as posses. Ele pode não ter nada, mas se tem bondade, compreensão e compaixão pelos outros, ele é mais rico do que o homem que tem um país e não tem essas coisas.
*D: Mas eles não sabem que ele recebeu uma excelente educação, sabem?*
S: Não. Não devem saber o que lhe foi ensinado. Nem ensinado, só lhe mostramos que ele estava no caminho certo. Mostrando que estava adquirindo fé naquilo que estava fazendo.
*D: Por que isso precisava ser mantido em segredo?*
S: (Suspiro) Nosso povo desejou que fosse mantido em segredo em virtude de problemas com diversas religiões e com outras pessoas. E o fato de o termos ensinado não era importante. O fato importante era que ele sabia. Ele tem este conhecimento, isto é o importante.
*D: Ele nasceu com este conhecimento ou foi uma coisa que ele aprendeu em sua vida como Yeshua?*
S: Ele nasceu sábio, mas não nasceu com todo o conhecimento que acumulou em sua vida. Ele estudou em muitas escolas. Entre elas, aquelas conhecidas como a comunidade dos essênios. Visitou muitas terras e muitos professores, sentando-se a seus pés, ouvindo e aprendendo. Mostraram-lhe muitos caminhos e costumes diferentes. Ele, por sua vez, mostrou aos outros os costumes corretos para seguirem seus caminhos.

Antes, Suddi tinha dito que Jesus visitara todo o mundo conhecido em viagens com seu tio, em sua procura por conhecimentos. Eu lhe pedi para especificar que países ele havia visitado.

S: Foram a entrepostos comerciais dos fenícios ao norte. Foram viagens a Catai e suas trilhas. Ele foi à Índia e conversou com alguns de seus sábios. Egito e diversos países dessa região. Ele também estudou nas margens daquela que é conhecida como Britânia [antigo nome da Grã-Bretanha]. Não sei se foi a outros ou não. Visitou a maior parte daqueles conhecidos pelo homem.

O tio de Jesus, José de Arimateia, era comerciante de estanho e de outros metais. Seu grupo viajava sob esse disfarce, mas sabiam que Jesus ia com eles para outros propósitos. "Para compreender os outros e também para dar compreensão aos outros". Às vezes, sua mãe o acompanhava nessas viagens.

Suddi disse que nessa época ela era chamada por um nome parecido com "Maria". Seu pai, José, fora muito mais velho do que ela e morrera quando Yeshua estava com vinte e poucos anos. "Ele viu seu filho chegar à idade adulta, e esta fora a sua tarefa".

Alguns amigos haviam me pedido para perguntar sobre a morte de José. Eles queriam saber se teria sido isso que retardara o ministério de Jesus. Que talvez ele tivesse tido de assumir a responsabilidade de ajudar Maria a criar sua grande família.

S: Ele não tinha irmãos e irmãs mais jovens? Eles não eram tão mais jovens assim. Na época, receberam a ajuda de José (o tio) e de outros. Havia muitos ajudantes, carpinteiros, e estes mantiveram ativo o negócio da família, garantindo uma renda. E, de tempos em tempos, Yeshua vinha e ajudava.

D: *Você sabe se seus irmãos e irmãs mais jovens ficaram magoados pelo fato de ele não estar sempre presente?*

S: Eles foram criados sabendo que ele tinha muito a fazer e que não teria muito tempo para isso. Como crianças criadas por pais tão compreensivos poderiam ficar magoadas? Elas aceitaram. Havia muito amor. Não dava para conhecer Yeshua sem amá-lo. Isto não era possível.

D: *Se Yeshua estava viajando por outros países, por que voltou ao seu próprio país para iniciar seu ministério?*

S: Porque naquela época, esse era um ponto de encontro na metade do caminho entre o Oriente e o Ocidente. Por isso, o conhecimento poderia ser espalhado para muitos a partir desse ponto central. E sabia-se disso.

D: *Ele teve seguidores nesses outros países?*

S: Dizem que muita gente ouvia sua sabedoria.

D: *Ele não sabia que quando voltasse correria perigo?*

S: Sabia. Desde que era muito jovem, ele sabia como iria morrer. Esta é a parte mais difícil de se aceitar. É saber que, mesmo com esse conhecimento prévio, ele amava tanto as pessoas que abriu mão de si mesmo em nome delas.

D: *Sim, uma coisa é não saber o que vai acontecer com você. Você não tem controle algum sobre isso. Mas ele sabe e, mesmo assim, está disposto a ir em frente. Seria muito difícil. Sabe, há histórias de que ele fez milagres. Essas histórias são verídicas?*

S: Sim, a expressão que você usaria seriam milagres. Há coisas que você chamaria de milagres. De certo modo, não são milagrosas. Pois todos têm essa capacidade, ela é inata, nasce com todos. As pessoas conseguem desenvolver essa habilidade se tiver disciplina e tempo. Elas devem meditar e ter a disciplina mental para conseguir fazer coisas semelhantes. Ele estava sintonizado consigo mesmo e com os planos espirituais, além de ter grande capacidade. E a combinação desses fatores ajudou-o a realizar isso que chamam de "milagres". Consistem em usar as leis da natureza e do universo. Conhecendo estas leis, ele conseguiu fazer coisas que os outros consideraram milagrosas, mas que todos os homens têm poder de realizar. Mas você precisa se abrir para ser um canal desse poder para que isso possa se realizar. Você precisa ter apenas o conhecimento e a vontade de usá-lo. Ele era simplesmente um canal muito claro.

D: *Ensinaram-no a fazer essas coisas?*

S: Sim. Fazia parte de seu regime de treinamento quando ele estava crescendo. E como ele seria o maior exemplo, conseguiu desenvolver essas capacidades até um ponto muito bem afinado. Seus professores conseguiam fazer coisas como erguer objetos ou transformar chumbo em ouro. Mas ele conseguia fazer coisas maiores, como instilar novamente a vida em alguém que estava morto, transformar água em vinho e outras. E podia, usando sua capacidade naqueles que estavam doentes, equilibrar suas energias para que voltassem a ficar bem.

D: *Fico imaginando como ele conseguia transformar água em vinho.*

S: É difícil explicar. É como se ele combinasse diversas habilidades, trabalhando-as em conjunto. Tudo que ele fazia aplicava-se às leis naturais do universo. É que algumas que ele aplicava no plano terrestre normalmente são aplicadas no plano espiritual. Elas podem ser aplicadas no plano terrestre, mas requerem um meio, como um ser humano, para ajudar a canalizá-las. Sim.

D: *Você já ouviu falar de alguns dos supostos milagres realizados por ele?*

S: São tantos, todos os dias, que eu não seria capaz de relacionar todos. Mas ele fez coisas como curar os surdos, os coxos, os cegos e coisas desta natureza. Você precisa ter apenas o conhecimento e a vontade de usar isso. Ele era simplesmente um canal muito claro. Ele chamou de volta pessoas que estavam deste lado e que voltaram à existência, simplesmente chamando-as. Todas as coisas são possíveis com fé. É preciso apenas acreditar que se pode fazê-lo.

D: *Mas depois que a pessoa deixa o corpo, este não começa a se deteriorar?*

S: Após algum tempo. Não dá para fazer isso com alguém que está morto há seis meses. Porém, em todos os casos em que ouvi falar que isso aconteceu, eram pessoas que tinham acabado de ir para o lado de lá, e que talvez tivessem ido por engano. Não é desconhecido o fato de o corpo ter parado de funcionar numa época em que não deveria tê-lo feito. Ele não estava fazendo isso para tentar desequilibrar os ciclos de suas vidas. Nesses casos, porém, em que suas vidas foram abreviadas por um ato circunstancial, ele percebia que as pessoas ainda não haviam pago suas dívidas. E seria melhor se pudessem resolver isso naquela época. Ele insuflava a vida nelas para que voltassem e lidassem com suas dívidas. Nunca ouviu falar de pessoas que morreram e ressuscitaram do túmulo porque sua hora ainda não havia chegado? Ele estava ali justamente para ajudá-las a voltar.

Isto se pareceu muito com as EQM (experiências de quase morte) que têm sido relatadas em números cada vez maiores. São casos nos quais as pessoas foram declaradas oficialmente mortas (em termos médicos) e que reviveram milagrosamente depois. Hoje, de modo geral, isto acontece graças a nossos avançados cuidados médicos.

D: *Achava que seria um sistema infalível. Que quando morrêssemos quando não deveríamos ter morrido e não haveria chance de enganos.*
S: Há sempre a chance de alguma coisa dar errado. Não é muito comum. Às vezes, é uma lição que precisa ser aprendida. Portanto, a pessoa é liberada para o outro lado, despertando para o conhecimento que existe lá.

Suddi disse que Yeshua chamou as pessoas de volta algumas vezes e pedi detalhes específicos.

D: *Eram pessoas que ele conhecia ou eram apenas desconhecidos?*
S: Às vezes eram conhecidas, às vezes estranhas. Ele não conhecia a filha do centurião. A filha desse comandante romano estava muito doente. Ele ouvira dizer que havia um profeta que poderia ajudá-la e mandou um servo procurar Yeshua, uma viagem de dois dias. O servo disse, "Por favor, venha, venha depressa, ela está muito doente". E Yeshua disse, "Espere um pouco, antes tenho de terminar o que estou fazendo aqui". Basicamente, Yeshua foi tranquilamente até a casa do comandante romano. Quando chegou lá, era tarde demais e a filha estava morta. E Yeshua viu que sua vida ainda não tinha termonado, e que ela ainda tinha dívidas a saldar. Ele instilou a vida de volta no corpo dela, dizendo ao comandante romano, "Não se preocupe, agora ela está dormindo". Então, ele saiu. Ela dormiu por um período normal de sono, acordou e estava bem. E houve o caso de Lázaro, que era seu primo. Era o único filho de sua mãe, uma viúva. Ele foi chamado de volta. Mas ainda não era momento de morrer, ele tinha muito que fazer e Yeshua sabia disto.

D: *Achei que depois que ele tinha sido posto no túmulo, não poderia...*
S: (Interrompendo) O túmulo ainda não tinha sido selado. O selo ainda não tinha sido posto. Neste país, tudo que fazem a título de preparação é ungir o corpo com óleos. Alguns são queimados em piras. Na maior parte, porém, os corpos são ungidos com óleos, envoltos em linho e postos em túmulos, ou onde for.

D: *Quanto tempo pode se passar para que a pessoa ainda consiga voltar para o corpo?*
S: Poucos dias. Talvez dois, no máximo. Depois disso, seria necessário fazer muito mais do que apenas trazer o espírito de volta.

D: *Um dos milagres de que ouvimos falar – não sei se você ouviu falar dele – é que ele alimentou muita gente.*
S: Ah, quando ele os alimentou apenas com alguns peixes e pedaços de pão? Sim, isso foi feito com as leis naturais da abundância. Se você tem necessidade e acredita, tudo estará lá, estará lá.

Com certeza, não me pareceu uma lei natural conseguir dividir algumas coisas entre muitas pessoas. Suddi foi paciente comigo ao tentar explicar isso.

S: Mas você precisa acreditar que isso vai acontecer, e acontecerá. Ele acreditou que podia dividir aquilo e todos acreditaram nele. Não sei se havia mesmo um peixe ali ou se eles acreditaram nele e foram saciados.

Isto evoca um conceito interessante. Se as pessoas acreditavam firmemente naquilo que Jesus estava fazendo, não importa se a comida era física, sólida e tridimensional ou não. Poderia ter sido uma ilusão. O principal era que acreditavam que estavam sendo alimentadas, e assim sua fome foi saciada. Esse seria o propósito, embora ele pudesse ter sido satisfeito por meios psicológicos. As pessoas formulavam muitas perguntas sobre a vida de Jesus e esta parecia ser uma ótima oportunidade para descobrir. Eu disse, "Algumas pessoas dizem que ele nasceu de modo bem estranho. Você sabe alguma coisa sobre isso?"

S: Só que ele nasceu numa caverna e que uma estrela ficou sobre ele. Foi a única ocorrência incomum em seu nascimento.

A versão bíblica só menciona que Cristo foi posto numa manjedoura após o nascimento, não diz onde ficava essa manjedoura. Até hoje, as cavernas em torno de Belém são usadas como estábulos para animais. Suddi não mencionou um aspecto importante do nascimento e eu tinha esperanças de que ele o dissesse sem que eu sugerisse nada. Como ele não o fez, eu resolvi falar diretamente sobre o assunto.

*D: Algumas pessoas dizem que sua mãe era virgem. Você sabe o que significa isso?*
S: Soa-me bem familiar, mas não é verdade. Sua mãe era uma mulher como as outras, assim como seu pai era um homem.
*D: Bem, a história que temos é que a mãe era virgem e que seu pai não era um ser humano, que seu pai era Deus.*
S: Somos todos filhos de Deus. Ele estava mais aberto para isso do que outras pessoas, e era hora do conhecimento vir à tona.
*D: Por que você acha que as pessoas contariam uma história como essa se não fosse verdade?*
S: Por que as pessoas dizem alguma coisa exceto para chamar mais atenção para certos aspectos?

Achei que poderia descobrir mais coisas sobre seus discípulos.

*D: Ele tem um grupo específico de seguidores que o acompanha?*
S: O número varia. Originalmente, o grupo central tinha cerca de trinta pessoas, e mais se contarmos aqueles que são só seguidores. Ele é o professor deles, que esperam aprender com ele. Mas alguns têm muitas dúvidas, são apenas humanos. Seus discípulos também podem realizar milagres, pois estudam com ele. Isso faz parte dos estudos, ele ensina diversos exercícios de meditação para ajudar a pessoa a ficar receptiva a essas coisas e para desenvolver essas habilidades. Eles passam muito tempo sozinhos nas colinas, estudando essas coisas. Há homens e mulheres a segui-lo, embora às vezes haja um pouco mais de mulheres do que homens, pois a mulher se desenvolve melhor. Elas são mais receptivas a coisas dessa natureza do que os homens.

Não é preciso ter muita imaginação para entender porque não se mencionam as discípulas na história da igreja. A igreja dos primeiros tempos era estritamente orientada e dominada pelos homens.

*D: Esses seguidores vão com ele a todas as partes?*
S: Ele os manda ensinar aos outros aquilo que ele os ensinou. E eles devem seguir esses caminhos.

D: *O que aconteceu com as discípulas?*
S: Elas são muito ativas. Quando Yeshua dividia seus discípulos, era em pares. E as discípulas também eram divididas. Eles eram enviados pelo mundo conhecido para difundir seus ensinamentos e para conquistarem seus próprios discípulos, ajudando a divulgar essas habilidades que aprenderam.
D: Não era perigoso essas mulheres viajarem assim e terem esses poderes?
S: Geralmente, os pares eram formados por um homem e uma mulher.
D: *Ah. Pois você sabe que o mundo é dominado pelos homens, que não aceitam que as mulheres façam essas coisas.*
S: Sim, ele sabia disso e queria proteger as mulheres daqueles que não entendiam. Assim, os discípulos saíam em pares. Geralmente, os pares eram formados segundo seus mapas. Ele tem doze que o seguem na maioria dos lugares. Mas ele quer que os discípulos sejam capazes de se separar e de se desenvolver sozinhos, adquirindo sua própria força, pois do contrário iriam continuar a depender dele. Isso foi melhor para os discípulos, que puderam desenvolver plenamente suas forças.
D: *Você sabe como se chamam alguns deles?*
S: Estou familiarizado com alguns... há Simão, que é chamado de Pedro. Ah... e há Ben Zebedeu, seus dois filhos. Há Bartolomeu, Matias e Judas. Há vários outros, não consigo... não os conheço muito bem. Aqui, estamos aprendendo o que eles irão fazer. Estão nos mostrando algumas coisas.

Ben Zebedeu é mencionado na Bíblia como Zebedeu, pai de Tiago e de João. Mas a Bíblia diz que Tiago e João deixaram seu pai cuidando do barco de pesca e se tornaram discípulos. Depois disso, Zebedeu não é mencionado. É interessante ver que Suddi mencionou o pai pelo nome e não seus filhos, que eram mais conhecidos. Bartolomeu é um dos discípulos menos conhecidos. E Matias só chega a ser mencionado na Bíblia após a morte de Cristo. Pedro é bem conhecido, mas Suddi chama-o por um nome que foi pronunciado de modo diferente: "Simeão", em vez de Simão. Achei importante ele ter mencionado esses discípulos menos conhecidos. Isto acrescenta validade ao relato de Suddi.

*D: Você acha que todos esses seguidores vão fazer aquilo que ele lhes ensinou?*
S: (Triste) Não. Alguns vão sair e falar. (Suspiro) E haverá aqueles que acham que, como o conheceram, são justos e vão viver a vida acreditando que encontraram o caminho. Isso é muito triste, pois não foi aquilo que ele os ensinou... E temos Iscariotes, claro... Ele tende a ter flutuações de humor e não é popular com os outros discípulos.

Mais uma vez, é interessante ver que ele o chamou de Iscariotes e não de Judas. Ele já havia mencionado Judas como um dos discípulos, mas havia dois Judas. Ele distinguiu este chamando-o de Iscariotes. Noutras ocasiões, ele pronunciou seu nome como "Iscarote".

S: Ele é conhecido como o traidor. Pois é seu destino ser a ferramenta dos outros na realização dessa tarefa.
*D: Quem ele vai trair?*

A todo momento, eu tinha de fingir que não sabia de nada sobre a história, como se ignorasse completamente os acontecimentos. Achei que, deste modo, Suddi contaria a história à sua maneira, sem ser indevidamente influenciado. Embora Katie também conhecesse a história (como todo mundo), há diferenças notáveis. E há diferenças que ninguém perceberia conscientemente.

S: Ele vai trair Yeshua. Ele espera forçá-lo a fazer com que os outros saibam quem ele é. Pois embora eles (os seguidores) acreditem que ele é o escolhido, o Messias, ele nunca falou sobre isto. Os outros dizem isso sobre ele. E o que Iscariotes deseja é que ele se declare, o que ele não vai fazer. Ele sempre vai deixar a critério dos outros decidirem se ele foi um homem bom ou não, o escolhido de Deus para ajudar a conduzir os outros pelo caminho a fim de que eles também sejam um só com Deus. Iscariotes acredita tão firmemente que ele acha que Yeshua realmente é um deus. E que sendo um deus, ele diria, "Ordeno que estes meros mortais parem", e que assim eles iriam fazer.

É bem possível que Iscariotes fosse um dos zelotes de que Suddi falou. Com certeza, essa era a linha de pensamento deles.

*D: Você acha que Iscariotes vai tentar forçar a situação?*
S: É da natureza dele. Ele acha que isso não deve acontecer. Que Yeshua precisa se declarar, mas não é o que vai acontecer.
*D: Esta traição será considerada algo ruim que Iscariotes irá fazer?*
S: É uma coisa que tem de acontecer. É uma coisa que deverá acontecer. Mas o pior de tudo é que aquilo que ele acha que vai acontecer, não acontecerá. Quando ele perceber isso, vai tirar sua própria vida. Sabemos disto com grande tristeza, pois é um grave erro.

Aparentemente, o suicídio foi considerado um ato muito pior do que a traição de Cristo.

*D: Por que você acha que ele vai se matar?*
S: Porque ele vai saber que participou da morte de um homem sem pecado, e não vai conseguir suportar isso. Mas não condenamos. Será seu próprio julgamento.
*D: Você sabe como ele vai traí-lo?*
S: Não, não sei. Mas o dia logo vai acabar. Em breve, Yeshua estará aqui conosco (no estado pós-morte). Sabemos disto, como podemos deixar de saber? (Suspiro) Embora esteja ordenado, ainda é muito difícil me sentar e ver isto acontecer... Traz muita tristeza saber que isso precisa acontecer para que haja salvação. Para mostrar aos demais que esse caminho é possível. Que está aberto para eles. Estou pensando no que vai acontecer e colocando minha vida na balança. Estou reunindo forças para poder... estar lá. (Triste e com dificuldade) Eu também preciso extrair lições disto, assim como todos os demais. Será muito difícil, mas espero aprender com isso... Se eu tiver forças.

Dei um suspiro de alívio e fiz uma prece silenciosa em agradecimento. Achei que se Suddi morresse antes da crucificação de Cristo, seríamos incapazes de obter o resto da história. Agora, tive a impressão de que talvez fosse possível, desde que ele conseguisse observar a cena desde o outro lado. Foi um fato inesperado, mas bem-vindo.

*D: Outras pessoas irão observar tudo desde o mundo espiritual?*

S: Creio que multidões irão observar. Haverá uma grande lição nisso. A lição do altruísmo, pois foi essa a sua escolha. Sabemos disto. Imitar isso é um modo de progredirmos no caminho.
*D: Achei que se você o seguiu tão de perto durante sua vida toda, iria querer estar lá durante o julgamento dele.*
S: Não é o julgamento dele, é o nosso!
*D: Você fala como se soubesse o que vai acontecer.*
S: Ele vai morrer na cruz.
*D: Mas a cruz não era reservada para criminosos e malfeitores?*
S: Ele será tratado como se fosse um bandido. E aos olhos deles, ele o é, pois ousa fazê-los questionar tudo. Ele ousa fazê-los olhar em seu íntimo, e para eles isto é um grande crime. Quantos homens podem olhar para suas almas e se defrontar com aquilo que está lá? Além disso, muitos acreditam que ele é o que os outros dizem que é. Que ele é o Cristo e o Messias. Eles acreditam nisso, mas duvidam porque ele prega o amor. Ele ensina que não devemos odiar. E que a guerra não é a maneira pela qual o reino será conquistado. Mas eles não compreendem isso. Esperam que, se ele for pressionado, ele acabe dizendo, "Sou o Filho de Deus, e por isso vocês não podem fazer isto". Mas eles não veem que isso já foi contado e contado o tempo todo, que esse será o destino dele. Eles não conseguem entender isso.

Foi um discurso muito emotivo, com bastante ênfase nas palavras. Achei que a cruz seria um modo horrível de morrer para uma pessoa tão gentil.

S: Muita gente termina a vida de maneira horrível e as pessoas não pensam nisso. Não é alguém importante, não é alguém que conheçam, não são eles mesmos. Sendo alguém sem pecado, sem ciúme ou ódio, apenas pleno em amor, isso vai lhes mostrar que há muitas pessoas com quem isso pode acontecer.
*D: Ele pode recuar? Ele tem esta opção?*
S: Ele sempre soube que seu destino seria esse. O momento de fazer isso não seria agora, seria antes (antes de entrar na matéria). Depois que a decisão foi tomada, não haveria como recuar. Ele pode pedir ajuda para ter forças para suportar tudo isso... inteiro, e ela lhe será dada.
*D: O que significa quando as pessoas chamam-no de Cristo?*

S: Significa o Salvador, a incorporação de Deus que vive.
D: *Mas não somos todos a incorporação do Deus vivo?*
S: Mas será que todos têm consciência disto? Quantos de nós estão em contato com a alma profunda do nosso eu, nosso verdadeiro eu, enquanto habitamos este corpo material? Quantos de nós enfrentam a existência cotidiana com as tentações que nos são lançadas, vivendo com tudo que ele tem? Ele poderia dizer, "Pare, não, recuso-me a passar por isto"!

Mas ele não o fez. Portanto, é por isso que ele é diferente de nós. Eu não teria essa coragem. Ele é aquilo que todos nós podemos ser. Aquilo que todos deveríamos procurar ser. Isso é possível. Ele disse que é o Caminho. Se pudermos abrir nossos olhos e nossos corações, devemos perceber isso. (Pausa, depois um suspiro profundo) Mas será algo difícil de se ver. Saber que alguém sem pecados, sem mácula, vai se entregar em nosso nome para nos mostrar o caminho a seguir. Isso não é sempre difícil de se ver? Saber que alguém, mesmo que você nunca tenha visto a pessoa, vai se sacrificar só porque ama a humanidade toda. E por nós, que sabemos que não somos dignos. Não é difícil? A humanidade passou eras cometendo os mesmos erros. Prosseguindo ao longo do tempo, mas sem nunca chegar a mudar. E ele está nos mostrando que é possível crescer. Que para escapar e atingir a liberdade e o conhecimento do amor, você precisa crescer. Ele está nos mostrando isso, e portanto está dentro dele fazer isso, assim como está em nós fazermos outras coisas.

D: *Receio que muitos nunca entenderão as razões.*
S: Eles não entendem a totalidade de Yeshua. Sua totalidade é demasiada para que a compreendam, e por isso tentam limitá-lo. Mas as pessoas vão entender. Talvez não no sentido das encarnações na Terra, talvez não entendam dessa forma. Aqui, porém, sabemos e estamos aprendendo.

Aparentemente, conseguiríamos acompanhar a história da crucificação segundo o ponto de vista de Suddi, do lado do além. Mas eu acho que esta história era importante demais para nos apressarmos. Minha intenção foi dedicar uma sessão completa a ela. Eu também não quis correr o risco de ficar sem fita ou sem tempo. Quis dedicar-lhe o maior tempo possível e entrar o máximo possível em detalhes. Percebi que seria uma grande revelação obter o relato de uma testemunha ocular sobre aquele que pode ter sido o mais memorável e controvertido evento da história da humanidade. Será que sua versão corresponderia à versão que nos fora passada? Já tínhamos visto, nos capítulos anteriores, que volta e meia a história de Suddi divergia daquela aceita.

# CAPÍTULO 25
## Crucificação e Ressurreição

Na semana seguinte, tive sentimentos contraditórios no início da sessão. Esperava que pudéssemos obter a história da crucificação; seria a joia da coroa desse experimento. Também seria muito importante para muitas pessoas. Mas eu estava apreensiva, achando que talvez não nos fosse permitido consegui-la. O subconsciente possui um aparato de proteção eficiente. Ele não permite que o paciente tenha qualquer experiência que ele considera nociva. Sabe-se bem que, durante a hipnose, se alguém vê ou se recorda de alguma coisa que não será capaz de enfrentar, acorda imediatamente, muito embora esteja em transe profundo.

Já vi isso acontecer. Eu não tinha ideia de como o subconsciente iria lidar com uma coisa tão traumática como ver um amigo querido morrer de forma horrível. Eu sabia que não conseguiria contornar esse sistema de proteção e nem tentaria fazê-lo. Eu teria de confiar em nossa longa associação juntas e no acúmulo gradual de confiança que se formara entre nós a fim de convencer o subconsciente de que seria algo seguro. Minha principal preocupação é o bem-estar de meus pacientes, e sua proteção sempre é da maior importância.

Katie não sentiu nada disso e estava empolgada para descobrir o que iria acontecer. Eu disse a senha e observei-a entrar sem esforço no estado com o qual estava tão acostumada e começamos.

Levei-a de volta no tempo até a vida de Suddi e posicionei-o no plano espiritual logo após sua morte. E retomamos o ponto em que estávamos na semana anterior.

D: Vou contar até três e vamos avançar até o momento em que tudo isso vai acontecer. Se você estiver em posição de saber, quero que me conte o que está acontecendo. Se for possível, gostaria que você assistisse à cena. Quero que compartilhe este conhecimento conosco. Acredito que podemos aprender muito com esta experiência, caso você tenha forças para assisti-la e compartilhá-la conosco. 1, 2, 3, chegamos ao momento em que tudo isso está prestes a acontecer. Pode me dizer o que está acontecendo?

Eu não tinha certeza se Suddi estaria em posição de poder testemunhar os eventos. Ele disse que o faria se tivesse forças, e por isso sei como seria difícil. Será que ele conseguiria fazê-lo? Iria recuar? Quando terminei a contagem, não houve hesitação e ele pareceu entrar direto na história.

S: Houve a oferta, como é costume dos romanos, de oferecer a liberdade a um prisioneiro a cada dia festivo. E Pôncio Pilatos não acha que Yeshua seria a pessoa maligna que dizem que ele é. Em sua alma, ele sabe que isso está errado, seria um grave erro. Por isso, ele ofereceu Yeshua e Barrabás como opções, sabendo que Barrabás tinha matado tanta gente que eles iriam querer libertar Yeshua.

Tive a sensação de que ele achou que se não entrasse direto no evento, talvez perdesse a coragem e não fosse capaz de narrá-lo.

D: *Barrabás era um assassino?*
S: Sim.
D: *Você fala como se Yeshua estivesse preso.*
S: Sim, ele foi levado. Pelo sinédrio (ou sanhedrin, que ele pronunciou "san-had-rin") E depois que o questionaram e consideraram-no, aos olhos deles, culpado de blasfêmia, decidiram deixar a questão com Roma. Pois eles não poderiam executar alguém que os outros diziam que era o Messias. Isto faria com que o terror das pessoas recaísse sobre suas cabeças. Em troca, entregaram-no aos romanos por tentar dar início a uma revolução. Disseram que ele havia incitado seus seguidores a fazerem coisas contra Roma.

Aparentemente, era a política da época. Jesus só seria uma ameaça quando começasse a reunir seguidores. Antes disso, ele seria deixado de lado como um radical ou um lunático.

D: *Quem foram esses que fizeram isso?*

S: O sinédrio. (Foi difícil entender porque ele pronunciou essa palavra de modo estranho.) O sinédrio. O corpo de legisladores de Israel. (Israel também foi pronunciado de maneira diferente.)

*D: Eles tinham o poder de fazer isso?*

S: Sim. Era uma das coisas que a lei romana ainda os deixava fazer.

*D: Antes, você disse que Iscariotes iria traí-lo. Sabe se isso aconteceu?*

S: Ele procurou os sacerdotes e lhes disse onde Yeshua iria estar. E o vendeu.

*D: Ele recebeu alguma coisa por fazer isso?*

S: Dizem que foi uma sacola com prata. Não sei.

*D: Mas agora eles estão oferecendo Yeshua e Barrabás ao povo para que possam escolher quem vai ficar livre?*

S: (Isto foi muito emotivo para ele) Sim. Mas o sinédrio colocou muita gente na multidão que está sendo paga para dizer o nome de Barrabás.

*D: Entendi. Eles vão tentar impedir o povo de escolher Yeshua?*

S: Não há escolha. Eles não podem, pois... é o destino dele.

*D: Essas pessoas, o sinédrio, têm medo dele?*

S: Eles têm medo de que ele possa ser quem os outros dizem que ele é.

*D: Eles não podem correr o risco de deixá-lo livre? É isso que você quer dizer?*

S: Não podem.

*D: É por isso que pagaram pessoas para ficar na multidão, incitando o povo?*

S: Para falarem o nome. Dizem que o nome que é dito com mais força é o que ficará livre.

Obviamente, Suddi estava profundamente tocado por tudo isso. Havia muita emoção em sua voz. Eu esperava que ele conseguisse continuar.

*D: Certo. Vamos em frente para ver o que acontece. Eu realmente gostaria que você nos contasse. Muita gente pode se beneficiar bastante. Se isso o incomodar demais, você pode assistir como um observador objetivo.*

Eu percebi que ele estava incomodado vendo o que acontecia com alguém que ele amava tanto. Eu receava que seria mais traumático ainda para ele ver a crucificação em si. Minha esperança era que seu desejo de compartilhar esta informação com os outros compensasse a repulsa que pudesse sentir. Continuei a oferecer sugestões tranquilizantes para o bem-estar de Katie.

D: *Vou contar até três e vamos em frente. 1, 2, 3. O que está acontecendo agora?*
S: Foi decidido... que neste entardecer ele e outros dois serão pregados... à cruz para morrer em crucificação. É o estilo romano tradicional de execução de criminosos, assassinos e ladrões. (Estava sendo difícil, mas ele continuou.)
D: *Parece que ele não se encaixa nessa categoria, não é?*
S: (Sussurro) Não. Ele nunca fez mal a ninguém. Mas dizem que ele irá sangrar em nome do mundo todo.
D: *Há outras pessoas assistindo a isso com você?*
S: Há muitas pessoas aqui.

Na Bíblia, fala-se de túmulos se abrindo e de espíritos dos mortos sendo vistos por muitos nesse momento. Será que viram os espíritos que estava observando com Suddi do lado de lá? Um evento deste tipo, com tamanha magnitude emocional, poderia ter aumentado a percepção psíquica das pessoas.

S: E há muitas, centenas, que estão no plano terrestre e que observam... horrorizadas. Pois elas o amam. Não conseguem acreditar que isso iria acontecer. Que se permitiu que acontecesse.

Sua voz estava quase embargada de emoção. Ele estava a ponto de chorar. Estava sentindo cada parte disso tudo, apesar das instruções para manter-se objetivo, caso desejasse. Eu tive de me manter desapegada para poder observar cada movimento com muita atenção. Se percebesse algum sinal de que era demais para suportar, eu tiraria Katie do transe no mesmo instante. Nenhuma história merece que se ponha em risco o bem-estar do paciente.

Geralmente, estou tão empenhada em monitorar o paciente que o impacto emocional pleno da sessão só fica evidente para mim mais tarde, quando ouço as fitas. Nesse momento, eu também sinto a ênfase daquilo que foi dito.

*D: Você sabe como ele está se sentindo neste momento?*
S: Ele está bem calmo. Ele se isolou da maior parte da dor. Ajuda, de certo modo, saber que... não é um sofrimento total.
*D: Que bom que ele tem essa capacidade. O que ele está sentindo pelas pessoas que estão fazendo isso com ele?*
S: Ele sente grande amor, pois sabe que elas não podem saber o que estão fazendo. E ele sabe que muitas delas perceberão graças a isso.

Ele pareceu estar à beira das lágrimas. Na minha mente, não duvidei nem por um instante que ele estava sendo testemunha daquilo.

*D: Quer ir em frente e nos dizer o que acontece? (Procurei ser muito gentil com ele, pois sabia que estava sendo muito difícil.) Se for difícil comentar alguma coisa, pule essas partes. Como eu disse, é um evento muito importante e o mundo inteiro deveria saber disso. Concorda? (Ele respondeu com um "Sim" muito emocionado.) Creio que pessoas de todos os tempos deveriam saber que essas coisas aconteceram.*
S: Ele está carregando a cruz pelas ruas. Ela é muito pesada e ele cai. (Isto foi dito lentamente, como se ele estivesse observando cada passo.) Várias pessoas na rua correm para ajudá-lo. Os soldados dizem a um homem que ele deve ajudá-lo a carregá-la, seu peso.
*D: Um dos soldados ou algum homem do povo?*
S: Um homem que estava na multidão é escolhido para fazer isso.
*D: E como essa pessoa se sentiu com isso?*
S: Ele faria qualquer coisa para aliviar o fardo. Ele se sente grato, sabendo que de algum modo ajudou.
*D: Como a multidão se sente a respeito?*
S: Estão em prantos. Alguns zombam dele, dizendo, "Por que você não se salva?" Mas a maioria sabe que não importa o que os outros digam, esse é um homem... muito belo. (Ele respira fundo.) Sem as fraquezas humanas. Ele se elevou acima dos problemas cotidianos que nos afligem... Eles puseram a cruz no chão e ele ficou deitado sobre ela, com os braços amarrados. E as pernas. E cravos... estão... entrando em seu corpo. (Respira fundo diversas

vezes.) Dá a impressão de que o mundo todo está sendo dilacerado. Pois os céus, que antes estavam limpos, agora estão bem escuros. E a escuridão está aumentando. (Respirando fundo.) A cruz foi erguida, junto com as outras duas. Ela é a central. Deste ponto, a maior parte da cidade pode vê-la. Ela está numa elevação do lado de fora da cidade para que todos possam vê-la.

D: *Por que as nuvens vieram e está ficando escuro? Isso está sendo causado pelo seu lado?*
S: É como se o mundo todo gritasse. Isto não pode acontecer! (Respiração profunda, várias vezes.) Ele pede que... nosso Pai o perdoe.
D: *Por quê? Ele não fez nada.*
S: (Uma longa pausa e um sussurro.) Não sei. Depois, ele pede que Abba perdoe os outros pelo que fizeram. Pois eles não sabem o que fazem. (Uma longa pausa enquanto ele respira profundamente.)
D: *Esses dois que estão nas outras cruzes são criminosos mesmo?*
S: Sim. Um conversou com ele. Não sei exatamente o que ele disse, mas o outro o reprimiu. Perguntou, você não vê que este é um homem realmente bom? E Yeshua olhou para ele e disse que estaria com ele hoje... em seu reino.
D: *O que quer dizer isso?*
S: Que ele deverá estar aqui. Quer dizer, isso nem sempre acontece, mas ele... creio que isso tem a ver com... mesmo que nos últimos momentos de sua vida. ele compreendeu aquilo.
D: *Existe algo de diferente no corpo quando ele está na cruz? Há algo nele ou na cruz?*

Estava me lembrando de todas as pinturas e estátuas que tinha visto de Jesus.

S: Há uma placa tosca que diz, "Este é o Rei dos Judeus", sobre ele. Nas outras, diz o nome e o crime de cada um.
D: *Consegue ler o que está escrito nelas?*
S: (Pausa, parecendo estar lendo.) Não tenho certeza do nome. Aquele que está à direita diz... que ele foi culpado de furto, por tirar alguns artigos de outro homem. Não tenho certeza. Creio que furtou a casa ou algo assim. Mas o outro foi culpado de assassinato.
D: *A qual deles ele disse que estariam juntos?*

S: Foi o ladrão.
D: *E o corpo de Yeshua? Há alguma coisa diferente?*
S: Antes de ser pregado na cruz, ele estava com uma capa jogada sobre os ombros... e espinhos entrelaçados sobre a cabeça. Mas foram retiradas quando ele foi posto na cruz.
D: *Então, ele não está usando a coroa de espinhos enquanto está na cruz? (Ela sempre aparece nas imagens.)*
S: Não... E os soldados estão ao pé da cruz. Estão jogando, tirando a sorte com dados. Parte do costume é que os itens pessoais dos criminosos são negociados dessa maneira. Quem ganha o jogo, leva os itens de vestuário ou o que for. É... o céu está quase da cor do breu, embora ainda seja cedo. Mas ele... a força de sua alma ainda se irradia. É como a única centelha de luz no lugar. Um desses soldados, sabendo que é o sabá... enfia a lança num dos ladrões para se assegurar de que ele morreu.
D: *Como assim, sabendo que é o sabá?*
S: Os corpos dos criminosos sempre são removidos antes do sabá, não importa quando a cruz subiu. Portanto, ser crucificado significa morrer na cruz, o que geralmente leva dias. E eles precisam se assegurar de que estão mortos para serem removidos.
D: *Então, eles os estão matando?*
S: Porque o céu está escuro e o sabá começa no crepúsculo.

Na verdade, o sabá ainda não havia começado, pois o céu ficou escuro mais cedo do que o habitual.

D: *Entendi. Eles precisam matá-lo. Os corpos não podem ficar pendurados no sabá, é isso mesmo?*
S: Sim. (Subitamente) Ele se foi! Ele deixou o corpo!
D: *O quê? O soldado também precisou matá-lo?*
S: Não. Sua cabeça pendeu para a frente nesse instante, no instante que ele saiu. Agora, estão curiosos porque não conseguem acreditar que alguém possa morrer tão depressa. Por isso, eles também o perfuram com a lança na lateral dele, e o sangue escorre lentamente.
D: *Querem ter certeza de que ele está realmente morto?*
S: Sim.
D: *Seu espírito permaneceu perto do corpo físico?*

S: Ele está ao lado de sua mãe, que se afasta dali. Ela percebe sua presença.
D: *Ela sente sua presença ou consegue vê-lo?*
S: Não sei, mas ela tem consciência dele ali.
D: *Ele vai ficar no nível em que você está?*
S: Algum tempo, mas não muito. Ele precisa tratar de algumas coisas e depois vai seguir em frente.
D: *O que acontece com o corpo?*
S: Ele ainda está pendurado... Dizem que a terra está tremendo, mas eu não sei. Sei que há pessoas correndo aterrorizadas, pois sabem que uma coisa horrível aconteceu. E dizem que a terra treme.
D: *Você não conseguiria sentir isso, não é? (Ele faz que não com a cabeça.) Certo, vamos em frente. Diga-me o que acontece com o corpo. Consegue ver?*
S: José (pronunciado "Yoseph") pediu permissão a Herodes para ficar com esse corpo. E Herodes o mandou procurar Pilatos, que deu sua permissão.
D: *Por que Herodes não deu a permissão?*
S: Ele disse a José que não tinha esse poder. Como foi executado pelos romanos, o corpo era deles.
D: *É o tio dele, José?*
S: Sim, e Pilatos lhe permite fazer isso. Assim, tiram o corpo da cruz e colocam-no no túmulo.
D: *De quem é o túmulo onde ele foi posto?*
S: É de José. Ele o havia preparado.
D: *Era para ele?*
S: Não, era para Yeshua.
D: *Então, ele sabia que isso ia acontecer? Acha que Yeshua chegou a lhe dizer?*
S: Não precisava ser dito, pois todos sabiam.
D: *O que farão com o corpo?*
S: Vão ungi-lo com óleos, acender incenso, envolvê-lo em linho e pô-lo deitado. E a pedra será rolada sobre a porta.
D: *O túmulo foi selado?*
S: Sim.

A tremenda emoção se fora. Aparentemente, a pior parte foi ver seu amigo querido sendo ferido, humilhado e morto. Agora, sua voz voltara ao normal.

D: *Acontece mais alguma coisa?*
S: Durante os próximos três dias, nada mais. Pois não será necessário. Depois, ele irá embora.
D: *Você quer dizer que o corpo irá embora?*
S: Sim... sei que há maneiras de fazer isso, mas não estou familiarizado com o método.
D: *Pode explicar exatamente isso? Achei que você disse que o corpo estava morto.*
S: O corpo está morto, mas como ele não é mais necessário, ele se vai. Há maneiras de fazer isso como se não tivesse acontecido. Não conheço o método. Não posso explicar melhor.
D: *É alguma coisa que você mesmo não compreende?*
S: É algo que só os mestres conhecem.
D: *Noutras palavras, você está dizendo que o corpo desaparece?*
S: Sim, é feito como se... fosse feito da poeira que havia antes e depois não existe mais.
D: *Os mestres do seu lado é que fazem isso ou os mestres do lado terreno?*
S: Os mestres do meu lado.
D: *Por que fariam isso? Por que o corpo precisa desaparecer?*
S: Porque foi dito nas profecias que ele se levantaria no terceiro dia. E para fazer isso, eles precisam mostrar que o lugar onde ele foi posto está vazio. E ele não pode ser levado por meios normais. Que o corpo não pode... eles (seus amigos) não conseguem chegar até ele para fazer alguma coisa. Portanto, isso precisa ser feito do lado de cá.
D: *Yeshua não fez isso sozinho? Quando o corpo não existe mais, onde ele está?*
S: Está lá com eles, ajudando-os a fazer isso.
D: *Suas forças somadas às forças dos outros mestres?*
S: Sim, com os outros mestres.
D: *Seria muito complicado. Para fazer isso, é preciso ser muito avançado.*
S: Isso também é feito com a ajuda dos outros. Não conheço este método. Não cheguei a esse nível.
D: *E eles fizeram simplesmente o corpo desaparecer. Seria uma boa palavra? (Eu estava tentando entender.)*
S: Como se não existisse mais, sim.

D: *Não mais. Bem, Pilatos ou alguém tomou precauções para se certificar...*
S: (Interrompendo) Sim, havia guardas lá fora, pois sabiam dessa profecia. E sabiam que os outros diziam que ele era o Messias, e por isso havia guardas lá.

Aparentemente, esta é uma coisa que foi mal interpretada ao longo de séculos. Creio que o que estavam tentando fazer era mostrar que até o corpo físico pode transcender o tempo e o espaço.

O túmulo foi selado e guardas foram postos diante dele para que não houvesse chance do corpo ser furtado e levado por meios normais. Era preciso mostrar que só forças anormais, sobrenaturais, poderiam tirar o corpo de lá. Essa deveria ser parte da lição do túmulo vazio: provar que existem esses poderes superiores e que ele era um deles.

D: *Você informou que a profecia dizia que ele tornaria a se levantar. Isto vai acontecer?*
S: Sim! Como ele não iria? Ele está como era antes. Não é esta a essência de se levantar dos mortos? Pois ele saiu do corpo que é feito de pó e barro e está como era antes.
D: *Creio que as pessoas pensam que o próprio corpo vai se levantar. Sabe, como Lázaro, de que você falou.*
S: Mas Lázaro era uma entidade humana que ocupava um corpo humano. O Messias, como ele é chamado, está mostrando que existe uma continuidade depois. Não é o mesmo que dizer que podemos voltar ao corpo, pois isto já foi mostrado. Mas que precisamos mostrar que existe a continuidade. Que há uma existência depois que o corpo humano deixa de existir.
D: *Creio que é isso que as pessoas acham que a profecia diz, que o corpo físico tornaria a se levantar.*
S: É por isto que ele precisou ser destruído. Para que compreendam de outra maneira.
D: *E o que acontece? As pessoas descobrem que o corpo se foi?*
S: Há o costume de tornar a ungir o corpo após vários dias. E sua mãe e a prima dela foram fazer isso. E ele (o túmulo) tornou a ser aberto para isso, com os guardas à porta. E viram que estava vazio.
D: *Mas sua mãe foi lá com outra mulher?*

A Bíblia não menciona que a mãe de Jesus era uma das mulheres que foi ao túmulo. Fala de Maria Madalena, de Maria, mãe de Tiago, e da "outra" Maria, dependendo da versão que você lê nos diversos capítulos.

*D: Acho que seria difícil fazer isso, ver o corpo que estava lá há vários dias. Seria um ato de amor, não seria?*
S: E quem se disporia mais a realizar tal ato de amor do que a mãe?
*D: Mas quem abriu o selo?*
S: Os soldados ajudaram a abrir o selo.
*D: E o que pensaram quando viram que o corpo se fora?*
S: Naturalmente, disseram que alguém passara por eles e furtara o corpo. Mas, o que poderia ser dito? A mortalha de linho ainda estava lá, com sangue nela. E tudo estava tal como havia sido deixado.
*D: E o selo não tinha sido rompido, tinha?*
S: Não.
*D: O que sua mãe sentiu quando viu que o corpo se fora?*
S: Ela sabia que ele tinha ido e que estava sendo preparado para ir em frente.
*D: Yeshua prosseguiu ou ficou por ali?*
S: Durante algum tempo, ele ficou, pois ele precisava procurar aqueles que acreditavam nele para lhes dizer, "Não se espante. Saiba que tudo está como eu preguei". Ele precisava fazer com que soubessem que ele disse a verdade. E para isso, precisava mostrar que ele existe... para eles.
*D: Você sugere que ele conversou com eles. Eles podiam vê-lo e ouvi-lo?*
S: Sim, pois eles têm essa habilidade. Todos que se abrem têm essa habilidade e poderiam tê-lo visto. Muitos o viram.
*D: Acha que eles o viram como uma pessoa de matéria física?*
S: Sim, mas alguém que é... diferente. Que é mais como um dos seres de luz do que como alguém que tem um corpo terrestre. Não é alguém que você pode estender a mão e tocar, pois iria atravessá-lo.
*D: Mas eles foram capazes de vê-lo?*
S: Sim. Para saber que era verdade.
*D: Ele ainda tem marcas no corpo espiritual? (Estava pensando nos lugares onde enfiaram os cravos.)*

S: Sim, durante algum tempo, ele ainda reflete as coisas que foram feitas. Porque era uma forma de provar para eles. De tirar as dúvidas de que ele seria quem dizia que era.
D: *Alguns duvidaram?*
S: Como não haveria certa dúvida no homem? Faz parte de sua natureza.
D: *É por isso que ele ainda tinha a imagem, digamos, das marcas? Para provar quem ele era?*
S: Sim.
D: *E outros também o viram? Ouvimos muitas histórias. Alguns dizem que ele apareceu em seu corpo físico, caminhando sobre a terra.*
S: É ele como realmente é, e não como o conheceram.
D: *E o corpo físico tinha sido completamente desfeito, digamos assim.*
S: Reduzido a pó e cinzas, sim.
D: *Isso faz mais sentido, reduzido a cinzas.*

Ao que parece, a história do anjo e da pedra sendo rolada pode ter sido um acobertamento inventado mais tarde pelos soldados para salvarem a própria pele. Nas histórias que circularam ao longo dos anos, parece que o verdadeiro milagre da ressurreição foi obscurecido. Na minha opinião, o milagre foi a desintegração do corpo físico e o aparecimento do corpo espiritual. Como ele foi visto por muita gente, ele esperava provar a continuidade da vida depois da morte, pois seu corpo físico não existia mais. Este ponto crucial parece ter sido obscurecido e confundido no dogma religioso que se desenvolveu em torno dessa questão ao longo dos anos. Suddi estava certo, centenas de pessoas voltaram a seus corpos físicos depois de terem sido dadas como mortas. Este fenômeno não é tão raro como as igrejas têm alegado. Aparentemente, os mestres também estavam tentando mostrar que o corpo físico não é muito importante.

D: *Você mencionou os seres de luz. O que quer dizer isso? É a natureza da pessoa quando ela deixa o corpo físico?*
S: São esses, alguns desses, que superaram a necessidade de voltar. Que deram mais um passo na direção de tornarem a ser um só com Deus. São aqueles que vêm nos ajudar e guiar de muitas maneiras, orientando nossos caminhos.
D: *O que aconteceu com Yeshua?*

S: Mais tarde, ele voltou para ficar com os outros. Para ficar com os mestres e nosso Deus, como o conhecemos.

D: *Alguém viu isso acontecer?*

S: Dizem que sua mãe estava lá. E que viram que uma luz se misturou e depois não havia mais nada.

D: *Pois ele foi para o outro plano. Seria um modo de explicar isso?*

S: Sim.

D: *E onde Yeshua está agora? Está no mesmo plano em que você está?*

S: Ele está com os mestres. Ele não está aqui. Não estou nem um pouco próximo daquele nível.

D: *Você sabe em que nível ele está?*

S: No mínimo, no nono. Muito próximo do décimo.

D: *Quantos níveis existem no total?*

S: O décimo é a perfeição.

D: *Se ele está naquele nível, você não tem como vê-lo agora. É isso mesmo?*

S: A menos que ele venha até o nosso, não há como.

D: *Entendi... Ouvimos histórias de pessoas que dizem que conseguiram vê-lo.*

S: Não duvido.

D: *Quero dizer, muitos anos depois de ter deixado a Terra, de ter-se ido.*

S: Mas para nós, um ano é apenas um instante; assim, por que não seria possível?

D: *Então, ele se deixaria ver por pessoas da Terra?*

S: Se o desejasse. Talvez, se houvesse alguma coisa que pudesse ser feita para este indivíduo e ele ainda tivesse dúvidas. Acha que ele não se revelaria às pessoas? Mostraria que elas acreditavam na verdade.

D: *Segundo o sistema de crença das pessoas, isso as ajudaria?*

S: (Ele estava ficando frustrado por que não conseguia fazer com que o entendêssemos.) Estou com muita dificuldade. Se esta pessoa tiver uma grande tarefa a realizar, como difundir a palavra, dizer que ele viveu, para que os outros saibam disto, acha que ele não se revelaria? Ele o faria para que soubessem que aquilo em que acreditam está certo.

D: *Achei que talvez ele estivesse ocupado do outro lado. Que ele nunca viria à Terra para coisas como essas.*

S: Se ele não quisesse cuidar do homem, nunca teria vindo aqui.

D: *Pode me falar das razões para ele ter morrido pela crucificação? Na nossa época, ou do nosso ponto de vista, dizem que ele morreu por nossos pecados. Existe discórdia a respeito. Somos ou não responsáveis por nossas próprias ações?*

S: (Suspiro) Esta é uma pergunta muito complexa.

D: *Imagino que tenha muitas respostas.*

S: Há muitas influências sobre essas respostas. Ele precisava ser crucificado para ser ridicularizado pelos outros. Para mostrar que, quando ele tornasse a viver, era capaz de se elevar acima disto e que nós também somos capazes de nos elevarmos acima disto. É uma coisa que ele precisava fazer para suas próprias lições, bem como por outros motivos. Que ele não era tão perfeito, não tão perfeito quanto os outros poderiam presumir. Que ele estava disposto a pagar as penas e mostrar que nós também não deveríamos ter medo delas. E, pagando por aquilo que nós fizemos, podemos nos elevar acima disso. Isso é parte da lógica por trás de tudo. Serve para mostrar que pode ser feito pelo homem, que o homem pode fazer essas coisas.

D: *Então, quando dizem que ele morreu pelos pecados de todas as pessoas do mundo, isso faz sentido?*

S: Como ele pode morrer pelos pecados de outras pessoas? Todos nós precisamos pagar pelos nossos. Se não desta vez, então na próxima, quem sabe, ou mesmo na seguinte. Em última análise, você deve suportar aquilo que fez os outros suportarem por sua causa.

D: *Então, sua vida e sua morte não vão apagar os pecados dos outros?*

S: Há a lei da graça que sempre vai existir. Mas não é porque ele pagou por seus pecados, mas porque você o aceitaria como sendo digno, talvez um mensageiro de Deus. E a lei da graça trata do amor de Deus por você, não porque ele morreu pelos pecados.

D: *Bem, então as pessoas estão interpretando isso de forma errada, não?*

S: È bem possível. O homem interpreta muitas coisas de maneira errada.

D: *Deveríamos tentar ser como ele. Mas isso não significa necessariamente que temos de segui-lo como se o venerássemos. O que precisamos imitar é o caminho que ele nos mostrou. Certo?*

S: Certo. Ele está num ponto em que quase deve ser venerado, pois ele podia fazer isso. E ele nos mostrou que isso podia ser feito. Portanto, ele é alguém digno de admiração, mas não deve ser venerado. Não deve ser divinizado, pois todos nós somos parte de Deus.

D: *Você acha que ele quer ser venerado?*

S: Ele quer ser lembrado, mas talvez não da maneira como muitos se lembram dele. Basicamente, o que ele tinha em mente era um conceito similar a um guia, um guia espiritual que orientava as pessoas para uma iluminação maior, para ajudá-las a adquirir maiores poderes. Para ajudá-las a ter percepções mais espirituais. Ele se considerava principalmente um ajudante, um guia, um exemplo, como um bom amigo que o ajuda com seus conselhos.

D: *Muitos pensam nele como um Deus por méritos próprios. É difícil pensar nele como um ser humano.*

S: Somos todos parte de Deus. Alguns de nós percebem isso melhor do que outros. Eu diria que ele é uma dessas pessoas. Mas considerá-lo um deus e divinizá-lo por seus méritos, e separadamente, é uma coisa errada.

D: *É isso que receio que as pessoas farão no futuro. Divinizá-lo e também divinizar sua mãe, pois ela era a mãe.*

S: Se isso significa que ao fazê-lo elas vão viver como eles, isto é bom. Mas se significa que vão torná-los deuses e dizer, "Como eles são tão sábios, vão me perdoar por qualquer coisa que eu fizer", indo em frente e fazendo o que querem, este é um grave erro. Ele tinha percepção e ela também tinha percepção, de várias maneiras, daquilo que é possível para todos nós. Porém, é preciso muito esforço para chegar a isso.

D: *Ele era uma pessoa que incentivava os outros a pensarem sozinhos ou queria que o seguissem cegamente?*

S: Seguir cegamente, nunca! Questionar sempre. Pensar por si mesmo é tomar a melhor decisão. Pois ela foi elaborada, não foi recebida. Se não questionamos, não temos fé. Pois não podemos pensar em certas coisas se não as questionarmos e as analisarmos sob todos os ângulos. E se depois de fazer isso você acreditar, vir que é bom, então vale a pena acreditar nisso.

D: *Algumas pessoas dizem que sempre que questionamos algo, isto é obra do diabo... se vocês têm o diabo em sua sociedade.*

S: (Suspiro) Não existe diabo! (Suave mas firmemente, como se estivesse falando com uma criança teimosa.) Dentro de você há duas partes. Há a parte que é questionadora, que pode causar um erro. Mas ela também é uma parte muito boa, pois ela faz você pensar nas coisas e faz você pensar nas pessoas. Pois nem todas as pessoas são boas. Você aceitaria uma pessoa pelo que ela aparenta ser se ela lhe sorrisse mas espetasse uma faca em suas costas? Você precisa questionar as coisas, mas também precisa ter fé. Já foi mostrado que isto é verdade. Você pode ter fé nas coisas. Isto parece ser um paradoxo, mas não é... mesmo.

Ele estava ficando frustrado. Isso tudo era muito importante para ele, que se esforçava muito para que o entendêssemos.

D: *Compreendo. Você está fazendo um ótimo trabalho... Mas quando descobrimos uma informação nova, como podemos saber se ela é verdadeira? Como descobrir?*
S: (Suspiro) A verdade... pode deixá-la triste. Mas em algum lugar lá no fundo, você sabe que é a verdade. Se puder se abrir, saberá quando as coisas são verdadeiras e quando não são. Pois isso estará disponível para você.
D: *Às vezes, quando descobrimos algo novo, as pessoas dizem que isso é ruim.*
S. Isso fere alguém, de algum modo? É nocivo? Isso não significa que não a deixará triste. Mas se fere alguém, realmente não pode ser algo bom. Se não prejudica, aceite-o e estude-o. E descubra a verdade. Encontre o que há de bom nele.
D: *Não é verdade que enquanto você era vivo, nas sinagogas e em diversas religiões, muitos diziam, "Não questione, só aceite"?*
S: A maioria dizia isso, sim. Foi dito.
D: *Seu povo era diferente, não? Os essênios gostavam de questionar.*
S: Sim.
D: *Pode nos dizer se o Cristo vai voltar à Terra em algum momento futuro?*
S: Sim, ele vai voltar.
D: *As pessoas terão conhecimento de seu retorno antes, assim como vocês tinham esse conhecimento em sua época, ou ele vai aparecer repentinamente?*
S: Haverá aqueles que saberão.

Esta sessão parece ter sido muito difícil para Katie. Ela estava muito tensa e emotiva enquanto assistia à crucificação, como se fosse extremamente doloroso. Claro que, ao voltar e acordar, ela não se lembrou de nada do que viu e se sentiu bem. Entendo que esta sessão vai provocar muita controvérsia. Mas creio que esta deve ser analisada e examinada pelo que ela é, ou seja, uma visão alternativa de alguns dos eventos mais importantes de nossa cultura.

Nesse relato, o que me espanta não é a falta de precisão, mas a precisão. O fato da versão que temos na Bíblia ter chegado até nós após dois mil anos, intacta como chegou, é verdadeiramente notável. Ter passado pela Idade das Trevas, quando uma quantidade imensa de conhecimentos insubstituíveis se perdeu, e persistir apesar de muitos escribas, tradutores e exclusões e inclusões propositais, é um verdadeiro milagre. Nenhum ser humano pensante e racional poderia esperar que fosse a verdade literal, palavra por palavra, se nossos próprios livros recentes de história contém muitas contradições. Até as histórias dos noticiários modernos variam segundo o ponto de vista do repórter. Não deveríamos nos incomodar com as diferenças, mas sermos gratos por termos a história. O fato de a Bíblia ter chegado a sobreviver é mesmo uma dádiva de Deus.

# CAPÍTULO 26
# O Propósito da Crucificação e da Ressurreição

Estou ciente de que muitos livros foram escritos sobre este assunto e muitos outros serão escritos no futuro. Quero ver que interpretação posso obter a partir das informações que foram trazidas à tona sobre Jesus nessas regressões. Para fazer isso, eu teria de eliminar todo o treinamento da igreja e dos dogmas a que fui exposta desde a infância; teria de olhar para ele com novos olhos, vendo e ouvindo sua história pela primeira vez. Isso seria muito difícil. A "lavagem cerebral" começa muito cedo e fica profundamente enraizada. Espero fazer uma tentativa de descobrir o que Jesus teve a dizer para a humanidade. O que ele realmente tentou transmitir ao mundo através de sua crucificação? Qual foi a verdadeira mensagem por trás da ressurreição? São perguntas profundas e pesadas, e eu não sou filósofa. Mas quero apresentar aquilo que extraí da história e as lições que aprendi. Outra pessoa pode enxergar muito mais do que eu consegui, e outra pode ver algo totalmente diferente. Todos têm seu ponto de vista tingido por suas experiências de vida, e as pessoas nunca serão capazes de concordar com algo tão profundo e pessoal como as crenças religiosas. Mas minha interpretação pode ajudar alguém que está tateando nas sombras da confusão.

Todos fomos criados no mesmo instante e, neste sentido, todos somos filhos de Deus. Quando viemos à Terra para ter a experiência da vida, ficamos presos no plano físico. Esquecemo-nos de onde viemos. Pelo menos, esquecemo-nos no nível consciente. Em nosso íntimo, uma centelha ainda se lembra de "casa" e anseia por voltar para lá, para o Pai amoroso que nos criou. Ele estava aguardando pacientemente, pois não conhece essa coisa, o tempo; esperando que seus filhos descobrissem novamente seu verdadeiro potencial e destino. Mas a humanidade gostou da vida e ficou entretida com os caminhos do mundo, cometendo erro atrás de erro, embrenhando-se cada vez mais pela lei do karma. Havia alguma saída? Quanto mais vidas os humanos viviam, mais karma criavam para si mesmos. Não podíamos voltar para Deus enquanto não voltássemos a ser perfeitos, tendo expiado todos os erros cometidos contra outros humanos.

Não parecia haver esperança. A cada erro que expiávamos, cometíamos outros dois. Estamos numa roda girando e girando sem chegar a parte alguma, pois não compreendemos o que precisamos fazer para sair dela. Como a humanidade pode ascender se está sempre andando em círculos? Foi disto que Jesus veio "salvar" a humanidade. A humanidade precisava de um exemplo, de alguém que lhe mostrasse o "Caminho". A humanidade entrou na confusão em que se encontrava por causa do livre arbítrio. Deus não pune, ele ama demais os seus filhos para fazê-lo. Ele permitiu que cometessem seus próprios erros, esperando que acabassem aprendendo com eles, que vissem "a luz" e encontrassem a senda que os leve para "casa". Como Deus não interfere (ele só pode ajudar e guiar), resolveu mandar alguém para servir de exemplo.

Creio que Jesus ou Yeshua era um mestre do décimo nível. Isso significa que, após incontáveis vidas repletas de fraquezas humanas, ele finalmente havia atingido a perfeição e voltado ao lado de Deus, de onde teria vindo. Só uma entidade desse tipo poderia resistir e não ser sugada para a escuridão e a lama da existência humana. Isso seria perigoso até mesmo para os mestres, pois a atração da carne é muito tentadora e ele poderia se esquecer do propósito de sua vinda.

Era importante que ele viesse, tal como todos nós precisamos entrar em corpos físicos humanos e nos expormos a todas as tribulações que o homem tem de enfrentar. Ele precisava mostrar que podia se alçar acima disso. Se conseguisse fazê-lo, a humanidade também conseguiria. Ele precisou estudar todo o conhecimento do mundo para poder compreender a época em que viveu. Ele precisou ser treinado no uso completo da mente a fim de mostrar suas maravilhosas capacidades. Mostrar que o corpo humano não é meramente animal, mas a suprema criação espiritual.

Ele nunca alegou que fazia milagres, mas disse às pessoas que elas também podiam fazer essas coisas e outras mais maravilhosas ainda. Ele teve de aprender meditação para poder se manter próximo da fonte da qual veio. Deste modo, ele poderia manter sempre em mente a sua meta, sem se desviar dela. Sua meta era mostrar à humanidade, com seu exemplo, como deveríamos viver. Que a maior lição a ser aprendida era amar as outras criaturas da Terra. Se o amor estivesse presente, não seria criado novo karma negativo. Se o amor estivesse presente, não haveria mais guerras e sofrimento. A humanidade poderia sair da roda do karma e começar novamente a subir a escada. Jesus foi o exemplo perfeito daquilo que toda pessoa tem em seu íntimo e do que somos capazes de realizar. Mas mesmo assim, eles não entenderam. Sua perfeição os assustou e deixou-os confusos. Eles o temeram porque ele era diferente, e a única solução que encontraram foi matá-lo.

Creio que o propósito da crucificação foi mostrar, através de um contraste nítido, no que a humanidade havia se transformado, até que ponto havia decaído. Creio que Deus estava oferecendo uma opção às pessoas: mantenham seu curso atual e tornem-se como essas criaturas vis e degradadas, sem consciência, que pensam apenas em suas existências materiais e mundanas; ou tentem modelar suas vidas nesse belo exemplo, e vocês poderão se alçar acima do caos do mundo até atingirem a perfeição.

Ele havia adquirido a compreensão da mente e por isso não precisou sofrer demasiadamente na cruz. Era capaz de sair do corpo à vontade e morreu mais depressa do que o normal. O sofrimento prolongado não era o ponto, e sim o exemplo e o contraste. Deste modo, ele realmente morreu pela humanidade toda. Se não tivesse vivido, o homem ainda estaria tateando no escuro, sem o exemplo luminoso de sua vida perfeita.

Creio que o propósito da ressurreição também foi perdido e confundido pelo pensamento das pessoas. Deus quis mostrar que o mundo físico não é tudo, que o homem é mais do que isso. Uma alma eterna, um espírito que não pode ser apagado. Que o espírito tem continuidade e pode existir depois que o corpo deixa de funcionar. Voltar a entrar no corpo não teria provado o ponto que os mestres estavam tentando demonstrar. Iria apenas mostrar que era possível manter-se no plano físico. Por isso, o corpo terreno de Jesus teve de desaparecer completamente.

O corpo tinha sido selado no túmulo. Guardas, tanto romanos quanto judeus, tinham sido postos do lado de fora. Uns não confiavam nos outros e ambos queriam se assegurar de que ninguém iria passar por eles para furtar o corpo. Com o túmulo selado e guardado, os mestres foram trabalhar com a ajuda de Jesus para desintegrar o corpo, fracionando-o até os átomos e devolvendo-o à terra. Foi como se o processo natural de declínio e decomposição tivesse sido acelerado, tornando-se quase instantâneo. A mortalha de linho foi deixada para mostrar que o corpo não tinha sido removido fisicamente. Quando os guardas abriram pessoalmente o túmulo e viram que o corpo não estava ali, ficou evidente que não havia maneira de ter sido tirado. Isso só poderia ter sido feito desde o lado de lá, o lado espiritual.

Mais tarde, quando a figura do Cristo foi vista por tanta gente, eles precisaram saber que essa era a parte do homem que sobrevive a tudo e é eterna. Que o espírito é a verdadeira natureza do homem e que existe alguma coisa além da mera existência terrena à qual o homem se apega tão ferozmente. Eles teriam de acreditar nisso, pois o corpo não poderia ter voltado; fora completamente destruído.

De algum modo, porém, tudo isso ficou confuso através das eras. Haviam dado ordens aos soldados para guardarem o túmulo, sob ameaça de morte. O sinédrio e os romanos conheciam as predições que diziam que iria acontecer a ressurreição. Eles não podiam deixar que nada acontecesse com aquele corpo. Quando abriram o túmulo e viram que o corpo não estava lá, os soldados temeram por suas vidas. Posso imaginar que, a fim de salvarem seus pescoços, inventaram a história do anjo que rolou a pedra da entrada e que Cristo saiu andando.

É fato conhecido que o sinédrio pagou os soldados judeus, mais tarde, para dizer que alguém passou por eles à noite e furtou o corpo. Essas histórias foram aceitas e repassadas através dos séculos porque eram mais fáceis de se compreender. Parece que o verdadeiro propósito por trás da ressurreição era complicado demais, obscuro demais para suas mentes. Talvez tenham tido outras razões para negar a verdadeira história. O medo provoca coisas estranhas nas pessoas.

Se você examinar os relatos bíblicos, verá que há muitas referências a Jesus – após sua morte – aparecendo e desaparecendo subitamente para grupos de pessoas. Estas histórias são mais representativas do espírito do que do corpo humano.

A história da vida de Jesus em si é muito bela, um exemplo do amor perfeito que ele deixou conosco. Não consigo entender a necessidade desses ornamentos sobrenaturais que foram postos sobre ela. Por que a história de que ele nasceu de uma virgem? Em seu livro The Essene Heritage, Larson diz que isso veio de antigas crenças egípcias, segundo as quais um deus sempre precisa ter um aparecimento sobrenatural. São muitos os teólogos eruditos que não acreditam no conceito da mãe virgem. Por que seria necessário? Ele foi transformado num deus pelas pessoas que não compreenderam as razões para sua vinda. Ele não queria ser um deus, ele nunca teve a intenção de ser adorado. Isso foi coisa do Homem. Haveria modo melhor de demonstrar nossa gratidão e de lembrá-lo do que tentar viver como ele?

Naturalmente, esta é apenas a minha própria interpretação, a minha opinião. Mas seria terrível se ele tivesse vivido e morrido e o sentido real de tudo isso se perdesse na obscuridade.

Nenhuma explicação seria suficiente para explicar porque uma jovem normal, vivendo no século vinte, seria capaz de dar informações sobre uma civilização perdida suficientes para encher todo este livro. Mas uma coisa é certa: isso foi feito por meios paranormais. Haverá, sem dúvida, inúmeras discussões sobre este fenômeno, se foi reencarnação, possessão por espíritos ou muitas outras coisas. Pessoalmente, prefiro a teoria da reencarnação. Porém, isso não é mais importante para mim. Durante os três meses em que trabalhei com ele, Suddi Benzahmare emergiu como uma pessoa bem real. Ninguém jamais me convencerá de que ele não viveu.

Em si mesma, a vida de Suddi não teve nada de muito notável ou excitante. Ele era um homem discreto e pacífico, dotado de bondade e de compreensão inatas, que devotou sua vida à preservação e ao ensino de conhecimentos. Em suas infrequentes viagens ao mundo exterior, ele pareceu desapontado com a condição humana. O que sua vida teve de único foram as pessoas com quem conviveu e o fato de ter podido se manter muito próximo daquele que deve ter sido o maior ser humano que já viveu. Ao que parece, viver na época da realização das profecias e ter podido ajudar a ensinar (ou a despertar) o Messias devem ter lhe proporcionado alegria.

O cruzamento de seus caminhos em Qumran é importante porque descreve uma área desconhecida da vida de Jesus. Permitiu-nos ver o lado bem humano de um homem cuja deificação ampliou sua imagem de forma desproporcional. Após essa experiência, ele não é mais um rosto numa pintura, uma estátua fria ou uma figura flácida presa a um crucifixo. Ele vive, ele ama e se preocupa com toda a humanidade. A associação entre Suddi e ele me iluminou de uma forma que nunca imaginei que fosse possível.

A história da vida de Suddi também é valiosa por causa do maravilhoso conhecimento que ele nos transmitiu através de dois mil anos. Por ter compartilhado isso tudo, devemos ser eternamente gratos. Ele nos mostrou uma faceta da mente antiga que nunca soubéramos que havia existido.

A Suddi, só posso dizer, "Fico feliz por você ter vivido. Fico feliz por ter decidido conversar conosco. Agradeço-lhe do fundo do meu ser por compartilhar essas informações. Nunca me esquecerei de você".

# ADENDO ACRESCENTADO EM 2001

Depois que "Jesus e os Essênios" foi publicado na Inglaterra em 1992, comecei a viajar e a dar palestras sobre o livro. Entre elas, foi notável ter podido falar na Essene Network Summer School de Dorset durante muitos anos. Numa das primeiras palestras, um homem da plateia fez uma pergunta que me fez pensar. Eu estava falando das viagens de Jesus com seu tio, José de Arimateia, dizendo que ele era um rico comerciante de estanho e de tecidos. O homem perguntou, "Onde José conseguia o estanho?" Respondi, dizendo que não sabia, que não havia pensado nisso. Então, a plateia comentou que havia muitas lendas antigas naquela região da Inglaterra sobre minas de estanho, e que José fora até lá. Eu tinha ouvido falar de sua conexão com Glastonbury e com o Poço do Cálice, mas não sobre as minas de estanho. Disseram que as pessoas do lugar ainda cantavam uma música que dizia, "José era o homem do estanho". Isso foi fascinante para mim, pois confirmava outra parte da história que havíamos recebido. Eu disse à plateia que gostaria muito de conhecer melhor essas lendas. Com isso, nos anos seguintes, recebi livros e folhetos de meus leitores ingleses. As pesquisas feitas pelos autores pareciam ter base em registros históricos sólidos. Resolvi que se este livro chegasse a ser publicado nos Estados Unidos, eu iria acrescentar um adendo que incluiria essa pesquisa. É espantoso mesmo ver que toda a história continua a se sustentar sob escrutínio, e que ela continua a receber outros trechos.

\* \* \*

THE DRAMA OF THE LOST DISCIPLES, de George F. Jowett, 1993, Covenant Publishing Co. Ltd., Londres. Este livro é altamente recomendado como a história mais completa que já li. Provavelmente, serviu de inspiração aos demais. Enquanto os outros livros sugeriram que toda a história de José na Inglaterra poderia ser um mito ou uma lenda, este livro cita registros históricos antigos, datados desde tempos romanos e até anteriores. Suas fontes não podem ser contestadas. É a história esquecida da fundação da religião cristã que precisa tornar a ser contada e trazida à nossa época, embora deva perturbar muita gente apegada aos dogmas da igreja. É um privilégio e um direito divino pensarmos por nós mesmos, buscando constantemente o conhecimento. Esta é a única maneira de descobrir as respostas, por mais desagradáveis que possam parecer. Precisamos nos esforçar constantemente para restaurar a história "perdida" e para preservá-la para nossa posteridade. Minha obra é dedicada a essa finalidade.

\* \* \*

José de Arimateia é mencionado apenas de passagem na Bíblia. Ele é citado como o homem rico que pediu o corpo de Cristo, oferecendo seu túmulo para que ele fosse enterrado após a Crucificação. Segundo a lei, tanto judaica quanto romana, a menos que o corpo de um criminoso executado fosse reclamado por um parente, o corpo seria jogado numa vala comum com outros, perdendo-se completamente todo e qualquer registro físico deles. José, o guardião da família, foi procurar Pilatos pessoalmente para lhe pedir a autorização para ficar com o corpo, removê-lo da cruz e prepará-lo para ser posto em seu sepulcro particular, em sua propriedade. Entretanto, há muitas e muitas partes dessa história que foram esquecidas e "perdidas" ao longo do tempo. A história é gloriosa e precisa ser apresentada às pessoas de nossa geração.

Primeiro, a história relacionada com as informações descobertas através da regressão hipnótica relatada neste livro. José de Arimateia era mesmo tio de Jesus, relacionado com Maria. Ele era o irmão mais novo do pai dela. Era um dos homens mais ricos do mundo, não só de Jerusalém. Era um magnata dos metais, controlando a indústria do estanho e do chumbo. Naquela época, o estanho era tão valioso quanto o ouro, pois tratava-se do principal metal usado na produção do bronze. Era uma necessidade vital para todos os países e muito procurado pelos belicosos romanos. O controle mundial do estanho e do chumbo por José devia-se à sua grande participação nas antigas minas de estanho da Britânia. Ele havia adquirido e desenvolvido esse comércio muitos anos antes de Jesus começar seu ministério. A maior parte do estanho do mundo era extraída na Cornualha, derretida em lingotes e exportada para todo o mundo civilizado, principalmente pelos navios de José. Ele possuía uma das maiores frotas particulares de navios mercantes, percorrendo todos os portos do mundo conhecido.

José também era membro influente do sinédrio e membro legislativo do senado romano da província. Ele possuía uma casa palacial na cidade santa e uma bela residência de campo perto de Jerusalém. Muitos quilômetros ao norte, ele possuía outra ampla propriedade em Arimateia, localizada na populosa rota de caravanas entre Nazaré e Jerusalém. Era um homem importante e influente, tanto nas hierarquias judaicas quanto romanas.

Depois que José, pai de Jesus, morreu quando Jesus ainda era bem jovem, José de Arimateia foi nomeado guardião legal da família por seu parentesco. Isso explica a associação entre Jesus e seu tio desde cedo, e sua capacidade de acompanhá-lo em suas viagens.

Muitas são as lendas na Inglaterra dizendo que quando José ia às ilhas para obter estanho, costumava levar com ele seu sobrinho Jesus. Com menor frequência, Maria, mãe de Jesus, acompanhava-os, especialmente quando Jesus era pequeno. Isso pareceria apenas um detalhe interessante, exceto pelo fato de sabermos, graças à história narrada neste livro, que Jesus foi com José a todos os países do mundo conhecido sob o disfarce de ser um mero acompanhante nas missões comerciais. Na verdade, ele estava sendo levado para estudar com diversos professores e sábios, e para estudar os mistérios dos ensinamentos antigos. Isto se encaixa muito bem com as histórias de Jesus e José visitando a Inglaterra para transportar o valioso estanho. Durante muitos séculos, a Britânia foi o único país do mundo onde o estanho era extraído e refinado, sendo chamada de "Ilha de Estanho". Na produção do bronze, o estanho era o principal metal da liga. Assim, podemos dizer com segurança que a Idade do Bronze teve seu começo na Britânia. O comércio de estanho já existia em 1500 a.C., e foi a fonte do suprimento mundial. Os fenícios foram os habitantes originais da Britânia e mineiros de chumbo e estanho. Muitos autores antigos dizem que os fenícios aportaram inicialmente na Cornualha mais de 4.000 anos antes do nascimento de Cristo. Eles detinham o monopólio sobre o comércio de estanho e protegiam zelosamente o segredo sobre a localização das minas de estanho. Mais tarde, quando os romanos tentavam seguir seus navios para descobrir essa localização, os fenícios afundavam deliberadamente seus navios.

Os fenícios eram uma raça misteriosa. Eram homens altos, com cabelos ruivos e olhos azuis – não eram um povo mediterrâneo. Os estudiosos têm tido grande dificuldade para identificar sua origem, pois fenício significa "homem ruivo", e não era assim que eles mesmos se chamavam. Eles eram conhecidos por diversos nomes em diferentes partes do mundo. Nos primeiros registros bíblicos, são mencionados como o povo de Tarshish. Há quem acredite que eles eram habitantes do continente perdido da Atlântida! Uma coisa é certa: fosse qual fosse o nome pelo qual os chamavam, eles estavam ligados ao comércio de estanho da Britânia. Outro mistério: como sabiam, quatro mil anos antes do nascimento de Cristo, que havia estanho na Cornualha? Como foram capazes de singrar mares desconhecidos, encontrar uma terra que nem sabiam que existia e escavar à procura de um metal do qual nada conheciam? E depois, descobrir que esse novo metal poderia ser misturado com o cobre para a produção do bronze? Muitos acadêmicos acreditam, e há evidências suficientes para apoiar esta teoria, que antes do grande dilúvio havia na Britânia uma civilização muito avançada, com grandes conhecimentos práticos de Ciência, e que conheciam muito mais sobre metalurgia do que nós conhecemos hoje em dia. Por isso alega-se que não navegaram da Europa até a Britânia, mas que originalmente eram habitantes da Atlântida e que aquela parte da Britânia seria remanescente daquele continente perdido. Estes fatos não são cruciais para nossa história de Jesus e José de Arimateia, mas são um mistério e uma nota interessante.

Glastonbury, onde o cerne da história é abundante, também era o centro cultural dos druidas. O druidismo achava-se organizado nacionalmente desde 1800 a.C. Mais tarde, os romanos tentaram fazer as pessoas acreditarem que só havia bárbaros vivendo nas Ilhas Britânicas naquela época, e deram início a rumores perversos de que os druidas realizavam sacrifícios humanos durante suas cerimônias religiosas. Essas duas alegações mostraram-se falsas. Os romanos consideravam bárbaro qualquer um que não fosse romano. Na verdade, havia grandes cidades, centros culturais, bibliotecas e quarenta universidades de grande porte (reunindo às vezes até 60.000 estudantes) na Inglaterra, rivalizando-se com qualquer coisa que temos hoje em termos de conhecimento e educação. Londres foi fundada 270 anos antes de Roma, em 1020 a.C.

Os druidas tinham crenças notavelmente similares às crenças judaicas, e acredita-se que tenham uma raiz comum. Eles procuravam um Salvador, um Messias, e até chamavam-no de Yesu, a única menção registrada do nome. Isso pode ser explicado porque se supõe que os druidas fossem uma ramificação dos judeus que se assentaram nas Ilhas Britânicas na antiguidade. Naturalmente, teriam algumas crenças em comum. Tinham uma escola de mistérios baseada na Cabala (com assuntos como filosofia natural, astronomia, aritmética, geometria, jurisprudência, medicina, poesia e oratória, entre outros). Normalmente, para concluir todos os estudos o aluno levava vinte anos, mas sabemos que Jesus não era um estudante comum. Ele tinha a capacidade e a habilidade de absorver informações a um ritmo incrivelmente rápido. Isso ficou evidente no curto espaço de tempo que passou estudando com os essênios. Na época em que voltou a Jerusalém para iniciar seu ministério, já tinha tido aulas com todos os professores e sábios de todas as escolas de mistérios do mundo. Há muitas outras histórias e lendas de muitos países para confirmar isto. Logo, essa era uma peça que faltava no quebra-cabeças: a razão para ter passado tanto tempo na Inglaterra.

Contudo, há muito, muito mais na notável história de José de Arimateia e aquilo que ele fez após a morte de Cristo. Este, como diz Paul Harvey, é o "resto da história". Depois da Crucificação, os discípulos e seguidores de Jesus recearam por suas vidas. Embora tivessem eliminado o principal instigador (Jesus), os romanos tinham medo de seus seguidores ainda terem a capacidade de disseminar a revolta através de seus ensinamentos drasticamente diferentes. Muitos seguidores foram caçados e mortos. José foi o protetor do pequeno grupo de discípulos durante o perigoso período após a Crucificação, o chefe do movimento cristão clandestino da Judeia e o guardião da mãe de Cristo, Maria. José era rico e poderoso demais para ser morto imediatamente, e por isso idealizaram um método singular de eliminação para ele e seus cúmplices. Ele e seu grupo foram postos num barco aberto sem velas, remos ou leme e deixados à deriva no Mediterrâneo. Sob circunstâncias normais, seria uma clara sentença de morte, mas nada na história de Jesus era considerado normal.

Diversos registros existentes concordam que entre os ocupantes do barco náufrago estavam José de Arimateia, sua família e servos. A lista incluía as três Marias (Maria, mãe de Jesus, Maria Madalena e a outra Maria, a esposa de Cleófas), Marta e duas servas: Marcela e a serva negra Sara, além de doze discípulos (inclusive alguns dos originais). Além disso, havia ainda Lázaro, o primo de Jesus que Ele ressuscitou dos mortos e Maximino, o homem cuja visão Jesus restaurou. Outros nomes relacionados eram: Salomé, esposa de Zebedeu e mãe de Tiago e João. Eutrópio, Trofino, Marcial, Cleon, Sidônio (Restituto) e Saturnino. Provavelmente, Marcela se acomodou como empregada das irmãs Betânia, e não como membro do grupo missionário. José de Arimateia permaneceu como guardião de Maria até a morte dela. Como ela estava sob sua proteção, ele não poderia deixá-la em Jerusalém, onde ela ficaria exposta a um tremendo perigo. Ela o acompanhou, com certeza, muito embora a viagem marítima tivesse sido idealizada para matar todos eles.

Os romanos acharam que seria uma maneira única de se livrarem desses encrenqueiros, pois não havia modo de sobreviverem no mar aberto a bordo de um barco que não podia ser manobrado. Mas uma corrente levou o barco em segurança até o litoral da França. Atualmente, o lugar se chama Saintes Maries de la Mer ou Santas Marias do Mar. Ali, Lázaro e alguns dos outros se instalaram e mais tarde fundaram a primeira igreja da França (na época, chamada de "Gália"). O resto do grupo seguiu viagem (num barco muito mais apropriado) até a Britânia. Seus amigos, os druidas, estavam lá, e José tinha conexões com as famílias governantes da Britânia (sua filha Ana estava casada com o irmão caçula do rei). Eles voltaram a Glastonbury, onde tinham estado muitas vezes antes e receberam terras do Rei da Britânia. Ali, José fundou a primeira igreja cristã do mundo, cerca de três anos após a morte de Cristo. Ela só foi chamada de "cristã" centenas de anos depois, em 250 d.C. Nos primeiros tempos, a religião era conhecida como "O Caminho", e eles eram conhecidos como "Seguidores do Caminho", pois Jesus havia dito, "Eu sou o Caminho". Eles se referiam a Cristo e sua filosofia espiritual como "O Caminho".

José disse para os discípulos difundirem os ensinamentos de Jesus, e, através de Lázaro e dos outros discípulos estabelecidos no continente, conseguiram difundir o cristianismo pela Britânia, França e Espanha. Havia sempre doze, e sempre que um morria, outro ocupava seu lugar a fim de manter constante o número de doze. José viveu mais 50 anos após a Crucificação e suas contribuições para Jesus foram chamadas de "A Era de Ouro do Cristianismo". Maria viveu em Glastonbury até sua morte, e está enterrada no ponto onde ficava a velha igreja. Quando José morreu, ele também foi enterrado lá, e, com o tempo, todos os discípulos. O epitáfio no túmulo de José diz, "Vim aos bretões depois que enterrei Cristo. Ensinei. Descansei". Esse solo santificado é chamado de "o lugar mais sagrado da Terra". João foi o último apóstolo a morrer e ser enterrado lá. Ele viveu até os 101 anos.

Seus descendentes fundaram até a primeira igreja em Roma, centenas de anos antes da existência do Vaticano. Outro fato notável: toda a linhagem real de reis e rainhas ingleses, chegando à Rainha Elizabeth II e seus filhos, descende diretamente de José de Arimateia. Logo, todos estão relacionados com Jesus através de uma longa e ininterrupta linhagem ancestral.

Essa história tem muito mais detalhes, mas é longa demais para este adendo. Naquele período da história, a Britânia era o único país livre do mundo. Os romanos nunca conquistaram a Inglaterra. Em 120 d.C., a Britânia foi incorporada (por tratado, não por conquista). Houve muitas guerras sangrentas, pois Roma tentou, sem sucesso, conquistar o lugar de nascimento do cristianismo, e muitas histórias falsas foram espalhadas quando finalmente Roma foi convertida, trezentos anos mais tarde. Tentaram destronar a Britânia como o primeiro país a aceitar os ensinamentos de Cristo.

Muitos anos depois, no século 15, houve uma grande discussão com o Vaticano em relação a qual seria a mais antiga ou a primeira igreja. Seria a Inglaterra, França ou Espanha? Todas foram fundadas no mesmo período de tempo, no prazo de três anos após a crucificação de Cristo. Finalmente, concordaram – e isto se tornou parte dos registros do Vaticano – que a igreja de Glastonbury foi a primeira. Tentaram negar todo o maravilhoso trabalho de José de Arimateia e dos apóstolos na difusão dos ensinamentos, do modo como Jesus queria, logo após a sua morte.

A história das realizações de José foi considerada tão importante que logo após a invenção da impressão, quando os livros eram tão escassos, sua história foi publicada (1516 e 1520).

José deveria ser lembrado e respeitado por ter seguido o exemplo de Jesus quando construiu a primeira igreja cristã do mundo. Isso aconteceu centenas de anos antes do resto do mundo seguir o exemplo, enquanto José e seu grupo de doze discípulos estabelecia os princípios do cristianismo. Hoje em dia, poucas pessoas conhecem essa história notável e aceitam a versão católica romana das origens do cristianismo. Se quiser conhecer a narrativa completa, baseada em sólida documentação histórica, sugiro que leia The Drama of the Lost Disciples ("O drama dos discípulos perdidos"), de George F. Jowett. Esse livro vai abrir muitos olhos para o "resto da história".

# Bibliografia

Allegro, John, The Treasure of the Copper Scroll, Doubleday Pub., Nova York, 1960. Edição revisada, Anchor Books, Garden City, N.J., 1982.

Allegro, John, Dead Sea Scrolls, Penguin Books, Middlesex, 1956.

Allegro, John, Dead Sea Scrolls: A Reappraisal, Penguin Books, Middlesex, 1964.

Allegro, John, Dead Sea Scrolls: The Mystery of the Dead Sea Scrolls Revealed, Gramercy Pub., Nova York, 1981.

Allegro, John, Dead Sea Scrolls and the Christian Myth, Prometheus Books, Buffalo, N.Y., 1984.

Dupont-Sommer, A., The Jewish Sect of Qumran and the Essenes. Macmillan Co., Nova York, 1956.

Fritsch, Charles T., The Qumran Community. Its History and Scrolls, Macmillan Co., Nova York, 1956.

Ginsburg, Christian D., The Essenes: Their History and Doctrines, Routledge & Kegan Paul Ltd, Londres, 1955.

Heline, Theodore, The Dead Sea Scrolls, New Age Bible and Philosophy Center, Santa Barbara, 1957. (Uma interessante abordagem teosófica)

Howlett, Duncan, The Essenes and Christianity, Harper & Brothers, Nova York, 1957.

Larson, Martin A., The Essene Heritage, Philosophical Library. Nova York, 1967.

McIntosh e Twyman, Drs., The Archko Volume, originalmente publicado em 1887. Nova edição, Keats Publishing Inc., New Canaan, Connecticut, 1975.

Szekely, Edmond Bordeaux, The Gospel of Peace of Jesus Christ, C.W Daniel, Saffron Walden, 1937.

Szekely, Edmond Bordeaux, Guide to the Essene Way of Biogeni Living, International Biogenic Society, Box 205, Matsqui, B.C. VOX 205, Canadá, 1977.

Szekely, Edmond Bordeaux, The Gospel of the Essenes, C.W. Daniel. Saffron Walden, 1978.

Szekely, Edmond Bordeaux, The Teachings of the Essenes jrom Enoch to the Dead Sea Scrolls, C.W. Daniel, Saffron Walden, 1978.

Tushingham, A. Douglas, "The Men Who Hid the Dead Sea Scrolls," National Geographic, pp. 785-808, dezembro de 1958.

Há muitos outros que li enquanto fazia minha pesquisa, mas muitos deles se repetiam e não ofereciam nada de novo. Além disso, houve muitas referências em revistas e enciclopédias. Recomendo muito os livros de John Allegro porque ele foi banido da comissão por revelar informações demais antes da hora. Outra abordagem inovadora é o livro de Martin Larson, The Essene Heritage. Ele não estava preso a nenhuma organização religiosa em seus relatos. Não usei os livros de Szekely. Suas fontes são bastante controvertidas. Incluí seus livros principalmente porque são tidos em alta conta na Inglaterra. Muitos dos outros autores aderiram estritamente ao dogma religioso e tiveram medo de desviar-se dele em seu pensamento. Entretanto, oferecem interessantes percepções históricas.

# Índice remissivo

**Ábaco** 79
**Abraão** 70,151, 152,155,171,213
**Adão e Eva** 70, 159,162,180
**Adultério** 68,70, 90,92,223
**Água** 37,40,44,45, 49-51,62,108,113, 119,124,135,143, 152,155,156,168, 170-173,182,185, 232,252,253
**Ain Feshka** 37,40, 48,51
**Aliança** 129
**Allegro, John M.** 294
**Alma** i,3,4,13,15, 19,40,42,43,45,46, 62,69,72,114,121, 122,137,147,159, 167,182,191,192, 207,210,216,219, 224,233,260,261, 264,269,282
**Amor** 4,66,122, 147,233,238,241, 250,251,260,261, 267,273,276,281-283
**Animais** 9,40-42, 48,49,60,62,69, 76,86,157,162,172, 174,180,184-186, 255
**Anjos** 167,182

**Árabe** 32,73,77, 105,138,149,155, 243
**Aramaico** 77,90, 125-128,149,150
**Arca da Aliança** 168,169
**Arma** 59,74,157, 177,241
**Arqueólogos** 32-34,37-39,51,52,57, 87,107,129,138-142
**Astronomia** 86, 133,290
**Atlântida** 56,84, 194,195,289

**Babilônia** 169,211
**Bar Mitzvá** 22,45, 85,117,122,237
**Bat Mitzvá** 117, 118
**Bateria** 54,56
**Beduíno** 32,139
**Belém** 23,24,118, 201,205,207,212-215
**Ben Zacarias** 224, 225-231,235,242, 245,246 ver também "João Batista"
**Berlitz, Charles** 56
**Betesda** 42,115, 116,120,235,236

**Bíblia** 17,24,29-31,42,43,50,60,61, 68,70,71,104,106, 108,118,123,125, 132,133,150-153, 155,162,166,170, 171,173,175,203, 213-217,232,243, 257,266,273,279, 287
**Biblioteca** 14,34, 36,37,39,76,77, 80, 81,124,140,145, 148,177,193,239, 289
**Britânia** 251,287-289,291,292

**Cabala** 43,136, 137,147,290
**Cafarnaum** 42, 106
**Caldwell, Taylor** 216
**Calendário** 112, 113,186,203
**Casa de Davi** 157, 164,165,201
**Casamento** 9,68, 69,75,218
**Casas** 34,38,41 107,113,141,143, 172,227,228
**Caverna** 29,32,33, 38,71,72,138,140, 141,143,193,214, 215,255

**Cerimônia** 40,44, 45,117,289
**Chakra** 45,95,97-99
**Ciclo da lua** 112
**Ciganos ("romani")** 149
**Conhecimento** i,4, 13-15,17,21-23,25-28,32,33.43,46,51, 57,76,77,79,80,82-85,87-89,91,93,98, 102,103,106,116, 122,134-138,145, 148,160,163,169, 174,177,178,184, 187-190,192-195, 199-202,205,225, 226,228,229,236, 249-254,256,261. 263,278,279,281, 284,287,289
**Conhecimento de engenharia** 51
**Constelação** 203
**Cozinha** 36,64
**Criação do mundo** 162,180
**Criança** 19,34,38, 63,73,85,100,107, 121,122,141,146, 160-163,166,176, 210,213-215,217-219,221,222,224, 226,229,235,251, 278
**Cristal** 53,80,86-88,98,155,170, 171,175,193-195
**Cristão** i,199-201, 203,290
**Cristianismo** 30, 31,200,291-293

**Crucificação** 71,119,244,247, 259,261,263,266, 276,279,280,282, 287,290-292
**Culpa** 69,121,123, 184
**Cura** 64,100,147, 200,240,241,249, 253

**Daniel** 156
**Daniken, Erich von** 54,80,156
**Davi** 157,164,165, 201,202
**Demônio** 122
**Destino** 12,32,75, 84,85,167,192,202, 211,216,217,229, 230,234,238,242, 258,260,265,280
**Destruição de Qumran** 32,194
**Dilúvio, O** 185, 187,289
**Discípulas** 256, 257
**Discípulos de Jesus** 44,227,256-258,290,293
**Divórcio** 68
**Doutores** 42,43, 239

**Egito** 77,80,84, 101-103,137,158, 159,166,167,171, 173,224,251
**Eletricidade** 56
**Elias** 202,208,216,218
**Elijah (Elias)** 176

**Elizabeth** 292
**Elorhim, Elohim** 27,42,180-182,184
**Enoque** 132,133
**Errico, Dr Rocco** 123
**Escravo** 59,64,65, 157,158,166,167, 174,223
**Esfinge** 103
**Essênios** i,1,16 e e ao longo do livro
**Estrela de Belém** 203,210,211
**Estrelas** 22,23,52, 77,80,85,86,107, 111,180,203-207, 211-213,234
**Estudante** 21,26, 46,47,57-59,64,65, 76,80,82,86,87,90, 95,115,116,174, 221,222,224,226, 227,289,290
**Êxodo** 151,171
**Experiências fora do corpo** 183
**Ezequiel** 147,151, 166,175,176,179
**Ezra** 237

**Fariseus** 133,134, 147
**Fenícios** 251,288, 289
**Filho do Homem** 126,242
**Fílon** 31,33,147

**Galileia** 19,72,106
**Gênesis** 151
**Ginsburg** 147,199, 200

Graetz 200
Guerra 9,110,129, 130,139,146,157, 177,178,195,196, 260,282,292
Hebreu 22,70,166, 170,171,173,174, 223,
Herodes 24,25,74, 95,134,141,206, 210,211,213,214, 217,243-246,270
Herodes Antipas 74,243
Herodes Arquelau 141
Herodes o Grande 141,243
Herodias 74,246
Hilel 132
Hipnose 3,5,9,10, 13,14,29,263
Horóscopo (mapa astrológico) 63,67
Hórus 103

Inca 79
Incenso 43,45,60, 71,72,270
Índia 251
Inseto 48,72
Isabel 217
Isaías 151
Iscariotes 258, 259,265

Javé 27,28,38,45, 60,61,124,154,163, 167-175,180,181, 184-187,192,206, 207,230,234
Jebel Usdum 155

Jericó 106
Jerusalém 24,32, 42,104,108,112, 115,118,119,124, 132,139,244,287, 288,290,291
Jesus 16 e ao longo do livro
João Batista 45, 208,216,244 ver também "Ben Zacarias"
José 157-159,166, 171,224,225,227-229,231,233,235, 237-239,242,251, 270,286-288,290-292
José de Arimateia 233,251,286,287, 289-292
Josefo 313-33,146, 147
Judeia 24,72,108, 137,139,243,244, 290

Kaloo 84,99,103, 121,133,170,177, 178,180,184,188,189,194,195
Keller, Werner 108,155,203
König, Wilhelm 56

Lâmpadas 52,54, 141
Larson, Martin A. 30,283,295
Lázaro 254,272, 291

Legisladores 133, 151,265
Lei 21,22,26,40, 43,50,51,60,62,63, 67-70,74,75,77,78, 85,87,90,93,94, 122,127,133,137, 151,163,164,166, 168,170,174-176, 188,195,200,221-223,225,226,231, 233,239,252,253, 255,265,276,280, 287
Levitas 169
Língua 18,27, 77,90,103,123,125, 126,130,134,135, 149,150,188,189, 239
Lúcifer 161
Luneta 72,210-214

Macabeus 132
Magos 102,278-282
Mal 65,66,70,71, 75,92,93,121,122, 148,151,165,173, 182,189,196,204, 233,238,266,272
Mandamentos de Moisés 90
Manuscritos de cobre 138,139
Manuscritos do Mar Morto 29,30, 32,45,57,125,127, 132,137,141,145, 199,200,201
Máquinas voadoras 176-178

Mar da Morte 45,50,106,152,153
Maria 108,220, 231,233,234,251, 273,287,288,290, 291
Masada 106
Matar 40,60,75, 157,166,167,172, 210,259,291
Matemática 22, 77,78,80,102,225
McIntoch e Twyman 239
Mechalava 22,87
Meditação 91,95, 97,249,256,281
Medo 120,122, 151,172,200,218, 245,246,265,276, 283,290
Messias 23,27,85, 126,129,131,201, 202,204,205,210, 211,214,216,218, 219,224,234,235, 241,245,258,260, 264,272,284,290
Mestres 16,22,43, 47,57,59,80,84,85, 117,124,173,177, 200,271,274,275, 281,282
Milagre 238,240, 241,252,253,255, 256,274,279,281
Ministério de Jesus 200,237, 251
Mirra 72
Mistérios 22,26, 28-30,32,43,45, 52,76,81,86-88,98,145,147,177, 189,193,194,200, 201,225,288-290
Moisés 21,70,90, 93,102,146,151, 152,166-175,202
Monte Sinai 174
Morte i,3,15,19, 24,44,45,50,71, 72,106,120-122, 134,146,152-154, 172,174,175,190, 193,214,235,243, 244,246-249,251, 253,257,259,263, 274,275,283,290-292
Mulheres 26,38, 39,43,46,47,49, 63,64,73,103,108, 109,117,118,159, 160,163,200,227, 228,256,257,273

Naomi 163-165
Nazaré 19,23,24, 42,104-109,111-114,116,124,125, 201,210,214,218, 220,225,227,231, 237,240,242,244, 248,249,288
Noé 172,185-187

Óleo 52,53,56,62, 71,72,155,254,270
Oposição 228,241

Papiro 37,38,42, 65,90,127,138-140,170
Parábolas 232

Passover (Páscoa) 60,172,174
Pecado 23,61,64, 66,161,219,245, 259-261,276
Pesquisa histórica 30
Pinturas 41,42, 241,268
Pirâmide 86,101-103
Planetário 81,82
Planeta 10,81-85, 102,178,180,181, 184,189,191,194, 203,211
Plínio 31,33,38
Poderes telepáticos 188
Pôncio Pilatos 74, 243,264
Prideaux, Reitor 200
Profecias 22,26,129, 151, 196,199,201,202, 205, 207,210,213, 219, 225,231,248, 271, 284
Projeção astral 120
Protoevangelho 217
Punições 58

Quipu 79
Qumran 21,29,30, 32-38,43,46-52,54-58,62,63,67,68,70, 73,76,79-81,95, 102,104,106-109, 111,112,115,118, 124,127,129,134,

135,137,138,140-142,144,145,152, 161,174,192-194, 201,204,221,223, 225,229,231,237, 248,284

Rabino 21,22,26, 43,112,113,118, 137,216
Regra de ouro 93
Regressão a vidas passadas 4
Regressionista 5, 29
Reencarnação 3-5,7,8,13,14,19,29, 122,123,202,208, 218,219,232,284
Ressurreição 263, 274,280,282,283
Ritual 44,45,117, 118
Romanos 24,30, 32,42,45,46,51,56, 71,73,82,110,122, 134,142,146,149, 193,194,216,228, 243,264,270,282, 283,287-293
Rosh Hashanah 61,206
Rosh Shofar 60, 61,206
Regras e regulamentos 57
Rute 151,162-165

Sabá 26,40,44,92, 113,222,269

Sábio 121,132, 156,160,175,176, 178,250,251,277, 288,290
Saduceu 113
Samaritano 134
Saneamento 61
Segredo 5,13,32, 133,168,169,195, 215,236,250,288
Sepulcro 71,287
Sinagoga 21,26, 42,43,61,100,101, 122,216,228,237, 238,240,278
Sinédrio 112,116, 119,264,265,283, 288
Sodoma e Gomorra 152,154-156
Steiger, Brad 29
Suddi 16 e ao longo do livro

Tabletes de argila 90,112,174
Telescópio 80
Templo de Qumran 43
Templo de Salomão 169
Templo 34,38,42, 43,58,100,101,133, 139,161,199,216, 228
Tiago 217,257, 273,291
Tibérias 42
Torá 21,22,26,43, 60,67,77,89,94,

121,133,140,151, 152,157,166,180, 188, 200,201,222, 223,237
Trajar, traje 46, 111,250
Tribos perdidas de Israel 149

Última ceia 44

Vaux, Pere de 51, 54,73
Viagem 5,9,20,21, 71,104-106,109, 112-114,116,120, 164,170,212,225, 254,291
Vigilantes 189-192,193,196
Violência 49,58
Virgem Maria 214
Vulgata 77,126, 149
Viúva 67,223,254

Yeshua 239-241,250,251,254, 257-259,261,264, 265,268-271,273-275,281 ver também "Jesus"
Yom Kippur 61

Zacarias 152,208, 217,224,228-231, 235,242,245,246
Zadoque 129
Zelote 129,241, 242,258

# Sobre a Autora

Dolores Cannon, hipnoterapeuta regressiva e pesquisadora psíquica que registra conhecimentos "Perdidos", nasceu em 1931 em St. Louis, Missouri. Estudou e morou no Missouri até se casar com um militar de carreira da Marinha, em 1951. Passou os próximos 20 anos viajando pelo mundo como uma típica esposa da Marinha, cuidando de sua família.

Em 1968, teve sua primeira exposição à reencarnação através de hipnose regressiva quando seu marido, hipnotizador amador, encontrou durante uma sessão a vida passada de uma mulher que tinha problema de peso. Na época, o assunto de "vidas passadas" era pouco ortodoxo e muito poucas pessoas estavam lidando com isso. Seu interesse foi despertado, mas precisou ser deixado de lado uma vez que as exigências da vida familiar tinham precedência.

Em 1970, seu marido foi dispensado como veterano com problemas físicos e eles foram morar nas colinas do Arkansas. Foi então que ela começou a carreira de escritora, vendendo artigos para diversas revistas e jornais. Depois que seus filhos saíram de casa, voltou a se interessar por hipnose regressiva e reencarnação. Estudou diversos métodos de hipnose e desenvolveu uma técnica própria, única, que lhe permitiu obter a liberação mais eficiente de informações de seus pacientes. Desde 1979, fez a regressão de centenas de voluntários, catalogando as informações obtidas. Em 1986, ela estendeu suas investigações para a área dos ÓVNIS. Ela realizou estudos nos locais de suspeita de pouso de ÓVNIS e investigou os Círculos nas Plantações na Inglaterra. A maior parte de seu trabalho nesta área ter sido o acúmulo de provas de suspeitas de abdução através da hipnose.

Entre seus livros publicados, incluem-se: Conversations with Nostradamus Volumes I, II e III - Jesus e os Essênios - They Walked with Jesus – Entre a Morte e a Vida - A Soul Remembers Hiroshima – Guardiões do Jardim - Legacy from the Stars - The Legend of Starcrash – Sob Custódia - The Convoluted Universe, Books I, II, III - Five Lives Remembered.

Vários de seus livros acham-se agora disponíveis em várias línguas.

Dolores teve quatro filhos e muitos netos, que a mantiveram solidamente equilibrada entre o mundo "real" de sua família e o mundo "invisível" de seu trabalho.

Se quiser se corresponder com a Ozark Mountain Publishing, Inc. a respeito de seus trabalhos, pode escrever para o endereço indicado a seguir. (Por favor, envie um envelope autoendereçado e selado para a resposta.) Você também pode nos contactar por meio de nosso Web Site.

Ozark Mountain Publishing, Inc.
P.O. Box 754 Huntsville, AR 72740
WWW.OZARKMT.COM

Dolores Cannon, que fez a transição deste mundo em 18 de outubro de 2014, deixou realizações incríveis em campos como cura alternativa, hipnose, metafísica e regressão a vidas passadas, mas o mais impressionante de tudo foi sua compreensão inata de que a coisa mais importante que ela poderia fazer era compartilhar informações. Revelar conhecimentos ocultos ou ainda não descobertos para a iluminação da humanidade e nossas lições aqui na Terra. O mais importante para Dolores era compartilhar informações e conhecimentos. É por isso que seus livros, palestras e seu método único de hipnose, QHHT®, continuam a encantar, orientar e informar tanta gente ao redor do mundo. Dolores explorou todas essas possibilidades, e outras, ao levar-nos na viagem de nossas vidas. Ela queria que seus companheiros de viagem compartilhassem suas jornadas ao desconhecido.

Other Books by Ozark Mountain Publishing, Inc.

**Dolores Cannon**
A Soul Remembers Hiroshima
Between Death and Life
Conversations with Nostradamus,
  Volume I, II, III
The Convoluted Universe -Book One,
  Two, Three, Four, Five
The Custodians
Five Lives Remembered
Jesus and the Essenes
Keepers of the Garden
Legacy from the Stars
The Legend of Starcrash
The Search for Hidden Sacred
  Knowledge
They Walked with Jesus
The Three Waves of Volunteers and the
  New Earth
A Vey Special Friend
**Aron Abrahamsen**
Holiday in Heaven
**James Ream Adams**
Little Steps
**Justine Alessi & M. E. McMillan**
Rebirth of the Oracle
**Kathryn Andries**
Time: The Second Secret
**Cat Baldwin**
Divine Gifts of Healing
The Forgiveness Workshop
**Penny Barron**
The Oracle of UR
**P.E. Berg & Amanda Hemmingsen**
The Birthmark Scar
**Dan Bird**
Finding Your Way in the Spiritual Age
Waking Up in the Spiritual Age
**Julia Cannon**
Soul Speak – The Language of Your
  Body
**Ronald Chapman**
Seeing True

**Jack Churchward**
Lifting the Veil on the Lost
  Continent of Mu
The Stone Tablets of Mu
**Patrick De Haan**
The Alien Handbook
**Paulinne Delcour-Min**
Spiritual Gold
Holly Ice
Divine Fire
**Joanne DiMaggio**
Edgar Cayce and the Unfulfilled
  Destiny of Thomas Jefferson
  Reborn
**Anthony DeNino**
The Power of Giving and Gratitude
**Carolyn Greer Daly**
Opening to Fullness of Spirit
**Anita Holmes**
Twidders
**Aaron Hoopes**
Reconnecting to the Earth
**Patricia Irvine**
In Light and In Shade
**Kevin Killen**
Ghosts and Me
**Donna Lynn**
From Fear to Love
**Curt Melliger**
Heaven Here on Earth
Where the Weeds Grow
**Henry Michaelson**
And Jesus Said – A Conversation
**Andy Myers**
Not Your Average Angel Book
**Guy Needler**
Avoiding Karma
Beyond the Source – Book 1, Book 2
The History of God
The Origin Speaks

For more information about any of the above titles, soon to be released titles,
or other items in our catalog, write, phone or visit our website:
PO Box 754, Huntsville, AR 72740|479-738-2348/800-935-0045|www.ozarkmt.com

# Other Books by Ozark Mountain Publishing, Inc.

The Anne Dialogues
The Curators
Psycho Spiritual Healing
**James Nussbaumer**
And Then I Knew My Abundance
The Master of Everything
Mastering Your Own Spiritual Freedom
Living Your Dram, Not Someone Else's
**Sherry O'Brian**
Peaks and Valley's
**Gabrielle Orr**
Akashic Records: One True Love
Let Miracles Happen
**Nikki Pattillo**
Children of the Stars
A Golden Compass
**Victoria Pendragon**
Sleep Magic
The Sleeping Phoenix
Being In A Body
**Alexander Quinn**
Starseeds What's It All About
**Charmian Redwood**
A New Earth Rising
Coming Home to Lemuria
**Richard Rowe**
Imagining the Unimaginable
Exploring the Divine Library
**Garnet Schulhauser**
Dancing on a Stamp
Dancing Forever with Spirit
Dance of Heavenly Bliss
Dance of Eternal Rapture
Dancing with Angels in Heaven
**Manuella Stoerzer**
Headless Chicken
**Annie Stillwater Gray**
Education of a Guardian Angel
The Dawn Book
Work of a Guardian Angel

Joys of a Guardian Angel
**Blair Styra**
Don't Change the Channel
Who Catharted
**Natalie Sudman**
Application of Impossible Things
**L.R. Sumpter**
Judy's Story
The Old is New
We Are the Creators
**Artur Tradevosyan**
Croton
Croton II
**Jim Thomas**
Tales from the Trance
**Jolene and Jason Tierney**
A Quest of Transcendence
**Paul Travers**
Dancing with the Mountains
**Nicholas Vesey**
Living the Life-Force
**Dennis Wheatley/ Maria Wheatley**
The Essential Dowsing Guide
**Maria Wheatley**
Druidic Soul Star Astrology
**Sherry Wilde**
The Forgotten Promise
**Lyn Willmott**
A Small Book of Comfort
Beyond all Boundaries Book 1
Beyond all Boundaries Book 2
Beyond all Boundaries Book 3
**Stuart Wilson & Joanna Prentis**
Atlantis and the New Consciousness
Beyond Limitations
The Essenes -Children of the Light
The Magdalene Version
Power of the Magdalene
**Sally Wolf**
Life of a Military Psychologist

For more information about any of the above titles, soon to be released titles, or other items in our catalog, write, phone or visit our website:
PO Box 754, Huntsville, AR 72740|479-738-2348/800-935-0045|www.ozarkmt.com

www.ingramcontent.com/pod-product-compliance
Lightning Source LLC
Chambersburg PA
CBHW071656160426
43195CB00012B/1483